Regenbogen-Stenger

Michael Krupp

Die Geschichte des Staates Israel

Von der Gründung bis heute

Gütersloher Verlagshaus

Originalausgabe

Ein **NES-AMMIM** Buch

Zum besseren Verständnis des Judentums und Israels

Bibliografische Information Der Deutschen Bibliothek
Die Deutsche Bibliothek verzeichnet diese Publikation in der Deutschen Nationalbibliografie; detaillierte bibliografische Daten sind im Internet über http://dnb.ddb.de abrufbar.

ISBN 3-579-06401-0
2., überarbeitete und ergänzte Auflage 2004

Umschlaggestaltung: Init GmbH, Bielefeld, unter Verwendung eines Motivs mit der Salvadore Dali-Menora vor dem Flugplatz von Lod von Avigail Krupp-Firstater, Tel Aviv.
Satzherstellung: Michael Krupp mit dem Satzprogramm TUSTEP der Tübinger Universität.
Druck und Bindung: GGP Media, Pößneck
Gedruckt auf chlorfrei gebleichtem Werkdruckpapier
Printed in Germany
www.gtvh.de

Inhalt

Vorwort

Nach etwas mehr als fünfzig Jahre nach seiner Gründung ist der Staat Israel wieder zu dem Land geworden, in dem die meisten Juden der Welt leben wie 2000 Jahre zuvor. Im Jahr 2003 überholte der Staat Israel die Vereinigten Staaten. Dort nimmt die Zahl der Juden in einem stetigen Rhythmus ab, hier zu. Israel ist zu einer Wirklichkeit geworden, wie es 60 Jahre zuvor, als Nazideutschland daran ging, das jüdische Volk zu vernichten, nicht denkbar gewesen ist.

Die Verfolgung und Vernichtung der Juden in der Schoah hatte gezeigt, wie nötig ein Judenstaat war. Die Tragik Israels ist, dass dieser Staat erst nach der Schoah Wirklichkeit werden konnte. Drei Jahre nach dem Ende des Holocaust oder der Schoah ist der Staat Israel ausgerufen worden. Der Holocaust hat so die Gründung des Staates sicher beschleunigt, er ist aber nicht deren einzige Ursache. Die Geschichte des Zionismus ist älter als der Terror der Schoah. Nationale Ideen im Judentum Ende des 19. Jahrhunderts und besonders eine jahrtausendealte Zionssehnsucht sind Ursache dafür, dass das jüdische Volk ausgerechnet in diesem in dieser Zeit fast vergessenen und heruntergekommenen Fleck der Erde eine neue Heimstatt finden wollte.

Nach einer langen schweren Vorbereitungszeit von siebzig Jahren zionistischer Geschichte trat Israel in die Realgeschichte ein in einer Weltgegend, die von nationalen Umwälzungen erschüttert wurde. Die Errungenschaften des jungen Staates in dieser Zeit und den ersten fünfzig Jahren danach sind auch für den nüchternen Betrachter erstaunlich. Aus den 600.000 Juden, die bei Staatsgründung in Palästina lebten, sind über 5 Millionen geworden. Allein in den ersten beiden Jahren verdoppelte sich die Zahl der Einwohner. Aber auch die Zahl der im Staatsgebiet Israels in den Grenzen von 1949 verbliebenen 150.000 Araber hat sich inzwischen auf über eine Million vermehrt. Das heißt, dass sich die Bevölkerung insgesamt innerhalb dieser fünfzig Jahre mehr als verachtfacht hat.

Neue Städte wurden gegründet, Hunderte von Siedlungen, meist in der Form von landwirtschaftlichen Genossenschaften in den so genannten Moschavim, entstanden. Die mehr oder weniger gelungene Integration der Masseneinwanderung in einem vom Krieg bedrohten Land ist noch erstaunlicher, wenn man bedenkt, dass die aus mehr als siebzig Ländern einwandernden Juden völlig unterschiedlicher kultureller, sozialer und politischer Herkunft waren. Überlebende aus den KZs trafen auf Flüchtlinge aus den orientalischen Ländern.

Diese Erfolge des jungen Staates haben eine Kehrseite. Am 29. November 1947 hatte die UNO-Vollversammlung die Teilung Palästinas und die Errichtung eines jüdischen und eines arabischen Staates beschlossen. Die arabischen Staaten und die Palästinenser lehnten ab. Sieben arabische Nachbarländer erklärten dem im Mai 1948 ausgerufenen jüdischen Staat den Krieg. Im Laufe dieses längsten und blutigsten Krieges der Geschichte Israels von 1948 bis 1949, in dem Israel verzweifelt um sein Überleben kämpfte, haben ca. 600.000 Palästinenser das Kriegsgebiet verlassen oder wurden von den israelischen Truppen vertrieben. Die Not der Palästinaflüchtlinge, die teilweise bis zum heutigen Tage in primitiven von der UNO unterhaltenen Lagern leben, und die noch nicht erreichte Staatlichkeit des palästinensischen Volkes überschatten das Glück des aufstrebenden jungen jüdischen Staates.

Fünf Kriege hat der Staat Israel in seiner kurzen Geschichte mit seinen Nachbarstaaten geführt oder führen müssen und zwei Quasikriege mit den palästinensischen Nachbarn, dessen Ende noch nicht abzusehen ist. Über hunderttausend Menschen, Araber und Juden, sind dabei umgekommen. Es gibt fast keine Familie in Israel, die nicht in ihrer näheren oder ferneren Verwandtschaft Gefallene oder Terroropfer zu beklagen hat. Aber auch in den kurzen Zeiten zwischen den Kriegen war und ist das Leben der israelischen Bürger von Furcht, Kriegsdrohung und Terror gekennzeichnet. Es gibt eine Kriegsmüdigkeit unter Juden und Arabern, die hoffentlich dazu beitragen wird, nach friedlichen Wegen eines Zusammenlebens zu suchen.

Erste Anzeichen einer solchen Entwicklung auf einen Frieden hin machten sich bei dem Israelbesuch des Staatsoberhauptes des wichtigsten und einwohnerreichsten arabischen Nachbarlandes Ägypten mit dem Staatsbesuch Anwar Sadats am 19. November 1977 bemerkbar. Diese Entwicklung führte zum Frieden Israels mit

Ägypten, der häufig als kalter Frieden bezeichnet wird, der aber bis zum heutigen Tag standgehalten hat. 1994 folgte der Friedensschluss mit dem zweiten arabischen Nachbarland, das die längste Grenze zum Staat Israel hat: Jordanien. Am 13. September 1993 wurde ein erstes Übereinkommen zwischen Israel und den Palästinensern in Oslo unterzeichnet.

Dieser Friedensprozess geriet bald in eine Krise. Die Ermordung des israelischen Ministerpräsidenten Jitzchak Rabin am 4. November 1995 und der Regierungswechsel 1996, die Unerfahren- und Unbeholfenheit der neuen Regierungschefs Israels, Benjamin Netanjahu und Ehud Baraks führten zu einem Einfrieren der Friedensbemühungen.

Die biblische Verheißung, dass Israel ein Segen für die Völker sein solle, ist von den großen Staatsmännern des Zionismus und Israels, dem Vater des zionistischen Gedankens, Theodor Herzl, und den späteren Ministerpräsidenten wie David Ben Gurion, Menachem Begin und Jitzchak Rabin, ganz säkular gedeutet worden. Israel in seinen großen Fortschritten in der Entwicklung von Wüstenlandwirtschaft, aber auch technischem Know-how, besonders auf dem Gebiet der Computerentwicklung, ist heute für viele Länder der Welt zu einem echten Partner und Vorbild geworden.

Um die Situation im Nahen Osten und im Staat heute verstehen zu können, ist es wichtig, seine Geschichte zu kennen, wenigstens in Grundzügen. Dazu will das vorliegende Buch verhelfen. Es ist die Fortsetzung des im selben Verlag erschienenen Buches *Die Geschichte des Zionismus* (GTB 1212). Seit 1959 lebt der Verfasser mit kürzeren Unterbrechungen in diesem Land. Über vierzig Jahre sind so miterlebte Geschichte.

Jerusalem, im November 2003 *Michael Krupp*

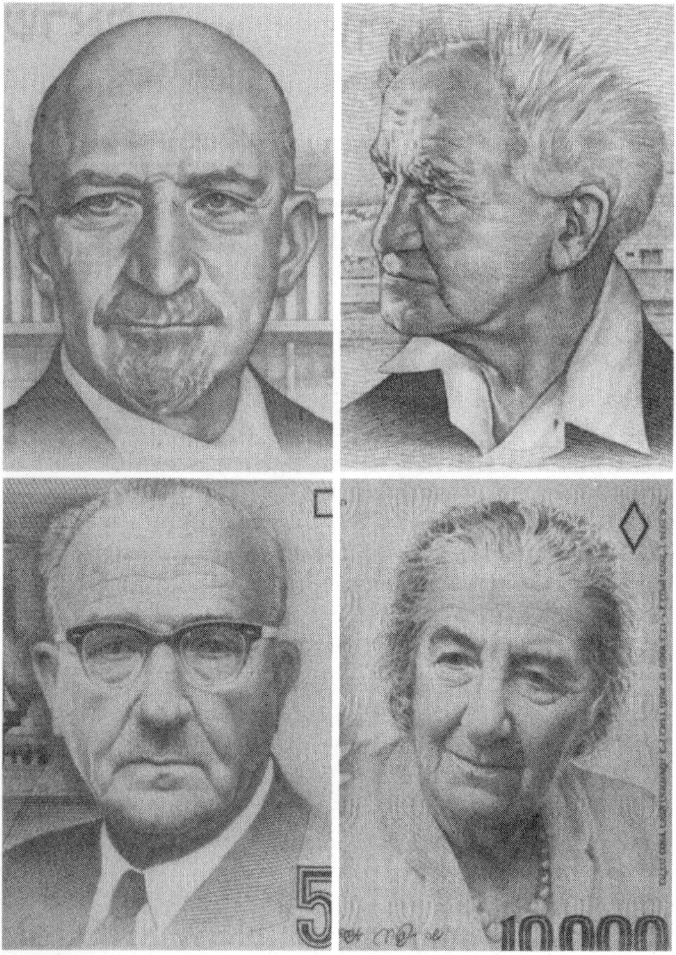

Die Staatsväter und -mütter auf israelischen Banknoten:
oben links: der erste Staatspräsident Chaim Weizmann, oben rechts: der erste Ministerpräsident David Ben Gurion, unten links: Ministerpräsident Levi Eschkol, unten rechts: Ministerpräsidentin Golda Meir.

Die erste Staatsperiode

Der Unabhängigkeitskrieg

Der Staat Israel hätte 1948 nicht ins Leben gerufen werden können, wenn nicht längst zuvor eine solide Grundlage vom jüdischen Volk in Palästina geschaffen worden wäre. Siebzig Jahre harte Aufbauarbeit, politische Bemühungen und der eiserne Wille, nicht mehr Spielball geschichtlicher Willkür zu sein, sind der Staatsgründung vorausgegangen. 1882 kamen die ersten zionistischen Siedler mit der festen Absicht nach Palästina, hier, im Land der Väter und Mütter, ein eigenes Nationalheim aufzurichten. Hunderttausende folgten, im verstärkten Tempo, nachdem Adolf Hitler in Deutschland die Macht ergriffen hatte. Dies führte zu schweren Konflikten mit der arabischen Bevölkerung im Land, aber auch mit der Mandatsmacht Großbritannien. 1937 kam es zu einem Aufstand der arabischen Bevölkerung und schließlich zu einem Einwanderungsstopp. Dies war die Situation auch nach dem Zweiten Weltkrieg. Die im Holocaust Übriggebliebenen hatten keinen Platz, wo sie eine neue Heimat hätten finden können. Ihre alte Heimat war zerstört, die neue wollte ihre Tore nicht öffnen.

Nach dem Ende des Krieges kam es zu einem offenen Dreifrontenkonflikt in Palästina. Juden kämpften gegen die Engländer, um die freie Einwanderung zu erzwingen. Die Araber bekämpften eine Ausbreitung der jüdischen Siedlungen. Und die Engländer versuchten, Herren im Land zu bleiben. Der Kampf wurde von jüdischer Seite vor Ort und auf politischer Ebene geführt. Mit Dutzenden von Einwanderungsschiffen versuchte die Zionistische Organisation die englische Blockade zu durchbrechen. Die Engländer inhaftierten die illegalen Einwanderer, wenn sie ihrer habhaft werden konnten, und kasernierten die Gefangenen in Lagern zuerst in Palästina, später auf Zypern und zum Schluss sogar in einem ehemaligen Konzentrationslager in der englischen Zone in Deutschland.

Auf der politischen Ebene hatte die Zionistische Bewegung in ihrem Kampf um die Errichtung eines eigenen Staates besonders die Unterstützung der Vereinigten Staaten von Amerika, später auch der Sowjetunion. Mit fortschreitendem Chaos in Palästina verlor die englische Mandatsmacht die Kontrolle über das Gebiet und in den Vereinten Nationen setzte sich der Wunsch durch, das Mandatsgebiet der englischen Oberherrschaft zu entziehen und in einen jüdischen und einen arabischen Staat aufzuteilen. Mit Zweidrittelmehrheit beschloss die Vollversammlung der UNO am 29. November 1947 die Teilung des Landes. Für die Teilung stimmten gemeinsam die Vereinigten Staaten und die Sowjetunion, sowie mit Ausnahme Englands die meisten Staaten Europas, ebenso Südamerika und die Ostblockstaaten. Alle arabischen Staaten stimmten dagegen. Sie lehnten jeden Kompromiss und eine Koexistenz mit dem jüdischen Staat in ihrer Mitte ab. Kurz nach dem Teilungsbeschluss der UNO kam es zu kriegerischen Auseinandersetzungen in Palästina, an denen auch irreguläre und reguläre Armee-Einheiten der arabischen Staaten beteiligt waren. Jerusalem, wo 100.000 Juden, ein Sechstel des jüdischen Siedlungswerkes im Palästina dieser Zeit, wohnten, wurde vom jüdischen Hauptgebiet in der Küstengegend abgeschnitten. Andere isolierte jüdische Siedlungen wurden von arabischen Kampfverbänden erobert, die jüdischen Bewohner umgebracht oder vertrieben.

Für den 15. Mai 1948 hatten die Engländer ihren Abzug und das Ende ihrer Herrschaft über Palästina angekündigt. Dies war ein Samstag. Am Vorabend dieses Tages, am 14. Mai 1948, nach jüdischem Kalender der 6. Ijar 5708, rief David Ben Gurion, die Hauptführungsgestalt des jüdischen Siedlungswerkes und später der erste Ministerpräsident des Landes, den jüdischen Staat aus.

Wie zu erwarten gewesen war, marschierten die Truppen aller arabischen Nachbarländer in der Nacht vom 14. auf den 15. Mai in das ehemalige Mandatsgebiet ein und besetzten zuerst all die Gebiete, die nach dem UNO-Teilungsplan zum arabischen Staat gehören sollten und die nicht unter jüdischer Kontrolle waren. Die arabischen Staaten taten das nicht mit einer Kriegserklärung, sondern bezeichneten den Einmarsch als »Polizeiaktion«, die die Aufgabe habe, die rechtmäßigen Besitzer, die arabische Bevölkerung Palästinas, zu unterstützen. Die verbalen Äußerungen gehörten zum Kriegsgerassel. So erklärte der Generalsekretär der Arabischen Liga, *Azzam Pascha*, am 15. Mai auf einer Pressekonferenz in Kairo:

»Es wird ein Ausrottungskrieg und ein gewaltiges Blutbad sein, von dem man einst sprechen wird wie von den Blutbädern der Mongolen und der Kreuzzüge.«

Die Aussichten am 15. Mai 1948, ein Tag nach Ausrufung des jüdischen Staates, waren alles andere als rosig. Es gab noch keine israelische Armee, sondern mehrere, sich zum Teil befehdende ehemalige Untergrundverbände. Diese Truppen waren fast nur mit leichten Waffen ausgerüstet. Eine Luftwaffe existierte noch nicht, und die »Kriegsflotte« bestand aus umgerüsteten Schiffen der illegalen Einwanderung, denen die Kanonen fehlten. Erst nach dem ersten Kriegsmonat kamen schwere Waffen ins Land, darunter einige Messerschmitt-Flugzeuge. Dass sich die jüdischen Verteidiger im ersten Kriegsmonat überhaupt halten konnten, lag vor allem an der fehlenden Motivation der einzelnen arabischen Truppen, ihrer schlechten Ausbildung und ihrer niedrigen Kampfmoral. Hinzu kam die Rivalität unter den einzelnen arabischen Staaten. Es gab kein funktionierendes Oberkommando der arabischen Truppen, sondern jede Armee kämpfte unter ihrem eigenen Kommando ohne wesentliche Absprache mit den Armeen der anderen Länder.

Zwar mangelte es auch den Israelis, wie man jetzt nach dem 14. Mai die jüdischen Bewohner Palästinas bezeichnen muss, anfänglich an einer geeinten Kriegsführung im Miteinander der verschiedenen Verbände. Diese Einheitlichkeit konnte aber im Lauf des Krieges zum Teil mit Waffengewalt durchgesetzt werden. Vor allem war die Motivation der jüdischen Kämpfer eine ganz andere als die ihrer arabischen Gegner, wusste man doch, dass eine Niederlage auch den physischen Untergang bedeutet hätte, zumindest aber das Ende vom Traum eines jüdischen Staates. Dessen Rahmenbedingungen waren zwar von der internationalen Völkergemeinschaft geschaffen worden, mussten aber im Krieg erst durchgesetzt werden.

In der ersten Kriegsphase befanden sich die israelischen Truppen in der Defensive. Syrische Truppen besetzten einige jüdische Siedlungen im Norden, ein weiterer Vorstoß konnte aber auf dem Gelände des ältesten Kibbuz der zionistischen Geschichte, in Deganja am See Genezareth, aufgehalten werden. Die libanesische Armee eroberte arabisch besiedelte Gebiete in Obergaliläa und schnitt dadurch im westlichen Galiläa gelegene jüdische Siedlungen ab, wie die von deutschen Juden in den dreißiger Jahren gegründete Stadt Naharia. (Der Bürgermeister der Stadt soll Ben Gurion in Tel Aviv telegraphisch beruhigt haben: »Keine Angst, Naharia bleibt deutsch.«) Der *Irak*, der wie Saudi-Arabien zu den Staaten gehörte, die in Palästina einfielen, ohne eine direkte Grenze zu haben, besetzte die arabischen Gebiete Samariens. Besonders gefährlich für Israel waren Vorstöße der Armee des größten arabischen Landes, Ägyptens. Die *Ägypter* stießen in einer Zangenbewegung in zwei Richtungen vor, drangen an der Küste bis Aschdod im Norden durch und in nordwestliche Richtung bis zu den Positionen der Arabischen Legion in Bethlehem. Wenn die Ägypter auch nur drei jüdische Siedlungen eroberten, so schnitten sie doch über 30 Siedlungen im Negev und an der südlichen Palästinaküste ab. Vor allem unterbrachen sie damit den Zugang zu dem vom UNO-Teilungsplan Israel zugesprochenen Negev.

Die meisten Kriegserfolge hatte aber die von den Engländern ausgerüstete und trainierte *Arabische Legion Transjordaniens*. Schon vor dem 15. Mai hatte die zionistische Führung mehrfach versucht, Kontakt mit König Abdalla aufzunehmen und zweimal die fähigste jüdische Unterhändlerin, die spätere israelische Ministerpräsidentin Golda Meir, als Araberin verkleidet nach Amman geschickt. Zionisten und Transjordanier waren gemeinsam gegen die Internationalisierung Jerusalems. Der König zeigte sich zwar nicht bereit, sich aus einem künftigen Krieg herauszuhalten, bangte er doch zu sehr um seinen Anteil an der Beute, machte aber Zusagen, nur Teile des der arabischen Seite zugesprochenen Palästina anzugreifen. Das spätere Israel und Transjordanien waren sich in der Aufteilung Palästinas im Grunde bereits vor dem Ausbruch des regulären Krieges einig, auf Kosten der Palästinenser.

Die Arabische Legion eroberte in den ersten Kriegstagen den Etzion Block nördlich von Jerusalem – der einzige größere jüdische Siedlungsbereich, der im Krieg verloren ging.

Besonders schwerwiegend für Israel war die Einnahme *Ostjerusalems* durch die Arabische Legion. Im jüdischen Viertel lebten 2500 orthodoxe Juden, die von ca. 120 Kämpfern der Hagana verteidigt wurden. Schon beim Ausbruch der Kämpfe im November 1947 hatte sich das Hauptinteresse der Jerusalemer Araber darauf konzentriert, die Juden aus der Altstadt zu vertreiben, wo sie seit dem Ende der Kreuzfahrerzeit lebten. Gleich zu Beginn der Kämpfe war es den Arabern gelungen, die Verbindung zwischen dem jüdischen Viertel in der Altstadt und den jüdischen Vierteln der Neustadt zu unterbrechen. Am 18. Mai übernahm die Arabische Legion die Altstadt. Am 19. Mai gelang es der Hagana, eine Bresche in das Zionstor der Altstadt zu schlagen und die Verbindung zum jüdischen Viertel wieder aufzunehmen. Proviant, Waffen und neue Kämpfer hoben die Kriegsmoral der Juden in der Altstadt. Der Hagana gelang es aber nicht, die Verbindung aufrechtzuerhalten. Am 28. Mai kapitulierten die jüdischen Truppen. Die jüdischen Kämpfer und alle, die die Arabische Legion dafür hielt, kamen nach einer Übereinkunft in transjordanische Kriegsgefangenschaft. Alle anderen durften unter dem Schutz der Arabischen Legion in die Weststadt abziehen. Das Viertel selbst mit seinen jahrhundertealten Synagogen wurde anschließend zerstört und verblieb bis zur Wiedereroberung im Jahre 1967 in Ruinen.

Wie schmerzlich der Verlust des alten jüdischen Viertels auch war, im übrigen Jerusalem blieben alle jüdischen Stadtviertel in jüdischer Hand. Zusätzlich wurden einige arabische und gemischt bewohnte Viertel, die im Westen der Stadt lagen, wie Baka, erobert. Trotzdem war die Gesamtsituation des jüdischen Jerusalem nicht gut. Die Stadt war immer noch von der Küste abgeschnitten. Lebensmittel und Munition wurden knapp, Nachschub gelangte nicht in die Stadt, ebenso wenig die neuen Waffenlieferungen, die inzwischen den jüdischen Staat erreichten. Alle Versuche, die *Blockade der Stadt* mit militärischen Aktionen aufzuheben, blieben ergebnislos. Besonders hart wurde der Streckenabschnitt beim Kloster Latrun umkämpft, wo Hunderte auf beiden Seiten fielen, ohne dass sich die Situation zugunsten der einen oder anderen Seite entscheiden ließ.

Inzwischen hatte der Sicherheitsrat der UNO mehrfach zu einem Waffenstillstand aufgerufen, den die arabische Seite ablehnte, weil sie Angst hatte, dass durch eine Verfestigung der Frontlinien der jüdische Staat nicht mehr aus dieser Gegend zu vertreiben sein könnte, einem Ziel, dem sich die Araber immer noch sehr nahe sahen trotz der bisher nicht überschwänglichen Erfolge. Erst als

Anfang Juni die ersten israelischen Flugzeuge am Himmel erschienen, Damaskus, Amman und später auch Kairo bombardierten und die absolute Lufthoheit errangen, erklärte sich am 11. Juni auch die arabische Seite zu einem *Waffenstillstand* bereit.

Beide Seiten nutzten den Waffenstillstand, der bis zum 9. Juli dauern sollte, um ihre Truppen neu zu verteilen, weiter aus- und aufzurüsten, obwohl das nach dem Abkommen untersagt war.

In die Zeit des Waffenstillstandes fiel auch eine schwerwiegende innere Auseinandersetzung zwischen den einzelnen israelischen Heeresabteilungen, die für die weitere Geschichte Israels von großer Bedeutung sein sollte. Am 26. Mai hatte die Provisorische Regierung die Bildung der offiziellen »Verteidigungs-Armee Israels«, auf Hebräisch abgekürzt »Zahal«, verfügt. Alle anderen Armee-Einheiten wurden damit aufgelöst und hatten in der offiziellen Armee aufzugehen. Das bedeutete, dass sowohl die Eliteeinheit Palmach verschwand als auch die Milizen der Rechten, Etzel und Sternbande. Äußerlich fügte sich der Kommandeur des Etzel, Menachem Begin, diesem Edikt. Die Kraftprobe aber stand noch bevor. Am 22. Juni machte ein Schiff mit 800 Einwanderern und vielen Waffen, darunter auch 250 Maschinengewehren, vor der Küste von Tel Aviv fest. Das Schiff hatte Etzel gechartert und trug den Namen *Altalena*, dem literarischen Pseudonym des Begründers der Revisionistenpartei Jabotinsky. Etzel, offiziell bereits aufgelöst, aber noch in gesonderten Armee-Einheiten im Rahmen der israelischen Einheitsarmee Zahal kämpfend, verlangte, dass diese Waffen nur an die eigenen Verbände gehen sollten. Ben Gurion, der entschlossen war, keine Privatarmee innerhalb der offiziellen zuzulassen, weigerte sich, bekam dafür mit 24 gegen vier Stimmen die Mehrheit im Provisorischen Regierungsrat und gab Befehl, die Altalena zur Not mit Waffengewalt zur Übergabe zu zwingen. Im Verlauf der Kämpfe sank das waffenstrotzende Schiff auf den Grund des Meeres.

Dass die rechten Kräfte in Israel sich nur äußerlich und mit militärischer Nachhilfe untergeordnet hatten, zeigte sich noch einmal, als es ihnen am 17. September gelang, in Jerusalem den UNO-Vermittler Graf *Folke Bernadotte* zu ermorden. Bernadotte war im Mai ins Land gekommen, um Friedensverhandlungen zwischen den kämpfenden Verbänden einzuleiten. Er kam zu dem Entschluss, dass der UNO-Teilungsplan von 1947 nicht zu verwirklichen war, und schlug vor, den Negev an eine arabische Verwaltung zu übergeben. Dafür sollte Galiläa zum jüdischen Staat gehören. Jerusalem sollte ganz in den arabischen Teil eingegliedert werden. Weder ein arabischer noch ein jüdischer Staat war nach Bernadottes Vorstellungen lebensfähig. Er schlug deshalb vor, den arabischen Teil zu Transjordanien zu schlagen und den jüdischen Staat in einer Staatenkonföderation mit Transjordanien aufgehen zu lassen. Über eine jüdische Einwanderung in dieses Gebiet sollte nach zwei Jahren wieder eine internationale Behörde beschließen. Sowohl die arabische Seite, die immer noch jegliche Aufteilung Palästinas verwarf, wie auch die jüdische lehnten den Plan Bernadottes kategorisch ab. Er hatte auch keine Aussicht, in der UNO angenommen zu werden. Der gemeine Mord an diesem international renommierten Politiker, der sich auch durch seine judenfreundliche Politik im Zweiten Weltkrieg ausgezeichnet hatte, brachte so nur das Ansehen Israels in Misskredit.

Am 9. Juli 1948 sollte der Waffenstillstand ablaufen. Am 7. Juli rief der Sicherheitsrat zu seiner Verlängerung auf. Die israelische Seite stimmte zu, die arabische Seite lehnte ab. Am 8. Juli griffen ägyptische Verbände im Süden an. Die zweite Phase des Krieges begann, in der die israelische Seite aus der Defensive herausging und, gestärkt durch die Neugruppierung der Armee-Einheiten, durch die Einführung der allgemeinen Wehrpflicht sowie durch eine inzwischen eingerichtete Militäreinheit jüdischer Freiwilliger aus aller Welt, in die *Offensive* überging. Israel eroberte die arabischen Städte Lod und Ramle, im Norden Nazareth, vertrieb eine im Norden operierende arabische Freiwilligenarmee des Libanesen Kawakji über die libanesische Grenze und bombardierte Damaskus und Kairo. In Jerusalem gelang es der israelischen Kriegsführung, das strategisch wichtige Dorf Ein Karem einzunehmen. Von hier aus hoffte man, eine Entlastungsstraße bauen zu können, da die bis dahin einzige Straße nach Jerusalem immer noch nicht passierbar war. Wenn es auch den israelischen Truppen in diesem Kriegsstadium nicht gelang, die Soldaten der Arabischen Legion aus Latrun zu vertreiben, so glückte es ihnen doch, durch den Bau einer Umgehungsstraße südlich von Latrun die Landverbindung mit Jerusalem wiederherzustellen.

Zu den militärischen kamen politische Erfolge. Eine Mehrheit der UNO-Staaten, an der Spitze die Vereinigten Staaten und die Sowjetunion, verurteilte die Aggression der Araber, nachdem die Israelis bereit gewesen waren, die Waffenruhe zu verlängern. Ein neuer Waffenstillstand wurde verfügt, den jetzt beide Seiten annahmen und der am 18. Juli in Kraft trat. Er war unbefristet.

Nach diesem *Waffenstillstand* stand Israel ungefähr an den Grenzen, die es bei den späteren Waffenstillstandsverträgen 1949 erzielte. An einigen Stellen war die Situation aber unklar. Dies traf besonders für den Süden zu. Hier saß im Negev weiterhin die ägyptische Armee. Aus Sorge, dass diese de facto Besetzung die Herrschaft Israels über den Negev, der ja nach dem Bernadotte-Plan zum arabischen Staat kommen sollte, gefährden könnte, griff Israel am 15. Oktober die ägyptischen Truppen mit der Begründung an, sie sperrten den freien Zugang zu den jüdischen Siedlungen im Negev. Es gelang den israelischen Truppen, die Ägypter auf das Gebiet des Gazastreifens zurückzutreiben und 4000 ägyptische Soldaten, darunter den späteren Herrscher Ägyptens, Gamal Abdel Nasser, in Faludja einzuschließen. Als Israel im Winter 1948/49 dazu überging, die ägyptischen Truppen gänzlich aus dem Negev zu vertreiben und dabei die Feinde bis weit hinter die internationale Grenze in den Sinai hinein verfolgte, drohte England, aufgrund eines Verteidigungsabkommens mit Ägypten, selbst in den Krieg einzugreifen. Die Lage spitzte sich zu, als einige englische Flugzeuge über dem Sinai von israelischen Jägern abgeschossen wurden. Auf englisch-amerikanischen Druck zog sich Israel hinter die internationale Grenze zurück und schloss im Februar 1949 einen Waffenstillstandsvertrag mit *Ägypten* als dem ersten arabischen Land. Erst danach gelang es Israel im März 1949, bis nach Eilat vorzudringen, das damals Um Raschrasch hieß und aus drei Lehmhütten bestand. Kampflos durchfuhr es dabei den ganzen ihm zugestandenen Negev und vertrieb aus Um Raschrasch die wenigen dort stationierten Soldaten der Arabischen Legion in das gegenüberliegende Aqaba.

Den nächsten Waffenstillstandsvertrag schloss Israel im März 1949 mit dem *Libanon*, wobei es auch die südlibanesischen Gebiete räumte, die es zuvor in den Kämpfen mit dem Freiwilligenheer des Kawakji besetzt hatte. Im April folgte Jordanien, das an Israel das rein arabisch bewohnte kleine Gebietsdreieck mit der Hauptstadt Um El Fachem abtrat. Als letzter Staat folgte *Syrien* im Juli 1949.

Mit dem Waffenstillstand mit Syrien war der Unabhängigkeitskrieg abgeschlossen. Die eigentlichen Kampfhandlungen hatten innerhalb dreier Kampfperioden 6 Wochen gedauert. Auf jüdischer Seite waren 6000 Menschen gefallen, bei einer Gesamtbevölkerung von 650.000 Einwohnern zu Beginn der Kämpfe kein geringer Blutzoll. Die Verluste auf arabischer Seite waren noch höher.

Der Staat Israel hatte eine Feuerprobe bestanden, die viele ihm nicht zugetraut hatten. Der Anfang seiner Geschichte war damit auch der kritischste und gefährdetste Punkt seiner Existenz überhaupt gewesen. Dieses Ringen war nur knapp entschieden worden. Israel hatte zwar seine Grenzen gegenüber dem UNO-Teilungsplan erweitern können, diese Grenzen waren aber kaum zu verteidigen. Zudem war es Israel nicht vergönnt, einen Friedensvertrag mit auch nur einem seiner Nachbarn zuwege zu bringen.

Die Einwanderung

Eine der ersten Maßnahmen der Provisorischen Regierung war die Aufhebung des englischen Weißbuches von 1939, das bisher Regierungspolitik gewesen war, mit seiner Beschränkung der jüdischen Einwanderung und des Verbots von Bodenkauf für Juden. Sofort danach setzte eine Masseneinwanderung ein, wie sie es bisher noch nicht gegeben hatte. In den nächsten zweieinhalb Jahren kamen mehr Juden ins Land als in den gesamten siebzig Jahren der zionistischen Geschichte davor.

Die ersten Ankömmlinge waren noch als Illegale in *Europa* aufgebrochen. Es folgten die KZ-Überlebenden, die so genannten DPs, aus den Sammellagern in Deutschland. Ihre sofortige Einwanderung hatte die Weltöffentlichkeit und die zionistische Bewegung seit Kriegsende immer wieder gefordert. Ein Teil war ja bereits vorher illegal ins Land gekommen oder war von den Engländern aufgegriffen und auf Zypern interniert worden. Mit dem Ende der Mandatsherrschaft gab England diese Lager frei und alle ihre Insassen wurden in den Staat Israel gebracht. Diese Menschengruppe umfasste ca. 150.000 Personen, die 1948/49 einwanderten.

Weitere Überlebende des Holocaust in Europa, besonders aus Polen, Bulgarien und Rumänien, ca. 200.000 Juden, trafen von Mai 1948 bis 1951 in Israel ein.

Der Unabhängigkeitskrieg hinterließ im gesamten nahöstlichen Raum seine Spuren, nicht nur in den betroffenen kriegsführenden Staaten. Zum Teil verschlechterte sich die Lage der Juden in den *arabischen Ländern* durch die offene Auseinandersetzung mit dem jüdischen Staat, je deutlicher es wurde, dass dieser sich einer Vernichtung erfolgreich zu widersetzen verstand. Hinzu kam noch der im orientalischen Judentum sehr stark verwurzelte Glaube an die Rückkehr ins Land der Väter, gekoppelt mit dem Kommen des Messias. Besonders in den der westlichen Welt völlig entrückten Ländern wie dem Jemen machten die gegenwärtigen Ereignisse und Kämpfe in Palästina den Eindruck, als sei diese Zeit nun gekommen. Verfolgung und Unterdrückung, Zionssehnsucht und Hoffnung auf eine Verbesserung ihres Schicksals bereiteten den Boden für einen Massenexodus der Judenschaft der meisten dieser Länder, der nur dadurch schwer zu verwirklichen war, dass in vielen dieser Länder eine strikt antijüdische Politik betrieben wurde, zu der auch die Beschränkung oder das Verbot der Auswanderung gehörte. Außerdem muss man sich klar machen, dass der Transfer Zehntausender und Hunderttausender Menschen in diesem Raum und in dieser Zeit ein fast nicht zu lösendes logistisches Problem war.

In manchen dieser Länder herrschten noch europäische Kolonialmächte, die die Situation erleichterten, wie in *Marokko*, wo es immer eine alte Zionssehnsucht gegeben hatte. Zehntausende Juden zeigten sich bereit, den Aufforderungen der zionistischen Emissäre Folge zu leisten und nach Israel auszuwandern. Besonders die isoliert abgelegenen jüdischen Gemeinschaften wie im Atlasgebirge und in den Oasen wanderten als geschlossene Gemeinschaften in Israel ein, während die wohlhabendere Bevölkerung, wie in den Großstädten Casablanca, Rabbat, Fez oder Meknes, einstweilen in Marokko verblieb. Andere nordafrikanische Gemeinschaften schlossen sich an, so die meisten Juden *Libyens*, 30.000 Seelen. Ein Großteil der Juden *Tunesiens* kam ins Land. In allen diesen Fällen organisierte die israelische Regierung Schiffstransporte. Auch 10.000 Juden des kriegsführenden Landes *Ägypten* gelang die

Flucht in das jetzt benachbarte Israel. 12.000 kamen noch einmal im Jahr 1956. Hierfür hatte die jüdische Einwanderungsbehörde eine spezielle Aktion ins Leben gerufen, die den Code-Namen »Gosen« trug, nach dem Aufenthaltsort der Kinder Israels in Ägypten vor 3200 Jahren. Viele dieser Kommandounternehmen, wie die Herausschmuggelung von 4000 Juden aus dem Kriegsland *Syrien*, lesen sich wie Kriminalromane.

Ein Teil dieser jüdischen Gemeinden war in ihren Heimatländern schon lange vor dem Aufkommen des Islam beheimatet. So hatten viele Familien der 120.000 Juden des *Irak*, die mit dem Unternehmen »Esra und Nehemia« mit einer Luftbrücke nach Israel ausgeflogen wurden, seit dem babylonischen Exil vor 2500 Jahren in ihrem Gastland gelebt und dieses nicht verlassen, als Esra und Nehemia sie dazu in biblischer Zeit aufgerufen hatten. Auch diese Aktion verlief nicht ohne Spannung, war doch der Irak eines der kriegsführenden Länder und verbot in der ersten Zeit jede Auswanderung. Nachdem aber das irakische Parlament beschlossen hatte, dass die verhältnismäßig reichen Juden das Land verlassen könnten, wenn sie ihren gesamten mobilen und immobilen Besitz dem Staat vermachten, konnten die zionistischen Emissäre illegal ins Land kommen und die Massenauswanderung vorbereiten. Da der Irak alle Direktflüge nach Israel verbot, machten die Flugzeuge der amerikanischen Chartergesellschaft in Zypern Halt, und ihre Passagiere stiegen in andere Flugzeuge nach Israel um.

Besonders legendär umwoben ist die Auswanderung der gesamten damals erreichbaren Judenschaft des *Jemen*, die sich in monatelangen Fußmärschen, ausgeraubt und von einheimischen Führern betrogen, auf den Weg in die englische Kronkolonie Aden machte, von wo aus sie hoffte, nach Palästina zu kommen. Die jemenitischen Juden hatten immer einen besonders starken Kontakt zum Heiligen Land. Eine erste Einwanderungswelle von jemenitischen Juden hatte es schon kurz vor dem Beginn der ersten zionistischen Einwanderung 1881/82 gegeben. Auch in späteren Jahren der zionistischen Geschichte waren immer wieder Juden aus dem Jemen nach Palästina ausgewandert. Jetzt hatte sich hier das Gerücht verbreitet, dass ein jüdischer Herrscher mit dem Namen David (David Ben Gurion), der wahrscheinlich ein zweiter König David und der Messias sei, in Israel herrsche. Die Engländer internierten die ankommenden Juden in Lagern vor der Stadt Aden und erlaubten zuerst den israelischen Emissären nicht, eine Auswanderung dieser Menschen in die Wege zu leiten. Erst als England sah, dass die Geschichte in seinem ehemaligen Mandatsgebiet nicht rückgängig zu machen und der Staat Israel eine Tatsache geworden war, erlaubte es die Ausreise der 49.000 Juden. Da eine Schiffspassage am kriegsführenden Ägypten vorbei unmöglich war, brachte Israel die gesamte Judenschaft mit Flugzeugen ins Land, wobei diese Menschen, die zuvor meist noch nicht einmal in einem Auto gesessen hatten, die Luftfahrt wie ein Wunder erlebten und als die Erfüllung der biblischen Verheißung »auf Adlers Flügeln«. Der Code-Name dieser Aktion lautete »Zauberteppich«.

Insgesamt sind in den knapp drei Jahren nach Staatsgründung an die 700.000 Menschen eingewandert, mehr als Israel jüdische Einwohner zum Zeitpunkt der Staatsgründung gehabt hatte. Eine solche Masse von Menschen in den neu gegründeten Staat einzugliedern, der noch zu Anfang dieser Zeit einen mörderischen Kampf um seine Existenz zu führen hatte, konnte nur mit schwerwiegenden Folgeerscheinungen, an denen der Staat noch jahrzehntelang zu leiden hatte, bewerkstelligt werden. Juden aus den unterschiedlichsten Kulturstufen, Bildungsgraden und sozialen Gefügen waren fluchtartig in dem neu gegründeten Staat zusammengekommen, der sich zuerst konsolidieren musste. Die Hälfte der Einwanderer stammte aus den orientalischen Ländern, zum Teil aus den ärmsten Bevölkerungsgruppen mit einem sehr hohen Prozentsatz an Analphabetismus. Diese Menschen konnten ohne Ausbildung und Umschulung in keinen Produktionsprozess eingesetzt werden. Der Prozentsatz an alten Menschen war hoch. Die Menschen, die den Konzentrationslagern entronnen waren, litten unter Traumata und waren nur mit großer Mühe, wenn überhaupt, einzugliedern.

Zuerst galt es, diese Leute unterzubringen. Die 85.000 von 1948 bis 1951 in Eile gebauten Wohnungen reichten nicht aus; der Bau dieser Wohnungen war aber zugleich eine erste Arbeitsbeschaffungsmaßnahme. Um die Massen überhaupt unterbringen zu können, entstanden in der ersten Zeit riesige Zeltstädte, später Asbestbaracken-Lager.

Wichtig war es, die Einwanderer endgültig unterzubringen. Noch immer galt die Parole aus der zionistischen vorstaatlichen Zeit: »Zurück aufs Land«. Diese Einwanderer aber waren für die Kibbuzim, die bisherige Hauptsiedlungsart landwirtschaftlicher Siedlungen, nicht geeignet. Die zweite Form aus der vorstaatlichen Zeit, die des *Moschaw*, wurde jetzt bevorzugt. Der Moschaw ist ebenfalls eine kollektive Siedlungsform. Boden sowie landwirtschaftliche Produktionsmaschinen sowie der Verkauf der Güter sind kollektiv. Man wohnt aber in Familienhäusern zusammen, was den orientalischen Großfamilien, aber auch den meist bürgerlich bestimmten osteuropäischen Einwanderern sehr viel mehr entspricht. Der Verdienst einer Familie richtet sich nach dem Ernteertrag, den sie aus dem ihr zugewiesenen Land erwirtschaften kann. Diese Form der landwirtschaftlichen Siedlungen wurde auch wirtschaftlich ein Erfolg. 126 Moschawim wurden in den ersten drei Jahren nach Staatsgründung angelegt, nach einem Plan, der sich bemühte, das ganze nach dem Unabhängigkeitskrieg von Israel eroberte Land gleichmäßig zu besiedeln, soweit es irgendwie mit den damaligen Wasserreserven und entsprechend seinen natürlichen Möglichkeiten überhaupt bebaubar war. Ein dichtes Siedlungsnetz entstand, das den ganzen Staat überzog und nur die Wüste Negev, 70 Prozent des Staates Israel, und das arabisch besiedelte Westgaliläa aussparte.

Bei der Anlegung von Siedlungen versuchte man, landsmannschaftliche Gruppen zusammen anzusiedeln. Jede Gruppe von landwirtschaftlichen Siedlungen bekam ein städtisches Zentrum, ein Verwaltungszentrum und eine Einkaufszentrale, die so genannten Entwicklungsstädte. Im Ganzen entstanden in den ersten drei Jahren 345 neue Siedlungen gegenüber 293 Altsiedlungen aus der siebzigjährigen vorstaatlichen Zeit des Zionismus. Gegen Ende dieser Epoche, drei Jahre nach Staatsgründung, waren allerdings noch lange nicht alle Wohnungsprobleme beseitigt. Neben den etwas über 400.000 recht und schlecht integrierten Neueinwanderern wohnten noch über 250.000 in den so genannten Übergangslagern, den *Maabarot*.

Eins der Hauptprobleme war die Beschaffung von Arbeitsplätzen. Sofortmaßnahmen wie Straßenbau und Aufforstung konnten nur einen Teil der Probleme lösen und nur für eine begrenzte Übergangszeit. Ältere Menschen waren zum Teil überhaupt nicht einzugliedern. Das Augenmerk richtete sich also vor allem auf die Schul- und Berufsausbildung der Jugend. Auf diesem Gebiet bekam besonders die neugegründete Armee Bedeutung. Junge Soldatinnen dienten als Hilfslehrerinnen und brachten zum Teil auch den älteren des Lesens und Schreibens Unkundigen die ersten Kenntnisse auf diesem Gebiet bei. Die *Armee* tat auch durch die allgemeine Wehrpflicht sehr viel für eine bessere Integration der verschiedenen Bevölkerungsgruppen. Sie wurde zu einem Hauptausbilder für die verschiedenen Berufe. Durch die allgemeine Wehrpflicht für Männer und Frauen konnte auch etwas für eine verbesserte Gleichstellung von Frau und Mann getan werden, besonders innerhalb der jüdisch-orientalischen Bevölkerung.

Eine wichtige Rolle bei der Eingliederung spielte die im Kampf gegen die nazistischen Judenverfolgungen entstandene *Jugendalija* (Jugendeinwanderung). Sie kümmerte sich um die vielen Waisen und Halbwaisen und um die Kinder, die ihre Eltern in den Wirren der Einwanderung verloren hatten. Dörfer der Jugend-Alija wie Ben Schemen oder Kiriat Jearim wurden Mustersiedlungen einer neuen Generation, die voll in den Aufbau des Staates integriert werden konnte.

Trotz aller mit Stolz vorgezeigter und vorzeigbarer Leistung beim Aufbau des jungen Staates aus dem Chaos sind die zahlreichen Fehler und Schwächen bei den Integrations- und Eingliederungsversuchen nicht zu übersehen. Dies betrifft vor allem die *jüdisch-orientalische Bevölkerungsgruppe*. Zwar wurde jahrelang von idealisierenden Berichterstattern hervorgehoben, dass aus Höhlenbewohnern, die aus einer vorgeschichtlichen Kulturstufe zu stammen schienen, bewusste Bürger eines modernen demokratischen Staates gemacht worden seien, aber diese Charakterisierung der Einwanderer aus den arabischen Staaten trifft nur teilweise zu. Andere Einwanderer, besonders aus den Großstädten wie Bagdad, Kairo, Alexandrien, Damaskus, Tripoli, Casablanca oder anderen Kulturstädten der arabischen Welt, waren Handwerker gewesen, hatten dem Mittelstand oder sogar der Oberschicht ihrer Länder angehört. Sie waren Händler, Beamte oder Akademiker gewesen. Positionen, wie sie sie in ihren Heimatländern ausgeübt hatten, waren in dem aufzubauenden Staat aber von der alteingesessenen Bevölkerung besetzt. Ein Rechtsanwaltzertifikat aus Bagdad oder Kairo hatte bei den israelischen Behörden nicht denselben Wert wie aus Berlin oder Warschau. Die meisten dieser Menschen wurden umgeschult, auf alle Fälle aber unterqualifiziert angestellt, wenn sie überhaupt Arbeit finden konnten. Die Folge war eine gewisse Proletarisierung großer Teile der jüdisch-orientalischen Schichten allgemein, die sich besonders bei dem Heranwachsen der Jugend dieser Bevölkerungsschicht rächte und zu den Aufständen der so genannten *Black Panther*, den Namen hatte man aus den amerikanischen Unruhen entliehen, in den sechziger und siebziger Jahren führte.

Die Konsolidierung eines Staates

Noch in der Endphase des Unabhängigkeitskrieges, am 24. Januar 1949, fanden die ersten Parlamentswahlen des jungen Staates statt. Das israelische Parlament hatte sich nach der Institution der Weisen im alten Israel »Versammlung«, *Knesset*, genannt. Von den vielen Parteien, die zur ersten Wahl angetreten waren, schafften 13 die Einprozentklausel, die erst Jahrzehnte später, 1992, auf eineinhalb Prozent erhöht wurde. Am Tag der Wahl hatte Israel eine Bevölkerung von 782.000 Menschen, von denen etwas mehr als 500.000 wahlberechtigt waren. Die Wahlbeteiligung betrug 87 Prozent. Stärkste Partei wurde die Arbeiter-Partei *Mapai* mit 46 von 120 Sitzen. Zwei weitere Arbeiter-Parteien, etwas linker als die Mapai, erhielten zusammen 19 Sitze, 16 Sitze erreichte das religiöse Wahlbündnis, 14 die nationale Cherut-Partei, 7 die Allgemeinen Zionisten, 5 die Fortschrittliche Partei, 4 eine orientalische Liste, die »Sefarden«, ebenso 4 die Kommunisten, 2 eine lokale arabische Partei aus Nazareth, je einen Sitz die rechtsnationale Sternbande, der Frauenverband WIZO und die Jemenitische Vereinigung.

Zum Teil handelte es sich um alte Parteien, die im Laufe der vorstaatlichen Zeit entstanden waren. Die *Mapai*, eine Abkürzung des hebräischen »Partei der Arbeiter des Landes Israel« (*Mifleget Poale Eretz Israel*), war die ersten dreißig Jahre des Staates immer die stärkste Partei. Sie war die Partei der langjährigen Führungsperson der vorstaatlichen Zeit, David Ben Gurion. Ihre führenden Persönlichkeiten waren wie Ben Gurion selbst mit der zweiten und dritten Alija Anfang des Jahrhunderts als junge Menschen ins Land gekommen und stammten meist aus Polen oder Russland.

Die zweite Arbeiter-Partei war die *Achdut ha-Avoda*, »Vereinigung der Arbeit«. Sie unterschied sich nur unwesentlich von der Mapai, von der sie sich 1944 abgespalten hatte, weniger aus ideologischen – sie stand weiter links von der Mapai – als aus persönlichen Gründen. Sie wurde von einer der Kibbuzbewegungen bestimmt.

Auch die dritte Arbeiter-Partei, die aber schon seit langem ein Eigenleben führte und auch ideologisch weiter links stand als die Mapai, ging aus einer Kibbuzbewegung hervor, dem streng sozialistisch ausgerichteten *Ha-Schomer ha-zair*, dem jungen Wächter. Sie nannte sich *Mapam*, die hebräischen Anfangsbuchstaben von »Vereinigte Arbeiter-Partei« (*Mifleget Poalim Meuchedet*). In dieser Zeit war die Mapam ähnlich wie die Kommunistische Partei streng Moskau-orientiert. In seiner ersten Parlamentsrede bezeichnete ihr Vorsitzender, Jaakov Hazan, die Sowjetunion als »die Bastion für den Sozialismus im Weltmaßstab, unsere zweite sozialistische Heimat«. Mit der Kommunistischen Partei war sie die Einzige, die ein besseres Zusammenleben zwischen Arabern und Juden im Staat Israel in ihrem Parteiprogramm erwähnte. Zu den ersten Parlamentswahlen hatten sich Mapam und Achdut ha-Avoda zu einem Wahlbündnis zusammengeschlossen, das später aber wieder auseinander ging.

Zu den linken Parteien gehörte selbstverständlich auch die *Kommunistische Partei*. Sie war die einzige nichtzionistische Partei und vertrat in ihrem Wahlprogramm die Errichtung eines binationalen arabisch-jüdischen Staates. Gehorsam ihrem Vorbild gegenüber, der Sowjetunion, trat sie für die Errichtung eines israelischen Staates ein, änderte diesen Kurs aber nach dem Umschwung im kommunistischen Weltlager zugunsten eines proarabischen, antizionistischen Standpunktes in der Folgezeit. Die kommunistische Partei war sowohl in ihrer Wählerschaft als auch in ihrer Führerschaft eine jüdisch-arabische Partei und wurde erst in späterer Zeit eine vorwiegend arabische Partei. Bis in die achtziger Jahre hatte sie aber noch als ersten Vorsitzenden einen Juden. Zusammengenommen hatten die Linksparteien die absolute Mehrheit.

Die bürgerlichen Parteien wurden von der *Cherut*-Partei angeführt. Sie war die Nachfolgerin der revisionistischen Partei Jabotinskys, die sich 1921 nach der Abspaltung Transjordaniens von Palästina gebildet hatte. Gegen jede Aufteilung Palästinas in zwei Staatsgebiete forderte sie auch die transjordanischen Gebiete für den jüdischen Staat. Die Cherut-Partei wurde von *Menachem Begin* geleitet, der die stärkste der rechten Untergrundbewegungen, Etzel, befehligt hatte. Sie vertrat die nationalistische Militanz, richtete sich in ihrer Innenpolitik gegen das Monopol der staatlichen Gesellschaften und war ein Sammelbecken für alle mit einem sozialistischen Staat Unzufriedenen. Als Einzelpartei war sie die zweitstärkste Partei nach der Mapai und blieb dies auch für die nächsten Jahrzehnte.

Eine weitere bürgerliche Partei waren die *Liberalen*. Sie setzten sich aus den reicheren Schichten der Privatlandwirte und des städtischen Mittelstandes zusammen. Sie traten für eine freie Marktwirtschaft ein. Ebenso bürgerlich war die *Fortschrittliche Partei*. Sie vertrat die Einwanderer aus Deutschland.

Das zu den Wahlen angetretene religiöse Wahlbündnis »Vereinigte religiöse Front« setzte sich aus zwei unterschiedlichen religiösen Parteien zusammen, die jeweils noch über einen eigenen Arbeiter-Partei-Zweig verfügten. Es waren dies die *Mizrachi* und die *Agudat Israel*. Die Mizrachi ist die älteste Parteigründung der zionistischen Geschichte überhaupt und hatte sich 1901 auf dem vierten Zionistenkongress gebildet. Sie war ein Bündnis aller religiös eingestellten zionistischen Kreise, die für die Errichtung eines Judenstaates eintraten, und unterstützte nach der Staatsgründung religiöse und nationale Ziele. Die Agudat Israel, oder kurz Aguda genannt, war ein azionistischer Zusammenschluss orthodoxer und ultraorthodoxer Kreise, der Gruppen repräsentierte, die bereits in der vorzionistischen Zeit in Palästina ansässig gewesen waren. Sie hatte sich als politische Vereinigung zusammengeschlossen, um so die Interessen der eigenen religiösen Bevölkerung mit einem eigenen Bildungs-, Schul- und Sozialwesen besser durchsetzen zu können.

Die orientalische Partei der Sefarden war eine Einwandererpartei und verlor mit fortschreitender Integration ihre Bedeutung, dasselbe ist von der Jemenitischen Liste zu sagen. Auch WIZO und Sternbande traten nur in der ersten Wahlperiode auf und verschmolzen später mit anderen Parteien. Die Arabische Liste aus Nazareth war ebenso nur in der ersten Wahlperiode aktiv.

Als stärkste Partei wurde die Mapai unter Ben Gurion zur *Regierungsbildung* aufgefordert. Nach dreiwöchigen Verhandlungen gelang es Ben Gurion eine Regierung vorzustellen, die sich auf die Mapai, die Vereinigte Religiöse Front, die Fortschrittliche Partei und auf die orientalische Liste stützen konnte. In ihrer Regierungserklärung versprach die neue Regierung einen arabisch-israelischen Ausgleich, die Aufrechterhaltung guter Beziehungen mit der internationalen Weltgemeinschaft, besonders mit ihren beiden Hauptvertretern, den Vereinigten Staaten von Amerika und der Sowjetunion, ein Wirtschaftssparprogramm, Förderung der Einwanderung und ein umfassendes Erziehungs- und Bildungsprogramm.

Ungefähr zur gleichen Zeit wählte das israelische Parlament am 16. Februar 1949 den ersten Präsidenten des Staates. Die Wahl fiel auf die graue Eminenz der vorstaatlichen Zeit, *Chaim Weizmann*, der 40 Jahre lang die Geschicke des jüdischen Volkes in Palästina mitbestimmt hatte. Er war es gewesen, der als erfolgreicher Wissenschaftler in England durch seine guten Beziehungen zur Krone die erste Charta für ein jüdisches Gemeinwesen in Palästina in Form der Balfour-Erklärung 1917 erreicht hatte. Seitdem hatte er an der Spitze der zionistischen Führung gestanden. Bei seiner Amtseinführung im israelischen Parlamment wurde das traditionelle Widderhorn, das *Schofar*, geblasen, das nur zu besonderen Anlässen im jüdischen Kalender zu hören ist. Der Sprecher der Versammlung schloss mit den Worten: »Wir haben den ersten Schritt zum Aufbau unseres Lebens getan. Israels Erlösung ist nahe.« Als ein alter Mann, halb erblindet, trat Weizmann das höchste Staatsamt an, wobei er seine Enttäuschung kaum zu unterdrücken vermochte, dass dieses Staatsamt rein repräsentativ war, ohne wirkliche Einflussmöglichkeit auf die Staatsgeschäfte. Weizmann nahm seinen Wohnsitz in Rechovot, dem Sitz des nach ihm benannten wichtigsten Forschungsinstitutes des Staates. Am 9. November 1952 starb

Weizmann und wurde auf eigenen Wunsch im Garten seines Hauses in Rechovot begraben. Eine Epoche war damit zu Ende gegangen, eine neue hatte bereits ihren Anfang genommen.

Dem israelischen Parlament gelang es in den nächsten Jahren trotz verschiedener ernsthafter Anläufe nicht, ein *Grundgesetz* für den neuen Staat zu schaffen. Zu deutlich war dabei der unüberbrückbar erscheinende Gegensatz zwischen religiösen und säkular eingestellten Parlamentariern und Parteien in der Frage, ob der jüdische Staat an modernen demokratischen Grundsätzen sich auszurichten habe oder aber an der Bibel und der talmudischen Bibelinterpretation. Um ein Auseinanderbrechen der verschiedenen Fraktionen und einen offenen Kampf, der in Israel normalerweise als *Kulturkampf* bezeichnet wird, zu vermeiden, einigte man sich darauf, auf ein Grundgesetz zu verzichten. Grundgesetzlichen Charakter erhielt die israelische Unabhängigkeitserklärung von 1948. Außerdem kann das israelische Parlament von Zeit zu Zeit Gesetze erlassen, die jedes für sich Grundgesetzcharakter haben. Im Übrigen galt weiterhin türkisches Recht, das durch Gesetze der englischen Mandatsregierung modifiziert worden war. Dies bedeutet, dass auch das türkische Milletsystem mit übernommen wurde, das in ähnlicher Form in allen mittelöstlichen Staaten Anwendung findet und zum Ziel hat, in einer islamischen Gesellschaft die Rechte geduldeter religiöser Minderheiten von Christen und Juden zu schützen. Praktisch bedeutet das für die israelische Rechtsprechung, dass der gesamte Komplex des Familienstandsrechts, einschließlich Eheschließung, Scheidung, Kindersorge- und Erbrecht, den religiösen Gerichtshöfen unterliegt, die allerdings nur über Gläubige ihrer eigenen Religion entscheiden dürfen. Juden können so nur auf den Rabbinatsgerichtshöfen Eheschließungen oder Scheidungen vornehmen. Die Einrichtung eines zivilen Standesamtes fehlt. Für Christen sind nur die Gerichtshöfe der vom Staat anerkannten christlichen Gemeinschaften zuständig und für Moslems die Scha'aria-Gerichtshöfe.

Dies ist für den Einzelnen manchmal recht schwierig. Nichtreligiöse Menschen sind so gezwungen, sich an den für sie zuständigen Gerichtshof zu wenden, den sie in seiner geistig-geistlichen Autorität für sich persönlich ablehnen. Sie sind so auch gezwungen, sich eindeutig einer bestimmten Religionsgemeinschaft zuzuordnen, von der sie sich längst gelöst haben. In anderen Fällen ist eine bestimmte Religionsgemeinschaft nicht bereit, Betreffende, die zu ihr kommen, anzuerkennen. So bleiben viele Grenzfälle offen, und Hunderte wenn nicht Tausende können sich in Israel weder trauen noch scheiden lassen. In manchen Fällen unterstehen sie einem Gesetz, das ihnen antiquiert vorkommt. So können Juden mit priesterlicher Herkunft, die schon durch die Namensgebung wie Cohen (Priester), Cohn, Kühn oder Katz erkennbar ist, nach biblischem Gesetz keine geschiedene Frau heiraten. Tun sie das dennoch im Ausland, so entstammen ihre Kinder einer verbotenen Ehe und können nicht andere Juden heiraten.

Die Bestimmung, dass religiöse Gerichtshöfe nur Fälle klären können, wenn beide Partner derselben Religion angehören, verhindert Mischehen, wird aber von moslemischer Seite als Einschränkung der eigenen Religionsfreiheit angesehen, da nach moslemischem Gesetz die Ehe eines Moslems mit einer Jüdin oder Christin (nicht umgekehrt) religionsgesetzlich möglich ist. Im Fall einer solchen Mischehe beanspruchen beide Religionsgemeinschaften die Kinder für sich, da die Zugehörigkeit im Judentum über die Mutter definiert wird, im Islam über den Vater.

Die Entscheidungsgewalt der religiösen Gerichtshöfe in Familienstandsfragen bedeutet auch eine Benachteiligung der Frau, da es mehr oder weniger in allen Religionen traditionell keine Gleichberechtigung der Geschlechter gibt. Dies widerspricht der in der Unabhängigkeitserklärung formulierten Gleichberechtigung von Frau und Mann.

Für das Judentum kommt erschwerend hinzu, dass bisher nur orthodoxe Gerichtshöfe vom Staat anerkannt sind, Gerichtshöfe der liberalen und konservativen Richtungen dagegen nicht. In allen Fällen hat der einzelne Bürger aber das Recht, Gerichtsentscheidungen der religiösen Gerichtshöfe vor das weltliche israelische Oberste Gericht zu bringen, das sich allerdings schwer getan hat, gegen Entscheidungen der religiösen Gerichtshöfe grundsätzlich vorzugehen.

Der jüdische Charakter des neuen Staates kommt dadurch zum Ausdruck, dass der Schabbat und die jüdischen Feste zu staatlichen

Feiertagen erklärt wurden. Alle öffentlichen Institutionen, wie staatliche Krankenhäuser, die Armee, Schulen und dergleichen, haben sich an den jüdischen Speisegesetzen zu orientieren. Dieser religiöse »Status quo« war bereits vor Ausrufung des Staates 1947 zwischen Ben Gurion und den Vertretern der beiden religiösen Parteien, Mizrachi und Agudat Israel, ausgehandelt worden und gab die ganze Geschichte des Staates hindurch immer wieder Anlass zur Kritik von säkularer, aber auch von gemäßigt religiöser Seite, die hierin eine ungesunde Verquickung von Staat und Religion sehen.

Am stärksten zeigte sich das nationale Interesse des jüdischen Staates im so genannten *Rückkehrgesetz* (Chok Ha-schwut) vom 5. Juli 1950, das jedem einwandernden Juden automatisch das Staatsbürgerrecht verleiht, falls er sich bisher nicht eines kriminellen Vergehens schuldig gemacht hat. Dieses Gesetz forcierte zugleich die Frage: Wer ist Jude? eine Frage, die den Staat bis heute beschäftigt.

Kritische Jahre

Die 1949 bestätigte Regierung hatte nicht lange Bestand, da Ben Gurion sich mit den religiösen Parteien besonders in zwei Punkten nicht einigen konnte: der Frage der säkularen Schulausbildung in den meisten Auffanglagern für Einwanderer und des Militärdienstes für Frauen. Wie später noch mehrfach suchte er die Lösung des Problems in der Auflösung der Regierung durch Rücktritt und Ausschreibung von Neuwahlen. Die Mapai konnte ihren Anteil in den am 30. Juli 1951 erfolgten Neuwahlen leicht verbessern und erreichte 37,3 Prozent und 45 Parlamentssitze. Der eigentliche Wahlsieger war aber die Partei der Allgemeinen Zionisten, die ihren Stimmenanteil verdreifachen konnte und mit 16,2 Prozent zweitstärkste Partei wurde. Sie verdankte ihren Wahlsieg vermutlich ihrem Programm der Antirationierung von Lebensmitteln, ein Wahlsieg, der vor allem auf Kosten der Cherut-Partei gegangen war und sich in der Geschichte Israels nicht mehr wiederholen sollte. Die Religiösen waren 1951 getrennt als Mizrachi und Aguda angetreten und hatten ihre Stimmenanteile beibehalten können. Die Mizrachi erzielte 10 und die Aguda 5 Sitze. Ben Gurion regierte zuerst mit knapper Mehrheit mit den religiösen Parteien, mit denen er sich gerade zuvor zerstritten hatte und nahm später zur Stärkung seiner Macht die Allgemeinen Zionisten und die Progressiven hinzu.

In einem Kompromiss mit den Religiösen wurde sowohl die Grundreform eines Schulsystems abgeschlossen, als auch die allgemeine Wehrpflicht modifiziert. Das *Schulsystem* hatte mit dem Gesetz vom 20. August 1953 zwei staatliche Zweige, einen säkularen und einen religiösen. 64 Prozent der Kinder besuchten den säkularen Zweig, 30 Prozent den religiösen. Der Rest, 6 Prozent, ging auf religiöse Privatschulen der Ultraorthodoxen. Der religiöse staatliche Zweig unterstand der Mizrachi-Partei, die religiösen Privatschulen der Aguda. Die Sicherstellung der religiösen Privatschulen war der Aguda besonders wichtig, wollte sie doch die Bevormundung des Staates in ihrem Schulsystem loswerden, aber nicht auf die staatlichen Gelder verzichten.

Die Fächer Bibel und Judentum wurden auch für die säkularen Schulen verpflichtend und zu Hauptlehrfächern. Das Fach Bibel (Hebräische Bibel oder Altes Testament) wurde zum wichtigsten Fach überhaupt und so unterrichtet, dass es zur Grundlage der Fächer Sprache, Geschichte, Bürgerkunde und Ethik wurde. Einen damit verbundenen Aufschwung erlebte auch das Fach Archäologie, das von Hobbyarchäologen im gesamten Land betrieben wurde und die Rolle einnahm, die Rückkehr des Volkes in sein Land zu rechtfertigen.

In der *Wehrdienstfrage* wurde ebenso auf die religiösen Parteien Rücksicht genommen, indem verheiratete Frauen gänzlich von Wehr- und Reservedienst befreit wurden und jede Frau aus religiösen Gründen den Wehrdienst verweigern konnte. Für die nationalreligiös eingestellten Frauen der Mizrachi-Bewegung wurde 1953 ein nationaler Arbeits- und Sozialdienst eingerichtet. Die azionistisch-orthodoxen jungen Männer waren schon vorher ganz vom Militärdienst befreit worden, wenn sie nachweisen konnten, dass sie an einer Talmudhochschule eingeschrieben waren.

Eine der Hauptaufgaben der Regierung bestand darin, Abhilfe gegen das immer größer werdende *Staatsdefizit* zu schaffen. Die große Einwanderung, die die Bevölkerungszahl in wenigen Jahren verdoppelt hatte, die hohen Militärrüstungen, zu denen der Staat verpflichtet war, weil es ihm nicht gelang, zu einem Friedensabkommen mit auch nur einem seiner mit ihm verfeindeten Nachbarn zu kommen, der nur langsam vorankommende Aufbau einer eigenen *Industrie* und *Landwirtschaft* und eine immer negative Handelsbilanz hatten die Staatsverschuldung immens anwachsen lassen. Eine erfolgreiche Integration der Menschenmassen erforderte weit größere Geldmittel als die, die der israelische Staat bisher auftreiben konnte. Die Regierung sah sich deshalb zu zwei Schritten genötigt. 1951 berief Ben Gurion finanzstarke Vertreter des Judentums in der Diaspora zu einer Konferenz nach Jerusalem ein und handelte mit ihnen ein großzügiges Unterstützungsprogramm für den jungen Staat aus. Ben Gurion machte klar, dass ohne die Hilfe des Judentums in der Diaspora der jüdische Staat keine Überlebenschancen habe. Andererseits sei es der jüdische Staat, der Juden in aller Welt Zuflucht in der Not sein könne und neues jüdisches Selbstbewusstsein geschaffen habe. Ben Gurion versuchte auch, über die jüdischen Organisationen, besonders in den Vereinigten Staaten, Druck auf die jeweiligen Regierungen auszuüben, um an günstige Kredite zu kommen. Es gelang, die Unterstützungsgelder durch die jüdische Welt bedeutend zu erhöhen. Die amerikanische Regierung stellte eine Eingliederungshilfe von 65 Millionen Dollar für Einwanderer zur Verfügung, die zum Anfang einer jahrelangen finanziellen Unterstützung durch die USA werden sollte. Die Wirtschaft konnte mit diesen Geldern angekurbelt, finanzielle Restriktionen der Geldwirtschaft gelockert oder aufgehoben und die hohe Inflation, die während der ersten Jahre seit Staatsgründung die Geldreserven des Staates verbraucht hatte, verringert werden.

In dieselbe Richtung führten auch Verhandlungen Ben Gurions mit dem Kanzler der Bundesrepublik, *Konrad Adenauer*, über Wiedergutmachungszahlungen der Bundesrepublik für das von Nazideutschland beschlagnahmte jüdische Vermögen. Die Verhandlungen, die ebenfalls im Jahre 1951 begannen, waren das im Parlament und auf den israelischen Straßen am meisten und am heftigsten diskutierte Thema. Angesichts der verheerenden wirtschaftlichen Situation des Staates fand sich am 16. Januar 1952 eine knappe Mehrheit von 61 gegen 50 Abgeordnete im israelischen Parlament, die für die Fortsetzung der Verhandlungen und für die Annahme des

Geldes aus Deutschland stimmten. Die Gegner des Abkommens fürchteten vor allem, dadurch Deutschland moralisch vom Judenmord reinzuwaschen und zu entlasten.

Am 10. September 1952 wurde in Luxemburg mit der Bundesrepublik das *Wiedergutmachungsabkommen* geschlossen, in dem sich die Bundesrepublik neben individueller Wiedergutmachungsleistungen zu einer Summe von 3 Milliarden DM verpflichtete, die in jährlichen Raten von 250 Millionen DM in Form von Warenlieferungen zu zahlen waren. Damit wurden für die nächsten Jahre eine ganze Reihe von Industriezweigen geschaffen, die dazu beitrugen, dass der israelische Staat wirtschaftlich auf gesündere Beine gestellt werden konnte. Zum anderen kam diese Regelung, Zahlungen als Warenlieferungen, auch der deutschen Industrie zugute, indem sie einen sicheren neuen Absatzmarkt für ihre Überproduktion hatte.

Eine gewisse Erleichterung in der finanziellen Notsituation brachte auch das Aufhören der Masseneinwanderung mit sich. Waren noch im Jahr 1951 174.000 Juden ins Land gekommen, so waren es 1952 nur noch 24.000 und 1953 sogar nur noch 11.000, die niedrigste Zahl in der Geschichte des Staates überhaupt. 1953 überstieg die Zahl der Auswanderer sogar die der Einwanderer.

Hatte es während der Masseneinwanderung keine Streiks, keine Demonstrationen und keine Abwanderung gegeben – so groß war das allgemeine Zusammengehörigkeitsgefühl und die Solidarität in der Anfangsphase des staatlichen Aufbaus gewesen –, so waren jetzt in einer wirtschaftlich viel gefestigteren Zeit wieder Streiks und Abwanderungen als Ausdruck des Unwillens einzelner Bevölkerungsschichten an der Tagesordnung.

Anlass für eine größere Unzufriedenheit war auch der besondere Charakter der israelischen Gewerkschaft, der *Histadrut*. Die Histadrut war in der vorstaatlichen Zeit gegründet worden und hatte nicht nur die Interessen der Arbeiter zu vertreten, sondern zuerst und vorrangig Arbeitsplätze für ihre jüdischen Mitglieder zu schaffen. Sie war dadurch nicht nur zur einzigen Vertreterin der (jüdischen) Arbeiter in Palästina geworden, sondern auch zur größten Arbeitgeberin, was zu einem Aufeinanderprallen von Interessen führen musste. Verständlich ist dadurch auch der große Anteil von

»wilden Streiks«, also Streiks, die von der Gewerkschaft nicht genehmigt worden waren, die zum Teil sogar gegen sie selber als Arbeitgeberin durchgeführt wurden.

Mit einer sichtlichen Verbesserung der wirtschaftlichen Situation nahm der Strom der Einwanderer wieder zu und übertraf die Zahl der Auswanderer. 1954 kamen 18.000 Juden ins Land, 1955 37.000 und 1956 waren es sogar wieder 56.000.

Hatte das »Rückkehrgesetz« die Staatsangehörigkeitsfrage der jüdischen Einwanderer geregelt, so tat sich der Staat mit der Integrierung der rund 150.000 im Lande verbliebenen *Araber* schwer. Auch sie bekamen mit einem Gesetz von 1952 automatisch die Staatsangehörigkeit, wenn sie sich von der Staatsgründung 1948 bis 1952 im Lande aufgehalten hatten; sie waren aber nicht gleichberechtigte Bürger. Da der junge Staat, der mit seinen arabischen Nachbarn noch nicht im Frieden lebte, sie der Kollaboration mit ihren Brüdern und Schwestern verdächtigte, wurde die arabische Bevölkerung generell unter eine Militärregierung gestellt, die die persönliche Bewegungsfreiheit bedeutend einschränkte. Es bestand ein nächtliches Ausgehverbot für alle arabischen Gebiete von 21 bis 5 Uhr, später von 22 bis 4 Uhr. Die Hauptwohngebiete der arabischen Bevölkerung waren in drei Zonen unterteilt, die man nur mit einem Erlaubnisschein verlassen konnte. Der nördliche Bezirk war Galiläa mit 130.000 Einwohnern Anfang der 50er-Jahre, der mittlere war das »Gebietsdreieck« von Um el Fachem mit ca. 35.000 Einwohnern, und der südliche war der Nordnegev mit ca. 20.000 Beduinen. Die Militärverwaltung, die auf immer größeren Widerstand auch bei den jüdischen Parteien stieß, wurde erst im Jahre 1964 aufgehoben.

Im Dezember 1953 trat David Ben Gurion, der das Land bisher mit »eiserner Hand« regiert hatte, als Ministerpräsident zurück. Er begründete seinen Schritt im Rücktrittsschreiben an Staatspräsident *Jitzchak Ben Zwi*, der Weizmann in dem höchsten repräsentativen Amt des Staates gefolgt war, mit »übergroßer geistiger Anspannung«. Vermutlich war es die Enttäuschung über den Gang der Dinge im neugegründeten Staat, die ihn zu dem Schritt bewogen. In einem symptomatischen Aufsatz zur Situation, der im Jahrbuch der Regierung 1953/54 abgedruckt wurde, bedauerte er den verloren gegangenen Pioniergeist im jungen Staat und beklagte die zunehmende Kluft zwischen dem religiösen und dem säkularen Lager, die Zusammenstöße zwischen orientalischen und westlichen Juden und das Auseinanderleben von Israelis und Juden in der Diaspora. Den reichen Juden in der Diaspora warf er vor, dass sie zwar bereit seien, Gelder für den jüdischen Staat bereitzustellen, selber aber nicht daran dächten, einzuwandern. Er bedauerte vor allem, dass so wenige Menschen bereit waren, in die Pioniergebiete des Staates überzusiedeln. Nur 9 Prozent der Bevölkerung lebten im Negev, der 70 Prozent des Staatsgebietes ausmacht. Um ein Beispiel zu geben, wurde er Mitglied des gerade gegründeten Kibbuzes Sede Boker im Herzen des Negev.

Ben Gurion hatte sich aber nicht endgültig von der Politik verabschiedet. Der große Besucherstrom einflussreicher Politiker in seiner Holzbaracke im Negev, die er mit seiner Frau Paula bewohnte, erweckte den Eindruck, als werde das Land von einer grauen Eminenz aus der Wüstenmitte regiert und nicht aus Jerusalem. Ben Gurion ließ sich über alles unterrichten und gab genaue Anweisungen an seine Gefolgsleute.

Dies machte dem neuen Regierungschef, dem ehemaligen Freund Ben Gurions und ersten Außenminister des Staates, *Mosche Scharett*, das Regieren nicht einfacher. Es entstand der Eindruck, als handele es sich um eine provisorische Regierung, die nur auf die Rückkehr des alten Mannes aus der Wüste warte. Tatsächlich gab es deutliche Unterschiede im Regierungsstil in der Innen- und Außenpolitik der beiden Staatsmänner. War Scharett mehr ein Mann des Ausgleichs, des Abwartens, der Versöhnung und des Kompromisses, so war Ben Gurion ein Mann des energischen Handelns, der meinte, sich durch Abwarten nur eine Blöße zu geben.

Auslöser für eine ernste Auseinandersetzung zwischen den beiden Staatsmännern und Anlass für die Rückkehr des greisen Mannes aus der Wüste war eine undurchsichtige Angelegenheit, die den Namen *Lavon-Affäre* erhielt, mehrere Regierungskrisen auslöste und den Staat noch auf Jahre hinaus beschäftigen sollte. *Pinchas Lavon* hatte nach dem Rücktritt Ben Gurions das Verteidigungsministerium übernommen, das Ben Gurion bis dahin selber innegehabt hatte. Ben Gurion beschuldigte Lavon, für ein gescheitertes

Kommandounternehmen in Kairo 1954 verantwortlich gewesen zu sein, das Israel großen Schaden zugefügt hatte. Wenn auch aus Zensurgründen jahrelang nicht deutlich war, um was es sich eigentlich handelte, so sickerte doch allmählich durch, dass ägyptische Juden und israelische Geheimagenten versucht hatten, die amerikanische Botschaft in Kairo zu sprengen, um das gute Einvernehmen von Ägypten und Amerika zu stören. Das Unternehmen war aufgeflogen, mehrere ägyptische Juden und Israelis waren hingerichtet oder zu jahrelangen Strafen verurteilt worden. Schließlich hatte das Unternehmen gerade den israelisch-amerikanischen Beziehungen geschadet. Lavon beschuldigte den israelischen Geheimdienst, hinter seinem Rücken und ohne sein Wissen die Aktion durchgeführt zu haben, eine Version, die sich später als richtig herausstellte. Lavon sah sich gezwungen, zurückzutreten, Ben Gurion kam aus der Wüste zurück und wurde Verteidigungsminister, ein Posten, den er ja schon seit der Staatsgründung innegehabt hatte.

Bei den im November 1955 fälligen allgemeinen Wahlen ließ sich Ben Gurion wieder an die Spitze seiner Partei stellen. Die anhaltenden Querelen in der Partei führten dazu, dass die Mapai fünf Sitze im Parlament einbüßte, aber immer noch die stärkste Partei war und so mit der Bildung der Regierungskoalition beauftragt wurde. Da auch Ben Gurions Hauptpartner, die Allgemeinen Zionisten, starke Stimmenverluste hatte hinnehmen müssen, zögerte sich die Regierungsbildung um einige Zeit hinaus, kam dann aber schließlich mit etwas schwächerem Rückhalt im Parlament unter gleicher Parteienzusammensetzung wie vorher doch zustande. Mosche Scharett blieb Außenminister im neuen Kabinett unter Ben Gurion. Wegen Differenzen in der Auseinandersetzung mit den arabischen Staaten im sich zuspitzenden Suezkonflikt löste Ben Gurion Scharett als Außenminister ab und ersetzte ihn durch die bewährte Unterhändlerin der israelischen Regierung und treue Ben Gurion-Anhängerin *Golda Meir*. Israel stand kurz vor einer der entscheidenden Herausforderungen in seiner neuen Geschichte, dem Ausbruch der Sinai-Kampagne. Durch die Besetzung der wichtigsten Staatsämter mit Persönlichkeiten einer kompromisslosen Einstellung waren die Weichen für die weitere Entwicklung gestellt.

Nach dem Sechs-Tage-Krieg im Juni 1967:
Oben: Israelisches Militärlager in einem ehemals syrischen Lager.
Unten: Synagoge in der Machpela-Moschee in Hebron.

Die Zeit der Kriege

Waffenstillstand – der Weg zum Krieg

Schon bald nach Unterzeichnung der verschiedenen Waffenstillstandsabkommen Israels mit den einzelnen arabischen Staaten zeigte sich, dass Israel und die arabischen Staaten ganz verschiedene Vorstellungen davon hatten. Interpretierte Israel die Waffenstillstandsverträge als ein Abkommen zur einstweiligen Waffenruhe, das zu einem dauerhaften Frieden führen solle, so sahen die arabischen Staaten darin lediglich eine Ruhepause, um Kraft für einen nächsten Krieg zu schöpfen. Der arabische Standpunkt kommt in der Aussage eines Vertreters Ägyptens deutlich zum Ausdruck:

»Juristisch sind wir noch immer im Krieg mit Israel. Ein Waffenstillstand setzt einem Kriegszustand kein Ende. Der Waffenstillstand hindert den Feind nicht, bestimmte Kriegsrechte auszuüben.«

Auch die UNO schien ihre ganze Kraft mit dem Erreichen der Waffenstillstandsverträge verbraucht zu haben. Hatte der amerikanische Unterhändler Ralph Bunche mit unsäglicher Energie die Waffenstillstandsverträge zwischen Israel und einem jeden der angrenzenden arabischen Länder in nicht enden wollenden Direktverhandlungen separat durchgekämpft, so zeigte sich die UNO weniger geschickt. Die von der UNO eingesetzte Dreierkommission, die *Palestine Conciliation Commission* konnte sich mit dem Verhandlungsgeschick eines Ralph Bunche nicht messen. Ihr gehörten drei wenig geeignete Diplomaten und Journalisten der Staaten Frankreich, Türkei und Vereinigte Staaten von Amerika an. Ihr erster Fehler war, dass sie getrennt mit Israel und den arabischen Staaten verhandelten, und ihr zweiter, dass sie mit den arabischen Staaten nur zusammen verhandelten. Wäre ein einzelner arabischer Staat auch zu Zugeständnissen bereit gewesen, im Kollektiv wagte er das nicht zu äußern, um nicht als Außenseiter abgestempelt zu werden. So begnügte sich die Kommission, die unterschiedlichen Seiten zur Kenntnis zu nehmen, sah sich aber nicht in der Lage, vermittelnd einzugreifen.

Die arabischen Staaten schlugen vor, Israel auf die Grenzen des UNO-Teilungsplanes von 1947 zurückzudrängen, Galiläa und den Negev aber abzuziehen, so dass nur ein schmaler Küstenstreifen für den jüdischen Staat übrig blieb. Israel verlangte, die Waffenstillstandsgrenzen als endgültige Grenzen anzuerkennen und die Waffenstillstandsverträge in Friedensverträge umzuwandeln.

Wenn auch die UNO in der Herstellung eines echten Friedens im Nahen Osten sich in dieser Phase als ohnmächtig erwies, so gab es doch eine Initiative der westlichen Großmächte, für eine gewisse politische Stabilität in dieser Region zu sorgen. Dies war die so genannte *Dreiererklärung* der drei westlichen Großmächte, Vereinigte Staaten, England und Frankreich, vom Mai 1950, in der sie sich verpflichteten, jede gewaltsame Veränderung der Waffenstillstandsgrenzen zu verhindern und für einen Ausgleich im Gleichgewicht der militärischen Ausrüstung der verschiedenen Seiten Sorge zu tragen. Dies war zumindest eine psychologische Hilfe bei der Aufrechterhaltung der Ordnung in der instabilen Situation der Region.

Der Nahe Osten blieb aber auch weiterhin ein zentrales Thema innerhalb der UNO-Debatten. Es ging dabei vor allem um zwei Probleme, die Jerusalem-Frage und die Frage der palästinensischen Flüchtlinge.

Nach dem Teilungsplan der UNO von 1947 sollte *Jerusalem* für eine Übergangszeit von zehn Jahren internationalisiert werden, wobei die einzelnen Bewohner der Stadt wirtschaftlich ihren verschiedenen Staaten, dem jüdischen bzw. dem arabischen, zugeordnet werden sollten. Der Krieg hatte Tatsachen geschaffen, indem die Transjordanische Armee den Ostteil und Israel den Westteil erobert, besetzt und ihren Staaten einverleibt hatten. Jordanien weigerte sich sogar noch heftiger als Israel, zu einer Internationalisierung der Stadt überzugehen. Es weigerte sich im Gegensatz zu Israel auch, eine internationale Kontrolle der Heiligen Stätten zuzulassen, verpflichtete sich aber, alle Heiligen Stätten den jeweiligen Glaubensvertretern offen zu halten, einschließlich der so genannten Klagemauer und des jüdischen Friedhofs auf dem Ölberg für die Juden. Dieses Versprechen hat Jordanien im Laufe seiner 19-jährigen Herrschaft über Ostjerusalem allerdings nicht eingehalten.

Israel reagierte auf die erneute Debatte über den Status Jerusalems in der UNO, indem es am 11. Dezember 1949 das israelische Parlament von Tel Aviv nach Jerusalem verlegte und gleichzeitig bekräftigte, Jerusalem sei »auf ewige Zeiten« einzige Hauptstadt Israels. Im Laufe der Zeit zogen auch alle wichtigen Regierungsstellen von Tel Aviv nach Jerusalem bis auf das Verteidigungsministerium, das bis heute aus Sicherheitsgründen seinen Sitz in Tel Aviv hat. Diesem Umzug der Israelis folgten nur wenige Botschaften. Die meisten verblieben in Tel Aviv und unterhielten in Jerusalem gegebenenfalls Konsulate. Eine offizielle Anerkennung Jerusalems als Hauptstadt Israels erfolgte von keiner Seite.

Das zweite Problem, mit dem sich die UNO beschäftigte, war das Problem der *palästinensischen Flüchtlinge*. Bis Kriegsende hatte die UNO-Hilfsorganisation UNRWA (United Nations Relief and Works Agency), die sich die Sorge für die Palästinaflüchtlinge zur Aufgabe gemacht hatte, 650.000 Flüchtlinge registriert. Diese Zahl vergrößerte sich von Jahr zu Jahr durch natürlichen Geburtenüberschuss.

Im Dezember 1948 hatte die UNO-Vollversammlung empfohlen, dass

> »Flüchtlinge, die in ihre Heimat zurückzukehren und in Frieden mit ihren Nachbarn zu leben wünschen, zum frühestmöglichen Zeitpunkt die Erlaubnis hierzu erhalten sollten und dass Entschädigungen für verlorenes Eigentum an diejenigen zu zahlen ist, die nicht zurückzukehren beabsichtigen; das Gleiche gilt für Verlust oder Beschädigung von Eigentum, das nach den Grundsätzen des internationalen Rechts und der Billigkeit von den betroffenen Regierungen entschädigt werden soll.«

Dieselbe Resolution rief zu Friedensverhandlungen auf und beauftragte die bereits erwähnte »Palestine Conciliation Commission«, »für die Repatriierung, Unterbringung, sowie für die wirtschaftliche und soziale Rehabilitierung der Flüchtlinge und die Entschädigungszahlungen zu sorgen«. Israel wies eine Wiederaufnahme aller Flüchtlinge in sein Staatsgebiet mit dem Hinweis ab, es habe eine gleich große Anzahl jüdischer Flüchtlinge aus den arabischen Staaten inzwischen aufgenommen und sei mit ihrer Integration beschäftigt. Auch diese Flüchtlinge hätten größtenteils ihren gesamten Besitz verloren. Als Zeichen seines guten Willens zeigte sich aber Israel bereit, 100.000 Flüchtlinge aufzunehmen. Dies wurde aber von der »Palestine Conciliation Commission« als ungenügend abgelehnt – sicher ein erneuter Fehler der Kommission, wäre doch mit diesem Schritt wenigstens ein Teil des Problems gelöst worden.

In den weiteren Verhandlungen Israels mit der *UNO* über die Aufnahme als Mitglied in die Organisation wurde die Weigerung Israels, die Flüchtlinge aufzunehmen und die Grenzen des Teilungsplanes von 1947 anzuerkennen, von einigen Staaten als Argument gegen seine Aufnahme verwandt. Nach Abschluss der Waffenstillstandsverträge und mit der Bereitschaftserklärung Israels, an einer Lösung der Flüchtlingsfrage im Sinne der UNO-Erklärung vom 11. Dezember 1948 und der Verwirklichung des Teilungsplanes von 1947 mitzuwirken, wurde die Aufnahme Israels in die UNO jedoch am 11. Mai 1949 von der Vollversammlung der UNO beschlossen.

Mit dieser Bereitschaftserklärung Israels wurde die Flüchtlingsfrage in den verschiedensten UNO-Gremien weiterdebattiert, jedoch ohne nennenswerte Erfolge. Israel nahm in den nächsten Jahren ca. 40.000 Flüchtlinge im Rahmen der Familienzusammenführung auf, es gab Konten von Flüchtlingen im Werte von 10 Millionen Dollar frei, zahlte 11.000 arabischen Klägern als Ausgleich für Vermögensverluste weitere 12 Millionen Dollar und zeigte sich auch bereit, generell Wiedergutmachungen für verlorenen Besitz zu bezahlen. Immer deutlicher aber wurde, dass die arabischen Staaten an einer friedlichen Lösung der Flüchtlingsfrage nicht interessiert waren, sondern sie eher als eine Möglichkeit zur Aufrechterhaltung des Konflikts betrachteten.

War in der UNO-Erklärung vom 18. Dezember 1948 von den Flüchtlingen die Rede, »die in ihre Heimat zurückzukehren und in Frieden mit ihren Nachbarn zu leben wünschen«, so wurde immer deutlicher, dass für eine Friedenserziehung in diesem Sinne in den Flüchtlingslagern nicht viel geschah. In einem Brief des syrischen Erziehungsministers an die Kulturabteilung der UNO, UNESCO, hieß es im Gegenteil: »Der Hass, den wir unseren Kindern von Geburt an einflößen, ist heilig«; und Gamal Abdel Nasser formulierte es später kurz und deutlich: »Die Rückkehr (der Flüchtlinge) bedeutet die Zerstörung Israels.« Nur selten gab es eine wirkliche Bereitschaft auf arabischer Seite, bei dem Flüchtlingsproblem das Interesse der Flüchtlinge selbst im Auge zu haben, wie es in der

Aussage des Sekretärs des »Arab Higher Committee«, *Emil Ghoury*, zum Ausdruck kam, wenn er sagte:

»Ich will niemanden anklagen, sondern nur den Flüchtlingen helfen. Die Tatsache, dass es Flüchtlinge gibt, ist die direkte Folge der arabischen Aktionen in ihrem Widerstand gegen die Teilung und Errichtung eines jüdischen Staates. Die arabischen Staaten haben sich einstimmig auf diese Politik festgelegt und müssen jetzt gemeinsam nach einer Lösung des Problems suchen.«

Die meisten arabischen Staaten zeigten sich aber zu einer solchen Aktion nicht bereit, sie verweigerten mit der Ausnahme von Jordanien den Flüchtlingen die Verleihung ihrer Staatsbürgerschaft und verhinderten eine Integration in das Wirtschaftsleben. Das Problem schien vorerst gelöst zu sein, da sich die UNRWA bereiterklärte, die Flüchtlingslager instandzuhalten und die Ernährung der Flüchtlinge durch persönliche Zuteilungen sicherzustellen. Das Flüchtlingsproblem war so ein Mittel, den Konflikt immer neu zum Ausbruch zu bringen. Diese Einstellung formulierte der Vertreter der UNRWA in Jordanien, Galloway, 1951 folgendermaßen:

»Es ist völlig klar, dass die arabischen Nationen das arabische Flüchtlingsproblem nicht lösen wollen. Sie wollen es als eine offene Wunde, als Affront gegen die Vereinten Nationen und als Waffe gegen Israel am Leben erhalten. Den arabischen Führern ist es vollkommen gleichgültig, ob die Flüchtlinge leben oder sterben.«

Den *arabischen Staaten* schien durch den gegenwärtigen Status von Nicht-Krieg und Nicht-Frieden kein Schaden zu entstehen. Es gab nichts Konkretes, das sie durch einen Frieden hätten erreichen können. Für einen Krieg, der Israel hätte vernichten können, waren sie nicht stark genug, jedenfalls nicht für den Moment. Die Ereignisse von 1948/49 hatten ein zu großes Trauma hinterlassen, als dass sie sich auf die neue Situation hätten einstellen können. Zu tief war arabischer Stolz verletzt worden, als dass die Araber eine neue Ordnung im Nahen Osten, die den jüdischen Staat mit einbezog, hätten akzeptieren können. So schien es das Beste, abzuwarten und für eine neue Gelegenheit besser gerüstet zu sein. Am besten kommt diese Haltung in einem Ausspruch des Sekretärs der Arabischen Liga, *Azzam Pascha*, zum Ausdruck:

»Wir haben eine Geheimwaffe, die uns bessere Dienste leistet als Kanonen, und das ist die Zeit. Solange wir mit den Zionisten keinen Frieden schließen, ist der Krieg nicht vorbei. Und solange der Krieg nicht zu Ende ist, gibt es keine Sieger und keine Besiegten. Sobald wir die Existenz Israels anerkennen, geben wir schon dadurch unsere Niederlage zu.«

Der einzige Staat, der einen Vorteil aus der Festschreibung der gegenwärtigen Situation hätte ziehen können, war *Jordanien*. Es war der einzige Staat, der durch den Krieg bedeutend gewonnen hatte. Er verfügte jetzt über das historische Jerusalem mit seinen in der ganzen islamischen Welt hoch angesehenen moslemischen Heiligen Stätten auf dem Tempelberg und ebenso über die christlichen Heiligen Stätten in der Jerusalemer Altstadt. Die internationale Anerkennung dieses seines neuen Gebietes wäre die Unterzeichnung eines Friedensvertrages mit Israel wert gewesen. So gab es denn 1949 und 1950 eine Reihe von Geheimtreffen zwischen König Abdalla von Jordanien und israelischen Politikern, die zu einem ausgearbeiteten Friedensvertrag heranreiften.

In einer Vereinbarung zwischen König *Abdalla* und dem israelischen Unterhändler Mosche Dajan war am 13. Dezember 1949 vorgesehen worden, dass Jordanien zugunsten Israels auf den ganzen Negev verzichtete, dafür aber kleinere territoriale Zugeständnisse von Israel und die Benutzung des israelischen Hafens Haifa erhielt, sowie freie Zufahrt dazu von Jordaniens Hauptstadt Amman. Beide Staaten kamen nach der Vereinbarung überein, sich gegenseitig anzuerkennen und einen Nichtangriffspakt zu schließen.

Abdalla wartete auf einen günstigen Augenblick, den Vertrag unterzeichnen zu können. Ein Durchsickern über die nachgiebige Haltung des Königs stempelte ihn aber überall als »Verräter an der arabischen Sache« ab. Kein arabischer Staat hatte Interesse, den Machtzuwachs, den Abdalla damit erhalten hätte, auch noch zu sanktionieren. Einen Alleingang wagte der König aber nicht. So blieben die Verträge Makulatur. Abdalla selbst wurde im Juli 1951 von Leuten des ehemaligen Muftis von Jerusalem, Husseini, der inzwischen mit ägyptischer Unterstützung im Gazastreifen einen palästinensischen Staat ausgerufen hatte, umgebracht. Beim Gebet auf dem Tempelplatz durchbohrten ihn die mörderischen Kugeln seiner Widersacher. Direkt neben ihm kniete sein damals siebzehnjähriger Enkel, Hussein, der spätere Nachfolger des Monarchen auf dem Thron der Haschemiten.

Gespräche, die zur gleichen Zeit mit *Ägypten* geführt wurden, verfolgte Israel nicht mit derselben Ausdauer, da man zuerst die Kontakte mit Jordanien weiter pflegen und zu einem positiven Abschluss bringen wollte. Am 23. Juli 1952 wurde das alte korrupte Regime von König Faruk in Ägypten in einer Revolte abgesetzt und durch ein Regime junger Offiziere ersetzt, das sich, neu im Amt und im Regieren, erst recht keinen Frieden mit dem Erzfeind Israel leisten konnte.

Die lang anhaltende trügerische Ruhe zwischen Krieg und Frieden führte mit den Jahren zu einer Verschlechterung der Situation für Israel. Es zeigte sich, dass die langen Grenzen Israels zu seinen arabischen Nachbarn verletzbar und nicht wirklich zu schützen waren. Dies galt vor allem für die Verbindungsstraße nach Eilat, die sich fast 200 Kilometer an der jordanischen Grenze durch die Wüste Arava entlangschlängelte und eine unbefestigte Piste war. Diese Straße, die einzige ihrer Zeit, war für die Aufrechterhaltung des Kontaktes zum Roten-Meer-Hafen unentbehrlich. Ägypten hatte gegen mehrfach ergangene Urteilssprüche der UNO den Suezkanal nicht für israelische Schiffe oder Schiffe mit israelischen oder für Israel bestimmte Waren geöffnet. Die einzige rentable Verbindung zu den sich mehr und mehr erschließenden neuen Kontaktländern Israels in Afrika und Asien war der Hafen von Eilat am Roten Meer. Mitte der fünfziger Jahre war diese Verbindung doppelt gefährdet. Zum einen wurde die Straße an der jordanischen Grenze immer unsicherer. Im März 1954 überfielen jordanische Freischärler einen Autobus, töteten 11 Israelis und verletzten viele andere. Die Straße konnte nur noch in militärisch gesicherten Konvois befahren werden. Zum anderen wurde die Ausfahrt aus dem Hafen selbst unsicher und schließlich unpassierbar, da Ägypten dazu übergegangen war, israelische Schiffe am Ausgang des Golfes von Aqaba, an der leicht zu beherrschenden Meerenge von Tiran, festzuhalten und eine Ausfahrt ins offene Meer zu verhindern. Diese Sperrung eines internationalen Wasserweges sah Israel als casus belli an, fühlte sich aber zu schwach und zu isoliert, um zu reagieren.

1953/54 verschlechterte sich der Sicherheitszustand Israels an allen Grenzen. Freischärlerverbände führten ihre Angriffe zum Teil kilometerweit ins Landesinnere durch. Besonders häufig waren solche Überfälle von der Grenze des Gazastreifens aus, wo sich Verbände bildeten, die sich *Fedajin*, Selbstmordkommandos, nannten und die benachbarten israelischen Siedlungen überfielen. Im Ganzen kamen von 1951 bis 1955 an die 1.000 Israelis auf diese Weise ums Leben. An der syrischen Grenze handelte es sich meist um Kommandounternehmen des syrischen Militärs, das versuchte, die von Israel durchgeführten Ausschachtungsarbeiten zur Ableitung des Jordanwassers zu verhindern. Die Syrer versuchten Neuanlagen von Kibbuzim in grenznahem Gebiet durch systematischen Beschuss zu stören und bedrohten schließlich auch die israelische Schifffahrt und Fischerei auf dem See Genezareth, dessen Ufer vollständig zum Staatsgebiet Israels gehörten, von den syrischen Höhen jenseits des Sees aber leicht beschossen werden konnten.

Israel reagierte mit gezielten *Kommandounternehmen* seiner Armee auf vermutete Ausgangsbasen der Freischärler und handelte sich damit regelmäßig eine Verurteilung im Sicherheitsrat der UNO ein. Seitdem die Sowjetunion Israel ihre Unterstützung entzogen hatte, konnte die arabische Seite sicher sein, nicht selber verurteilt zu werden, weil dies im letzten Moment die Sowjetunion mit einem Veto zu verhindern vermochte. Ein Veto zugunsten Israels gab es hingegen in dieser Zeit nicht, so dass sich Israel immer isolierter vorkam. Einige der israelischen Kommandounternehmen, wie das auf das jordanische Grenzdorf Kibya am 15. Oktober 1953, bei dem 42 Jordanier ums Leben kamen, ein Angriff auf Gaza im Februar 1955 mit 38 Toten auf ägyptischer Seite (und 8 auf israelischer) und ein Einfall nach Syrien mit 49 syrischen Toten (und 6 Israelis) stießen auch in der israelischen Öffentlichkeit aufgrund der zahlreichen Todesopfer auf heftige Kritik.

Die extrem antiisraelische Politik der *Sowjetunion* und ihrer Verbündeten setzte spätestens im November 1952 mit dem so genannten *Slansky-Prozess* in Prag ein, so genannt nach dem Vorsitzenden der Kommunistischen Partei der Tschechoslowakei, Rudolf Slansky, der Jude war, zugleich aber auch entschiedener Antizionist. Von den 11 zum Tode verurteilten kommunistischen Spitzenfunktionären, denen man Verrat am Kommunismus vorwarf, waren 8 Juden. Zuerst war auch ein israelisches Mapam-Mitglied in den Prozess verwickelt, konnte dann aber freikommen. Eine Fortsetzung dieser antijüdischen Kampagne war im Januar 1953 die so genannte Ärzteverschwörung, als man jüdische Ärzte beschuldigte, sie hätten einen Komplott gegen kommunistische Führungspersönlichkeiten versucht. Eine dann einsetzende Verfolgung vieler jüdischer Kreise in der Sowjetunion hatte ein Attentat auf das sowjetische Konsulat in Tel Aviv zur Folge, worauf die Sowjetunion vorübergehend die Beziehungen zu Israel abbrach. Nach dem Tode Stalins wurden die Beziehungen im Sommer 1953 aber wieder aufgenommen.

Auch von den meisten westlichen Großmächten fühlte sich Israel in dieser Zeit im Stich gelassen. Die *Vereinigten Staaten* gehörten mit zu den Staaten, die Israel wegen seiner Kommandounternehmungen, die es zur Abwehr der zunehmenden Terroristenangriffe durchführte, verurteilten. Sie strichen als Strafmaßnahmen zeitweise die Wirtschaftshilfen an Israel oder schoben sie hinaus. Israel misstraute besonders dem amerikanischen Außenminister John Foster Dulles und verdächtigte ihn, um die arabischen Staaten, besonders Ägypten, zufrieden zu stellen, bereit zu sein, israelische Gebiete im Negev zu opfern. In einer Rede in New York im August 1955, in der es eigentlich darum ging, die Ägypter davon zu überzeugen, dass sie mit amerikanischen Waffen besser bedient seien als mit russischen, hatte Dulles bedauert, dass auch an völlig unfruchtbaren Gebieten – gemeint war vermutlich der Negev – emotionale Gefühle mancher Menschen – gemeint waren vermutlich die Israelis und nicht die Ägypter – hingen. Zugleich hatte er die Möglichkeit einer jordanisch-ägyptischen Landbrücke angedeutet. Mit der zweiten Großmacht, England, hatte Israel seit der Herrschaft der Engländer über ihr Gebiet kein gutes Verhältnis mehr gehabt. Lediglich mit Frankreich verband Israel ein weit geflochtenes Netz von Interessen. Frankreich war über Ägypten, den größten Waffenlieferanten für die Aufständischen in Algerien, verärgert und deshalb bereit, gute Beziehungen zu den Feinden seiner Feinde zu unterhalten. Frankreich hatte Israel seit 1954 mit Waffenlieferungen unterstützt und wurde damit zum einzigen Bundesgenossen.

Im Jahre 1955 begann die *Sowjetunion* damit, zahlreiche Waffen an Ägypten zu liefern, die zum Teil in israelischer Grenznähe im Sinai stationiert wurden. Sowjetische Experten bildeten ägyptische

Techniker in der Bedienung dieser hochmodernen Waffen, wie sie der Nahe Osten noch nicht gesehen hatte, aus. Unter anderem hatte die Sowjetunion 200 MiG-Düsenjäger, 100 Panzer und 6 U-Boote geliefert. Israel sah das Rüstungsgleichgewicht aufs stärkste bedroht und beriet, was es gegen diese Kräfteverschiebung unternehmen könnte. Der weitreichendste Vorschlag war der Mosche Dajans, der vorschlug, den Sinai und den Gazastreifen zu erobern, solange die Ausbildung an den neuen Waffen noch nicht abgeschlossen sei. Dieser Vorschlag vom November 1955, der zugleich die Fedajin-Bedrohung aus dem Gazastreifen und die Abschnürung des Golfes von Aqaba beseitigen sollte, wurde aber von Ben Gurion zurückgewiesen, da die Weltöffentlichkeit eine solche Aktion nicht hinnehmen würde. Als die Suezkrise sich zuzuspitzen begann, wiederholte Dajan seine Vorschläge im Juli 1956, wurde aber weiterhin von Ben Gurion darin nicht unterstützt.

Die massiven sowjetischen Waffenlieferungen an Ägypten waren ein letztes Indiz dafür, dass der Kalte Krieg nach dem Koreakrieg auch den Nahen Osten erreicht hatte. Die arabischen Staaten, besonders die reichen Ölstaaten, wurden von beiden Blöcken intensiv umworben, und jeder der Blöcke versuchte, Bundesgenossen im Streit um die Vormacht in dieser Region zu gewinnen. Jordanien war weiterhin westlich orientiert, noch immer war der Oberkommandierende der jordanischen Streitkräfte ein zum Islam übergetretener Engländer, Glubb Pascha. Ähnlich westlich orientiert waren der auch von einem haschemitischen König regierte Irak und der Iran unter dem Schah. Die beiden zuletzt genannten Staaten waren besonders wichtig, verfügten sie damals doch über das meiste Öl der Region. So war es ein gewisser Erfolg der Westmächte, als es ihnen gelang, am 24. Februar 1955 den so genannten *Bagdad-Pakt* zwischen Großbritannien, dem Irak, der Türkei und dem Iran zur Verteidigung der gemeinsamen Interessen abzuschließen. Als auch Jordanien dem Pakt beitreten wollte, kam es zu Unruhen, in denen sich König Hussein gezwungen sah, seinen englischen Oberkommandierenden gegen einen einheimischen einzutauschen. Zwar waren die Vereinigten Staaten von Amerika kein offizieller Partner des Vertrages, als Initiator dazu waren sie aber das Rückgrat des Ganzen. Dieses pro-westliche Bündnis forderte die Sowjetunion heraus und brüskierte die größte arabische Macht, das Ägypten Gamal Abdel Nassers, der eine immer wichtigere Rolle in der Führung der selbstbewusster und einflussreicher werdenden Dritten Welt spielte. Zwangsläufig führte die Gründung des Bagdad-Pakts Ägypten und die Sowjetunion näher zueinander.

Weitere Entwicklungen in der Region vergrößerten die Spannungen. Nasser verfolgte, um den Lebensstandard seines Volkes zu heben und die immer bedrohlicher werdende Bevölkerungsexplosion seines Landes einzudämmen, ein Großprojekt, das die landwirtschaftlich zu nutzende Fläche Ägyptens bedeutend erweitern sollte, den Bau eines gigantischen *Staudamms in Assuan*. Ein solches Projekt kostete viel Geld. Aus eigener Kraft konnte Ägypten sich nicht an ein solches Unternehmen wagen. Zu diesem Zeitpunkt rechnete Ägypten noch mit amerikanischer Hilfe und der Unterstützung durch die Weltbank. Ägyptens Rechnung sollte aber nicht aufgehen. Nasser hatte die Amerikaner zu oft mit seiner Dritte-Welt-bestimmten Politik gereizt, zuletzt mit der Annahme der massiven Waffenlieferungen aus der Sowjetunion und der Anknüpfung diplomatischer Beziehungen zu Rotchina. Amerika lehnte im Juli 1956 jede Unterstützung des Assuan-Projektes ab und brüskierte damit Nasser aufs Äußerste. Nasser suchte sich an der westlichen Welt zu rächen und erklärte am 26. Juli 1956 die internationale Suezgesellschaft für verstaatlicht, wobei die zu erwartenden Einnahmen, 100 Millionen Dollar im Jahr, zum Bau des Assuanstaudamms verwendet werden sollten. Hauptleidtragende dieser Entscheidung waren England und Frankreich, die die meisten Aktien der Gesellschaft besaßen. Sie sorgten sich außerdem um die zukünftige sichere Passage ihres Ölbedarfs und waren nicht willens, in Zukunft von den Launen eines selbstgefälligen Despoten der Dritten Welt abhängig zu sein.

Im weiteren diplomatischen Austausch war deutlich, dass die Vereinigten Staaten nicht bereit waren, mit einem Waffengang die Beschlüsse des Diktators am Nil umzustoßen. Dies stärkte das Selbstbewusstsein und die Verhandlungsunwilligkeit Nassers nicht unwesentlich. England und Frankreich aber waren eisern entschlossen, das einseitige Diktat aus Kairo nicht zu akzeptieren. In Geheimgesprächen versuchten Frankreich und England Israel für ein militärisches Vorgehen gegen Ägypten zu gewinnen.

Israel, das sich jahrelang völlig isoliert gesehen und von der internationalen Gemeinschaft in seinem Kampf ums Überleben im Stich gelassen gefühlt hatte, konnte der sich bietenden Gelegenheit nicht widerstehen. Die erste größere kriegerische Auseinandersetzung nach dem Unabhängigkeitskrieg mit der größten arabischen Macht schien unabwendbar zu sein.

Die Sinai-Kampagne

An den Geheimgesprächen in einer Villa des Pariser Vororts Sèvres vom 22. bis 24. Oktober 1956, über die lange Zeit nichts durchsickerte, nahmen der israelische Ministerpräsident Ben Gurion, der französiche Ministerpräsident *Guy Mollet* und der britische Außenminister *Selwyn Lloyd* als ranghöchste Gesprächspartner teil. Nach dem gemeinsamen Protokoll der Konferenz sollte Israel am 29. Oktober Ägypten nach Art eines Kommandounternehmens wie bei früheren Vergeltungsschlägen angreifen. Eine solche Art des Vorgehens hatte den Vorteil, dass die Aktion jederzeit ohne Gesichtsverlust eingestellt werden konnte. Bis zum 31. Oktober sollte Israel den Suezkanal erreichen. Frankreich sagte zu, die israelische Aktion durch ein Veto im Sicherheitsrat der UNO abzudecken, England versprach, Jordanien trotz eines bestehenden Militärhilfeabkommens nicht beizustehen, falls es sich in die Kämpfe einmischen sollte. Am 31. Oktober sollten Frankreich und England mit einem als Ultimatum an die beiden kämpfenden Seiten gerichteten Schreiben diese auffordern, sich jeweils bis 15 Kilometer von der Kanalzone zurückzuziehen. Da anzunehmen war, dass Ägypten einer solchen Aufforderung nicht nachkommen würde, sollten französische und englische Truppen die Kanalzone besetzen.

Die israelischen Kriegsziele waren klar und wurden von Ben Gurion im israelischen Kabinett auf kritische Anfragen der Mapam-Vertreter so formuliert:

– Die Beseitigung der Fedajin-Basen im Gazastreifen.

– Die Besetzung der Ostküste des Sinai mit dem Ziel der Öffnung und Offenhaltung der internationalen Schifffahrtsstraße der Meerenge von Tiran auch für israelische Schiffe und Waren.

Die Minister der Mapam lehnten das Unternehmen ab, traten aber nicht zurück.

Weniger klar waren die Ziele Englands und Frankreichs. Nicht besprochen war, was nach der Besetzung der Kanalzone zu geschehen hatte. Es war durchaus zu erwarten, dass die Weltöffentlichkeit auf diese flagrante Verletzung der Souveränität eines Staates der Dritten Welt mit Empörung und mit Sanktionen antworten würde. Unausgesprochenes Ziel war vermutlich die Absetzung Nassers und seine Ersetzung durch eine pro-westliche Regierung.

Den Israelis war die Wichtigkeit des Zeitfaktors durchaus bewusst. Was nicht in kürzester Zeit zu erreichen war, war gar nicht mehr zu erreichen. Ein Grundsatz, dessen Wahrheit sich auch bei allen späteren Nahostkriegen erweisen sollte. Ein schneller Erfolg war nur durch Überraschung möglich. Da die Kriegsstimmung durch ein am 25. Oktober verkündigtes Militärbündnis und gemeinsames Oberkommando zwischen Ägypten, Jordanien und Syrien sehr gereizt war und jederzeit mit einem Angriff gerechnet werden musste, war dies nicht einfach zu bewerkstelligen. Den Israelis gelang dies trotzdem, indem sie den Eindruck erweckten, der eigentliche Kriegsgegner sei nicht Ägypten, sondern Jordanien. Da Israel am 10. Oktober einen Vergeltungsschlag für die zahlreichen Überfälle von jordanischer Seite auf Kalkilya durchgeführt hatte, war die Situation an der israelisch-jordanischen Grenze aufs Äußerste gespannt. So war es nicht verwunderlich, dass Israel am 27. Oktober mobilmachte und große Teile seiner Armee und der Reservetruppen an der jordanischen Grenze aufmarschieren ließ. Einige dieser Truppen sollten tatsächlich hier verbleiben, konnte man doch nicht sicher sein, dass sich Jordanien in die zu erwartenden Kämpfe mit Ägypten nicht noch einmischen würde. Das Gros des Heeres war aber hier stationiert, um von der eigentlichen Zielrichtung, Ägypten, abzulenken. Die Kampagne oder Aktion, von einem Krieg war bewusst nie die Rede, startete, wie mit den Verbündeten verabredet, am *29. Oktober* bei einbrechender Dunkelheit um 17 Uhr. Knapp vierhundert Fallschirmspringer sprangen 160 Kilometer im Inneren des *Sinai*, 35 Kilometer vom Suezkanal entfernt über dem strategisch wichtigen Mitlapass ab, nachdem zwei Stunden zuvor vier Mustang-Jäger im Tiefflug alle Überlandleitungen des Sinai zerstört hatten. Die Ägypter waren von der Aktion derart überrascht, dass es ihnen nicht gelang, schnell Verstärkung heranzuholen, um die Vereinigung der Fallschirmjägertruppen mit einer motorisierten Einheit zu verhindern, die innerhalb von 24 Stunden von der jordanischen Grenze bis zum Mitlapass vorgestoßen war. Gleichzeitig stießen israelische Truppen an zwei anderen Fronten vor. Israelische Panzereinheiten belagerten das auf der ägyptischen Grenze zum Gazastreifen gelegene Rafiach, das sie nach schweren Kämpfen einnahmen. Eine andere Einheit, die 9. Infanteriebrigade, stieß von Eilat aus an der Ostküste des Sinai in Richtung Scharm el-Scheich, an der Südspitze des Sinai, vor. Als israelische Verbände am 1. November in Richtung El Arisch marschierten, ordnete Nasser den generellen Rückzug aller ägyptischen Truppen hinter den Suezkanal an und rettete dadurch einen Großteil seiner Armee vor der Kapitulation. Am 2. November war damit die Entscheidung bereits gefallen, der größte Teil des Sinai war in israelischer Hand, wenn die ersten israelischen Armeeverbände auch erst am 5. November Scharm el-Scheich erreichten, das sie fast kampflos einnahmen. Bedenkt man, dass es zu der Zeit keine Straße an der Ostküste des Sinai gab und dass auch in Friedenszeiten Allradwagen für diese 250 Kilometer lange Strecke ohne Hindernisse von Minenfeldern und feindlichen Truppen fast dieselbe Zeit benötigen, so ist die Leistung der israelischen Armee nicht hoch genug einzuschätzen. Wracks der 9. Brigade konnten auf den abgelegenen Pisten noch bis in die achtziger Jahre angetroffen werden, die aber eher den Strapazen des Weges als Feindeinwirkung zum Opfer gefallen waren.

Nachdem sich am 3. November die im *Gaza-Streifen* eingekreiste ägyptische Armee ergeben hatte, waren die israelischen Kriegsziele erreicht: Der Gazastreifen war von seinen Fedajin-Basen befreit worden und die Schifffahrt von Eilat aus war offen. Die gesamte Sinaihalbinsel war bis auf einen respektierten Streifen von 16 Kilometer Breite östlich des Suezkanals in israelischer Hand. Der Krieg forderte auf israelischer Seite 180 Gefallene, 600 Verwundete und 4 Kriegsgefangene, auf ägyptischer Seite 1000 bis 2000 Tote und 6000 Kriegsgefangene. Als Kriegsbeute fielen den Israelis Hunderte, zum Teil völlig neue Fahrzeuge, Panzer und Schützenfahrzeuge in die Hände.

Im krassen Gegensatz zu den israelischen Erfolgen standen die englischen und französischen Operationen. Wie vereinbart hatten Franzosen und Engländer am *31. Oktober* die beiden kämpfenden Seiten aufgefordert, sich auf eine Entfernung von 15 Kilometer vom Suezkanal zurückzuziehen. Das stieß auf gewisses Unverständnis, da sich israelische Truppen zu dieser Zeit dem Kanal noch gar nicht so weit genähert hatten. Die gemeinsame französisch-englische Invasionsarmee begann sodann, die Suezkanalzone ausgiebig zu bombardieren, zögerte aber, sie zu besetzen und vermochte erst nach geraumer Zeit, Ismailia und Port Said zu erobern. Das klägliche Versagen der beiden Großmächte bei ihrem Versuch, mit Waffengewalt ihren Status als Großmacht aufrechtzuerhalten, verschaffte Nasser in den Augen der Weltöffentlichkeit, besonders aber in den Ländern der Dritten Welt ein noch größeres Prestige, als er je zuvor gehabt hatte und machte ihn zum eigentlichen Sieger des letzten imperialistischen Abenteuers der Großmächte.

In einer ersten Einmütigkeit seit Ausbruch des Kalten Krieges verurteilten die Vereinigten Staaten und die Sowjetunion das gewaltsame Vorgehen Israels, Frankreichs und Englands. Die Sowjetunion, die sich durch die rabiate Niederschlagung von Aufständen in Polen und besonders in Ungarn in der westlichen Weltöffentlichkeit nicht gerade einen guten Namen gemacht hatte, drohte England und Frankreich, Ägypten militärisch zu Hilfe zu kommen, falls die beiden Mächte ihre Aktionen nicht unmittelbar beendeten und sich aus Ägypten zurückzögen. Die Vereinigten Staaten waren besonders erbost, dass es jemand hatte wagen können, ohne Rücksprache mit ihnen selber eine Aktion solchen Ausmaßes vom Zaun zu brechen. Auf Israel waren sie besonders zornig, da dieses Land, das von ihrer Wirtschaftshilfe abhängig war, sich so wenig um ihre Meinung kümmerte. Präsident und Außenminister der USA waren nicht bereit, auf die Empfehlungen des eigenen Stabschefs zu hören, »diesen Angriff ohne Einmischung der Vereinigten Staaten stattfinden zu lassen, wegen der absolut vorrangigen Bedeutung, Nasser aus der Führung Ägyptens beseitigt zu sehen«, sondern stoppten bereits am 31. Oktober alle Hilfsgelder für Israel und versuchten – vergeblich – auch die Bundesrepublik zu einem ähnlichen Schritt zu bewegen. Da der Sicherheitsrat durch das französische

Veto blockiert war, verlangten und erreichten die USA eine außerordentliche Sitzung der Vollversammlung der UNO am 2. November, die die sofortige Einstellung aller Kämpfe in der Region und einen Rückzug auf die Ausgangslinien vom 29. Oktober forderte. Am 6. November stellten England und Frankreich alle Kampfhandlungen ein, nachdem besonders in England die Opposition im eigenen Lager gegen den Krieg überwältigend geworden war.

In der allgemeinen Stimmung sah sich Israel um die Früchte seines Sieges gebracht und versuchte Zeit zu gewinnen. Ben Gurion erklärte, dass Israel den Gazastreifen und den Sinai nicht räumen werde, wenn Ägypten nicht einen Friedensvertrag unterschreibe. Bei dem Ruhm, den Nasser durch die Zurückschlagung der Engländer und Franzosen in aller Welt erntete, war dies völlig unrealistisch. Israel merkte, dass sich sein Handlungsspielraum verringerte, dass ein Rückzug unvermeidbar sein würde und dass es jetzt nur darum ginge, ob es sich um einen bedingungslosen Rückzug handeln würde oder aber um einen, der Israel die freie Schifffahrt im Golf von Aqaba und die Nichtwiederaufrichtung der Fedajin-Basen im Gazastreifen garantieren würde.

Nachdem die erste Wut verflogen war, näherten sich die Vereinigten Staaten und Israel wieder einander an, weil die USA zu der Einsicht kamen, dass ein bedingungsloser Rückzug Israels die Position Nassers und dadurch den Einfluss der Sowjetunion nur noch vergrößern würde. Sie versprachen Israel, sich für seine Hauptforderungen einzusetzen und erreichten dadurch am 7. März 1957 den *Rückzug der israelischen Truppen* aus allen besetzten Gebieten. Der Ostsinai und der Gazastreifen wurde von UNO-Truppen übernommen, ein erstes Schiff mit amerikanischer Flagge durchfuhr den Golf von Aqaba und ankerte in Eilat. Ben Gurion gelang es durch diesen Abschluss der Aktion, auch dem eigenen Volke den Rückzug schmackhaft zu machen. Der Nahe Osten war für eine gewisse Zeit beruhigt, der unmittelbare Druck und die Umschnürung Israels waren fürs Erste gewichen, Israel konnte an einen neuen Aufbau gehen.

Zu fragen, wie nötig die Sinai-Kampagne nun wirklich gewesen ist, ist müßig. Sie hat die weitere kriegerische Entwicklung letztlich nicht verhindert und hat den Frieden nicht näher gebracht. Ob Israel mit dem Druck von 1956 noch weitere Jahre hätte leben können, ist schwer zu sagen und ist auch abhängig von der Frage, inwieweit Nasser und andere nahöstliche Potentaten, mutig geworden durch den ersten Erfolg, diesen Druck verstärkt hätten. Einen unausweichlichen Charakter wie der Unabhängigkeitskrieg oder die Kriege von 1967 und 1973 hatte die Sinai-Kampagne nicht. Sie erregte auch einige Kritik in linken israelischen Zirkeln und forderte den Generalsekretär der Zionistischen Organisation, Nahum Goldmann, zu den Worten heraus, die Aktion habe »das Bild Israels als eines Bundesgenossen der ›imperialistischen Mächte‹ für die arabische Welt endgültig fixiert«.

Zehn Jahre des Aufbaus

Israel war durch die Sinai-Kampagne innerlich und äußerlich gestärkt worden. Hatte man bisher den jungen Staat als ein zerbrechliches Provisorium angesehen, bei dem nicht nur die internationale Gemeinschaft, sondern auch Israel selbst sich nicht sicher war, ob er letztendlich genügend Durchhaltekraft haben werde, in den Gärungen der nahöstlichen Welt Bestand zu haben, so waren solche Selbstzweifel verschwunden und auch die Außenwelt blickte mit einer neuen Achtung auf den jungen Judenstaat. Es sah nicht danach aus, als dass es so leicht sein werde, ihn von der Erdoberfläche wieder verschwinden zu lassen; eine Investition in ihn schien seit 1957 wieder durchaus rentabel. Ging also Israel aus dem Feueraustausch geeint und gefestigt hervor, so schien seine Umwelt in ein Chaos verwandelt zu sein.

Nach dem Sinaidebakel sollten die Umwälzungen im Nahen Osten nicht so bald zu Ende gehen. Zwar war eine direkte israelisch-arabische Konfrontation erst einmal hinausgeschoben, dafür aber nahm der Kampf um die Vormachtstellung im Nahen Osten, der Kalte Krieg und das Ringen von so genannten revolutionären fortschrittlichen Kräften gegen die »Reaktion und den Konservativismus der alten Regime« zu.

Nasser wurde zu einem der Hauptdrahtzieher um die Vormachtstellung im Nahen Osten und wurde darin besonders von den USA aufs heftigste bekämpft. Da England und Frankreich sich durch das Suezabenteuer in den Augen der Amerikaner selbst aus der Politik des Nahen Ostens hinausmanövriert hatten, gedachten jetzt die Amerikaner selbst und allein die Interessen der freien Welt in dieser Region in die Hand zu nehmen. Entgegen ihrer zur Schau getragenen Zurückhaltung und ihrer moralischen Schelte gegenüber Frankreich, England und Israel intervenierte die westliche Großmacht zwei Jahre später selbst, als es darum ging, die Unabhängigkeit des Libanon zu verteidigen, der im Begriff war, seinen prowestlichen Charakter zu verlieren. Am 15. Juli 1958 landete amerikanische Marine-Infanterie in Beirut. Wenn es den Vereinigten Staaten auch gelang, im Libanon Nassers Einfluss Einhalt zu gebieten, so konnten sie die Revolution im Irak und den Sturz des pro-westlichen Regimes dort nicht aufhalten. Alles, was sie tun konnten, war, mit Englands Hilfe und mit stillschweigender Duldung Israels, das die westlichen Flugzeuge über seinem Gebiet manövrieren ließ, den Sturz König Husseins von Jordanien aufzuhalten, das nicht lange zuvor eine politische Einheit mit dem Irak gebildet hatte. Nassers Großmachtgelüste sollten aber doch bald an ihre Grenzen geführt werden, als es ihm nicht gelang, die von ihm aus Ägypten und Syrien 1958 gebildete »Vereinigte Arabische Republik« zu einer länger andauernden Einheit zu verschmelzen. Die Syrer fühlten sich durch die Ägypter manipuliert und kündeten 1960 einseitig das Bündnis. Auch die Revolution im Irak sicherte Nasser nicht den erhofften Einfluss. In Syrien und im Irak kamen rivalisierende Zweige der sozialistischen panarabischen Einheitspartei »Baath« an die Macht, die bald in ein entschiedenes Konkurrenzverhältnis zu Nassers Machtansprüchen in der arabischen Welt treten sollten. Nassers Großmachtpolitik kam schließlich vollends zum Stillstand, als er sich 1961 mit 70.000 Mann hoffnungslos in den Bürgerkrieg im Jemen verstrickte.

In *Israel* breitete sich indessen zum ersten Mal in seiner Geschichte ein relativer Friede und wirtschaftlicher Aufschwung im Lande aus. Paradoxerweise wirkte sich dies auf die israelische Innenpolitik aber eher negativ aus. Mit dem Schwinden des äußeren Drucks machten sich die Spannungen innerhalb der israelischen Gesellschaft bemerkbar. Die israelische Regierung erschöpfte sich in einer Serie von Selbstzerstörungsungsakten, und dies aus, von der Ferne gesehen, recht unbedeutenden und nichtigen Anlässen.

Nach der Sinai-Kampagne hatte die Mapai in den 1959 anstehenden *Wahlen* einen bisher nicht erlebten Wahlsieg errungen und die Rekordzahl von 49 Abgeordnetensitzen erhalten. Mit dieser Machtfülle ausgerüstet hätte Ben Gurion die großen Ziele des ruhigen Aufbaus in Angriff nehmen können, da auch die äußere Lage dies jetzt zuließ; stattdessen begann ein zermürbender innerer Kampf. Anlass dafür war die immer noch nicht begrabene »Lavon-Affäre« oder die Rolle, die sie in den Augen Ben Gurions spielte. Durch einen Prozess gegen einen der beteiligten Offiziere, die damals glücklich Ägypten verlassen konnten, in einer Angelegenheit, die mit der Affäre nichts zu tun hatte, kamen Einzelheiten über das missglückte Unternehmen aus dem Jahr 1954 ans Tageslicht, die die Unschuld Lavons belegten. Dieser forderte daraufhin seine Rehabilitierung, die ein Parlamentsausschuss auch aussprach. Ben Gurion war aber nicht bereit, dieses Ergebnis hinzunehmen und drohte, als Ministerpräsident zurückzutreten, falls Lavon nicht von seinem Posten als Histadrut-Vorsitzender, den er als Trostpflaster für seine damalige Absetzung als Verteidigungsminister bekommen hatte, entlassen werde. Die mit dieser Schärfe vorgebrachte Forderung Ben Gurions erschien auch den meisten seiner Anhänger, ob sie nun an die Unschuld Lavons glaubten oder nicht, diktatorisch. Von seinem Kabinett im Stich gelassen erklärte Ben Gurion im Januar 1961 seinen Rücktritt, den er im Februar widerrief, nachdem eine Mehrheit von 159 gegen 96 Stimmen Lavon inzwischen als Histadrut-Vorsitzenden abgesetzt hatte. In vorgezogenen Wahlen 1961 verlor die Mapai aufgrund dieser inneren Streitereien sieben Mandate, blieb aber weiterhin die stärkste Partei. Im Juni 1963 trat Ben Gurion endgültig zurück, ließ sich wieder in seinem Wüstenkibbuz Sede Boker nieder und verfolgte von hier mit herber Kritik die Politik seines Nachfolgers *Levi Eschkol*.

Trotz dieser Kritik war Levi Eschkol ein eigenständiger, geschickter und der Situation gewachsener Politiker. Er war der erste echte Kibbuznik an der Spitze Israels, der die Gabe hatte, versöhnend im Volk zu wirken. Hatte Ben Gurion nur entschiedene Gegner und begeisterte Anhänger gehabt, so versuchte Eschkol, mit allen Bevölkerungsteilen einen Ausgleich zu finden. Er war es, der es der rechten Opposition genehmigte, die Gebeine Vladimir Jabotinskys, des Begründers, Ideologen und langjährigen Führers der Revisionistischen Partei, von New York nach Israel zu überführen und hier ehrenhaft beizusetzen. Jabotinsky war in Amerika gestorben und hier auf eigenen Wunsch beigesetzt worden und hatte darauf bestanden, nur aufgrund eines offiziellen Aktes der Regierung in Israel beigesetzt zu werden. Ben Gurion war zu einer solchen Geste nicht bereit gewesen.

Trotz aller Erfolge der Regierung war der in der Wüste grollende Ben Gurion nicht zu besänftigen und warf Eschkol weiterhin vor, durch das Ruhenlassen der Lavon-Affäre der Demokratie und dem israelischen Gerichtswesen schweren Schaden anzutun. Mit seinen Gefolgsleuten, an der Spitze Schimon Peres und Mosche Dajan, verließ er kurz vor den 1965 wieder fällig werdenden allgemeinen Wahlen die Arbeiter-Partei und gründete eine Splitterpartei, *Rafi*, die in den Wahlen aber nur acht Prozent erhielt.

Aus der Wahl ging die Mapai unter Eschkol ungeschwächt als immer noch stärkste Partei hervor, nachdem es ihm vorher gelungen war, die Mapai mit der Achdut ha-Avoda im so genannten kleinen *Maarach* (Zusammenschluss) zu vereinigen.

Die *außenpolitischen Aktivitäten* in der Zeit nach dem Sinai-Feldzug waren *afroasiatisch* ausgerichtet. Dies hat nicht nur mit der endlich erreichten Öffnung des Hafens von Eilat zu tun, die für diese Entwicklung allerdings unerlässlich war, sondern vorrangig mit dem Aufbruch der Dritten Welt in dieser Zeit nach Zusammenbruch der kolonialen Zustände und dem Unabhängigwerden der jungen Völker Afrikas und Asiens. Diese Völker waren auf der Suche nach einer eigenen Identität. Die Welt war in zwei Hauptblöcke gespalten, die kapitalistischen Länder mit schwindenden Idealen und die kommunistische Welt mit schwindenden Angeboten. Beide waren für die neuen Staaten der Dritten Welt nicht sehr anziehend, zumal sie gerade der Bevormundung der westlichen imperialistischen Mächte entronnen waren und keine Lust hatten, in ein neues Abhängigkeitsverhältnis zu treten. Kleine, nicht gebundene Staaten wie Israel boten hier eine bessere Chance. Sie waren viel zu schwach, als dass sie ihre Partner wirklich hätten bevormunden können. Sie waren selbst unterjocht gewesen und hatten die Freiheit und die Unabhängigkeit unter großen Schwierigkeiten erworben.

Israel galt in jener Zeit als ein halbes Wunderland, es hatte die Wüste zum Blühen gebracht, hatte die Landwirtschaft modernisiert und die Erträge um ein Vielfaches erhöht, hatte eine eigene funktionierende Industrie aufgebaut – und dies alles als ein Land mit beschränkten Geldmitteln und mit von der Natur nur spärlich ausgestatteten Reserven und Bodenverhältnissen. Alles in allem war Israel in den Augen vieler junger Staaten der Dritten Welt ein Land, das aus einer ähnlichen Situation wie sie selber hervorgegangen war und es zu viel gebracht hatte.

Hin und wieder mag auch der Gedanke eine Rolle gespielt haben, besonders in *Afrika*, dass Israel das Volk der Bibel war, mit dem sich zahlreiche afrikanische Nationen in besonderer Weise verbunden fühlten. Auch die gemeinsame Vergangenheit als Geächtete, als Sklaven und Verfolgte, konnte sentimentale Verbindungen ermöglichen. In dieser Weise sind wohl die Worte eines der Repräsentanten dieser Völker zu verstehen, des *Maurice Yameogo*, Staatspräsident von Obervolta:

> »Jedermann weiß, dass zusammen mit den Afrikanern die Juden das bilden, was die Eitelkeit und der Egoismus gewisser Völker die minderwertigen Rassen nennt, die verfluchten Rassen, die verachteten und geschmähten. Gerade deshalb sollen die Parias der Welt ihr Land wiedergewinnen, das Wiege und Grab ihrer Väter war, und damit beweisen, dass Mensch gleich Mensch ist.«

Die ersten Erfolge hatte Israel noch vor Ausbruch der Sinai-Kampagne in Burma und in Ghana. Israel schickte Entwicklungshelfer in diese Länder und bildete zugleich Studenten dieser Länder an seinen Hoch- und Fachhochschulen aus.

Alles in allem schickte Israel zwischen 1957–1967 über 2500 Fachkräfte in über 60 Staaten der *Dritten Welt*, die beim Aufbau der Staaten, der Verwaltung, der Erschließung von Industrien, der Landwirtschaft, bei der Anlage von Dörfern, im Straßenbau und vielem mehr eingesetzt wurden. Über 10.000 Studenten aus diesen Ländern verbrachten eine zum Teil mehrjährige Ausbildungszeit an den verschiedenen Ausbildungsstätten Israels. Zahlreiche wissenschaftliche Konferenzen, vorwiegend im Weizmann-Institut in Rechovot, brachten Tausende von Fach- und Führungskräften aus Afrika und Asien vorübergehend nach Israel. In dieser Zeit besuchten 10 Staatspräsidenten und fast 100 Minister aus Schwarzafrika auf Staatsbesuchen Israel.

In einigen Staaten Afrikas bildeten israelische Gesellschaften auf Einladung dieser Staaten zusammen binationale Gesellschaften, wobei die Israelis sich mit 40 Prozent der Beteiligung zufrieden gaben. Diese Unternehmen waren durchaus gewinnträchtig, sowohl für die afrikanischen Staaten als auch den israelischen Partner.

Ein besonderes Kapitel bildet die *militärische Unterstützung* vieler afrikanischer Staaten durch Israel. Israelische Militärausbilder wurden von zahlreichen Staaten angefordert, und israelische Waffen fanden ihren Weg in viele afrikanische Armeen. Diese Art von Politik war durchaus zwiespältig und rächte sich zuweilen auf unangenehme Weise. So wurde einer der von den Israelis am meisten verhätschelten afrikanischen Staatschefs, Idi Amin von Uganda, später einer der erbittertsten Gegner Israels.

Vielleicht ist es falsch, immer nach tiefer gehenden Gründen für die Bevorzugung Israels durch die afrikanischen Staaten zu suchen. Die entstehenden Freundschaften waren dem Staatskalkül und der Praktikabilität und den politischen Notwendigkeiten untergeordnet. So konnte z.B. dasselbe Land Ghana, das als eines der Ersten engste Beziehungen zu Israel geknüpft hatte, auf der Konferenz afrikanischer Völker in Casablanca im Jahre 1961 zusammen mit den dort versammelten arabischen Staaten Israel als »Instrument des Imperialismus« verdammen.

In dieser Zeit gab es wenige Länder, die mit Israel keine *diplomatischen Beziehungen* unterhielten. Neben den arabischen Staaten waren dies einige moslemische Staaten, die aus islamischer Solidarität heraus Israel nicht anerkannten, oder einige markante Staaten der Dritten Welt wie Indien, die sich solidarisch mit den arabischen Staaten sahen. Umso erstaunlicher war es, dass auch eines der führenden europäischen Länder als Einziges neben Franco-Spanien und dem Vatikan keine diplomatischen Beziehungen zu Israel unterhielt, die *Bundesrepublik Deutschland*. Die Schatten der

Vergangenheit erlaubten es Ben Gurion nicht, nach Unterzeichnung der Luxemburger Verträge weiterreichende als rein wirtschaftliche Abkommen mit der Bundesrepublik abzuschließen. Das Wiedergutmachungsabkommen war im israelischen Parlament nur deshalb durchgekommen, weil Ben Gurion feierlich versprochen hatte, keinerlei andersgeartete Verbindungen mit der Bundesrepublik eingehen zu wollen. Israel wollte keinen Kulturaustausch, keine deutschen Filme und möglichst auch keine deutschen Touristen. Der Einreisestopp für Touristen wurde erst nach dem Eichmann-Prozess 1961 aufgehoben, bis dahin benötigte man als Deutscher noch eine persönliche Einladung eines Israelis.

Der *Eichmannprozess* hatte die alten Wunden in Israel neu aufgerissen. Adolf Eichmann, einer der wichtigsten Handlanger im Apparat der Judenvernichtung und vor allem verantwortlich für den Tod von 400.000 ungarischen Juden, war eine der ranghöchsten Nazigrößen, die nach dem Krieg hatten untertauchen können und vom israelischen Geheimdienst mit deutscher Hilfe – wie man jetzt weiß – in Argentinien aufgespürt, gekidnappt und nach Israel gebracht wurde. Mit dem vom 11. April bis zum 15. Dezember 1961 dauernden Musterprozess, der die Grauen der Hitlerverfolgung gerade durch die nüchterne Bürosprache des »kleinen« Beamten Adolf Eichmann vor der israelischen, aber auch vor der gesamten Weltöffentlichkeit, grausam vergegenwärtigte, hatte in Israel ein Prozess zur Bewältigung dieses schrecklichsten Kapitels seiner Geschichte eingesetzt, der das Thema enttabuisierte und zu seiner Verarbeitung endlich Kraft gab.

Die Zeiten hatten sich geändert. Die Bundesrepublik war für Israel vor allem dank des Wiedergutmachungsabkommens der zweite Wirtschaftspartner nach den Vereinigten Staaten geworden. Kurz vor Ablauf der Zahlungen aus dem Wiedergutmachungsabkommen kam es zu dem historischen Treffen zwischen Ben Gurion und Adenauer im New Yorker Waldorf Astoria Hotel, auf dem der greise Bundeskanzler Ben Gurion zusagte, mit gezielten Krediten auch weiterhin Israel unter die Arme greifen zu wollen. Die Bundesrepublik stellte in den nächsten Jahren jährlich 150 Millionen Mark als Kredite für Wirtschaftsentwicklung, besonders im Negev, zur Verfügung.

In Geheimabkommen zwischen Schimon Peres und Franz Josef Strauß waren bereits vorher auch militärische Beziehungen geknüpft worden. Die Bundesrepublik belieferte Israel mit Waffen und erhielt solche von Israel, besonders israelische Maschinengewehre, und, für die Deutschen wohl noch wichtiger, sowjetische MiG-Jäger, Beutestücke aus der Sinai-Kampagne. Als dieser Handel ruchbar wurde, stellte ihn die Bundesrepublik unter Erhard 1964 ein, nicht ohne Proteste von Israels Seite.

Um diese mannigfaltigen guten Beziehungen zu verfestigen, waren Ben Gurion und sein Amtsnachfolger Levi Eschkol jetzt auch daran interessiert, mit der Bundesrepublik diplomatische Beziehungen anzuknüpfen, und konnten dafür eine schwache Mehrheit im israelischen Parlament gewinnen. War es zuvor Israel gewesen, das nicht an vollen Beziehungen interessiert war, so war es jetzt die Bundesrepublik, die sich aus Sorge um ihren Absatzmarkt in den arabischen Staaten verweigerte. Zum anderen hatte sich die Bundesrepublik durch die so genannte *Hallstein-Doktrin*, die zur Aufgabe hatte, die Anerkennung der DDR zu verhindern und jedem Staat, der diplomatische Beziehungen mit der DDR anknüpfte, den Abbruch der Beziehungen zur Bundesrepublik androhte, selber Fesseln angelegt. Die arabischen Staaten kehrten die Hallstein-Doktrin nun gegen die Bundesrepublik um und drohten ihrerseits, die DDR anzuerkennen, sollte die Bundesrepublik Israel anerkennen. Als im Frühjahr 1965 Ägyptens Präsident die Kühnheit besaß, das Staatsoberhaupt der DDR, Walter Ulbricht, zu einem Quasi-Staatsbesuch an den Nil einzuladen, reagierte der Adenauer-Nachfolger Erhard am 12. Mai 1965 mit der Aufnahme diplomatischer Beziehungen zu Israel. Die Anerkennung der DDR durch die arabischen Staaten und der Abbruch der Beziehungen der meisten arabischen Staaten zur Bundesrepublik waren die Folge.

Wie zu erwarten waren die israelischen Proteste auf der Straße gegen die Aufnahme der Beziehungen zu dem von vielen als Erzfeind angesehenen Land groß. Es gab nicht eine Häuserwand oder eine Straße in Israel, die nicht mit Aufschriften wie: »Gedenke, was dir Amalek angetan hat« beschriftet waren. Amalek, eine Chiffre, war der Erzfeind aus biblischer Zeit, mit dem es keine Versöhnung geben durfte. Schwere *Demonstrationen* gab es, als der erste deutsche Botschafter sein Beglaubigungsschreiben überreichte, und ähnlich groß waren die Demonstrationen, als Adenauer nach seinem Ausscheiden aus der Regierungsverantwortung zu einem Privatbesuch nach Israel kam.

Zu seinem zehnjährigen Jubiläum 1958 hatte Israels *Bevölkerungszahl* die Zwei-Millionen-Grenze überschritten. 1,8 Millionen Juden und 200.000 Araber lebten im Judenstaat. Dies waren 15 Prozent der jüdischen Bevölkerung in der Welt gegenüber 6 Prozent bei Staatsgründung.

Israel hatte jetzt mehr Mittel und Zeit, für eine bessere Integration der Neuankömmlinge zu sorgen, die nach der Sinai-Kampagne in einer zweiten, wenn auch viel kleineren Einwanderungswelle aus den nordafrikanischen Ländern ins Land strömten, nachdem antijüdische Vorfälle die Möglichkeiten einer jüdischen Existenz in diesen Ländern weiter verschlechtert hatten. Mit Hilfe eines nationalen Wasserprojektes wurde der Nordnegev kultiviert, eine Reihe von Moschavim wurden neu gegründet und um das städtische Zentrum Kirjat Gat angelegt.

Inzwischen hatte sich die Zahl der *Moschavim* gegenüber der der Kibbuzim fast verdoppelt, aber weiterhin lebten immer noch 30 Prozent der jüdischen Landbevölkerung in Kibbuzim, die über ein Drittel der landwirtschaftlichen Erzeugnisse produzierten. Israel war durch seine Landwirtschaft zu 85 Prozent Selbsternährer geworden und produzierte jährlich für ca. 150 Millionen Dollar Agrarprodukte für den Export, besonders Zitrusfrüchte.

Aber auch in den *Kibbuzim* setzte eine Umstrukturierung und ein Umdenken ein. Den meisten Kibbuzim waren die relativ spärlichen Gewinne aus der Landwirtschaft nicht genug. Auch aus national verstandenem Interesse meinte man, stärker in die Industrie gehen zu müssen. In den meisten Kibbuzim entstanden kleinere bis größere Industrie-Unternehmen, die bald mehr abwarfen als die Landwirtschaft des Kibbuzes. Da es an ausreichendem Zuzug in die Kibbuzim fehlte und die Arbeitskräfte knapp wurden, ging man auch hier dazu über, Lohnarbeiter einzustellen. Die Kibbuzim wurden dadurch industrielle Betriebe und Unternehmer wie jede andere kapitalistische Einrichtung dieser Art, nur dass die Profite weiterhin über das Gleichheitsmodell unter alle Mitglieder aufgeteilt wurden. Trotzdem blieb noch genug Idealismus. Kibbuzniks besetzten die wichtigsten Stellungen in den Kampftruppen, ließen sich auf nationale Missionen der Entwicklungshilfe ins Ausland schicken und übernahmen, wenn nötig, auch sonst überall im Staat Posten, die für den Staat wichtig waren, aber wenig Profit einzubringen schienen.

Dank der internationalen Finanzhilfe und israelischer Geschicklichkeit entwickelte sich in dieser Zeit auch eine erfolgreiche Schwer- und Leichtindustrie. Von 1958 bis 1967 wuchs das Bruttosozialprodukt jährlich um durchschnittlich 10 Prozent, das Pro-Kopf-Einkommen um 5,5 Prozent. Einen besonderen Aufschwung nahm das Histadrut-Unternehmen *Solel Boneh*, die größte Baufirma des Landes. Die meisten Industrieunternehmen der Histadrut wurden in der Gesellschaft *Kur* (auf Englisch Koor geschrieben) zusammengefasst. Gewinn bringend arbeiteten die *Totes-Meer-Werke*, die zum größten Pottasche-Produzenten der Welt wurden. Auch die nah gelegenen Phosphat-Werke bei Oron lebten von den Bodenschätzen des Landes. Weniger ergiebig war die neue Inbetriebnahme der antiken Kupferwerke bei Timna. Von dem zunehmenden Außenhandel profitierten die staatlichen Schifffahrtslinie ZIM im Güter- und Personenverkehr und die Luftfahrtgesellschaft El Al.

Um militärisch möglichst unabhängig zu sein, forcierte der Staat den Aufbau einer *Rüstungsindustrie*, wobei besonders Kleinwaffen produziert wurden. Israel exportierte sein bekanntes Usi-Maschinengewehr in alle Welt, unter anderem auch in die Bundesrepublik. Unter militärischen Vorzeichen stand auch der Ausbau einer eigenen Luftfahrtindustrie, die serienmäßig Kleinflugzeuge auch für den zivilen Sektor produzierte.

Auf privatwirtschaftlicher Basis entwickelte sich eine weit verzweigte *Textil- und Bekleidungsindustrie, pharmazeutische Industrie und Diamantenschleiferei.* Auf dem zuletzt genannten Gebiet erreichte Israel durch günstigen Rohimport fast ein Monopol; die Einnahmen aus diesem Industriezweig standen zeitweise an erster Stelle der Exporterträge Israels und betrugen bis zu 30 Prozent der Gesamtausfuhr.

Israel versuchte eine Reihe neuer Wege, besonders in der Energiegewinnung, zumal die eigenen Ölfunde bei Heletz im Negev wenig erfolgversprechend waren und in ihren besten Zeiten nur ca. 10 Prozent des Eigenbedarfes deckten. Mit amerikanischer Hilfe wurde versucht, *Solar-Energiequellen* zu gewinnen. Das Wasserproblem versuchte man durch Süßwassergewinnung aus dem Meer zu überwinden; Eilat wurde die erste israelische Stadt, die ihr Wasser auf diese Weise bezog. Mit französischer Hilfe begann Israel Ende der fünfziger Jahre, nicht unangefochten, eine eigene Atomforschung zu betreiben. Auf amerikanischen Druck zeigte sich Israel zu Kontrollen in seinem Atomkraftwerk bei Dimona im Negev bereit. Noch jahrelang sollte die Debatte anhalten, ob es Israel in der Zwischenzeit gelungen sei, eigene Atombomben herzustellen.

Auch das Schulwesen Israels hatte sich fest etabliert und europäisches Niveau erreicht. Die Hälfte aller Schülerinnen und Schüler besuchte nach der Grundschule, die mit neun Jahren abgeschlossen wurde, höhere Schulen oder Berufsschulen. Die Zahl der Studenten wuchs ständig. Studierten 1958 10.000 Studentinnen und Studenten, so waren es 1967 bereits 30.000. Zu der ersten und ältesten *Hebräischen Universität* in Jerusalem waren in Tel Aviv 1956 die *Tel Aviver Universität* und im benachbarten Ramat Gan kurz davor die einzige religiöse Universität *Bar Ilan* hinzugekommen. In späterer Zeit gesellten sich zu diesen Universitäten noch die *Ben Gurion Universität* in Beer Scheva und die *Haifa Universität.* Beide zuletzt genannten Ausbildungsinstitutionen dienten auch der zunehmenden arabischen Studentenschaft Israels. Daneben gab es noch die *Technische Hochschule* in Haifa und das *Weizmann-Institut* in Rechovot. Zahlreiche Lehrerausbildungsinstitute und Fachhochschulen entstanden im ganzen Land. Der orthodoxe Sektor verzichtete mit Ausnahme der Bar Ilan Universität weitgehend auf eine Ausbildung in modernen Fächern und begnügte sich damit, seine heranwachsende (größtenteils männliche) Jugend auf die althergebrachten Talmudhochschulen, die *Jeschivot*, zu schicken, wo an die 18.000 Schüler eingeschrieben waren.

Auf dem Gebiet der Erforschung der *hebräischen Bibel, der Talmudwissenschaft, der Archäologie und der allgemeinen Judaistik* wurde Israel zum führenden Land in der Welt und löste damit die jüdischen Hochschulen in Amerika ab, mit denen es einen regen Austausch gab. Immer mehr junge Juden aus dem Ausland kamen an die israelischen Universitäten, um hier wenigstens ein Jahr zu studieren, und zeigten so ihre Solidarität mit dem Judenstaat. Einige dieser Jugendlichen blieben im Land und bauten sich hier eine Existenz auf.

Israel entwickelte sich zu einem Land, das immer mehr von der Jugend, die hier geboren und aufgewachsen war, bestimmt wurde. Dies kam auf vielen Gebieten des schöpferischen Lebens des jungen Staates zum Ausdruck, in der Literatur, auf dem Gebiet von Theater, Kino, Musik und Kunst. Die Buchproduktion des Staates war pro Kopf der Bevölkerung die zweitgrößte der Welt.

In dieser Zeit gab es 18 Morgenzeitungen, davon 11 in Hebräisch, zwei Abendzeitungen und an die 300 regelmäßig erscheinende Publikationen. In Deutsch erschien eine Tages- und eine Wochenzeitung.

Die vielleicht größte israelische Leistung dieser Zeit war das bereits erwähnte *nationale Wasserprojekt*, der »israelische Assuandamm«, das 1964 seiner Bestimmung übergeben wurde und Wasser aus dem See Genezareth, dem natürlichen israelischen Wasserspeicher, bis in den nördlichen Negev brachte. 1958 hatte eine amerikanische Kommission unter dem Vorsitz von Eric Johnston eine Empfehlung zur gerechten Verteilung der Wassermengen des Jordanquellgebiets zwischen den Anrainerstaaten Libanon, Syrien, Israel und Jordanien ausgearbeitet. Die arabischen Länder hatten die Empfehlungen aus grundsätzlichen Erwägungen, wonach es kein Abkommen mit Israel geben dürfte, abgelehnt. Der Plan war aber auch von arabischen Experten als gerecht und ausgewogen bezeichnet worden. Israel waren dabei 35 Prozent der vorhandenen Wasserreserven zugesprochen worden. Da der Plan durch die arabische Ablehnung nicht zur Ausführung kommen konnte, hatte sich Israel in den nächsten Jahren daran gemacht, selbstständig für seinen Teil entsprechend dem Plan zu verfahren und sich dabei an die Quote des Johnston-Planes zu halten. Jordanien hatte mit amerikanischer finanzieller Hilfe bereits vorher angefangen, den Jarmukfluss, der in den See Genezareth fließt, abzuleiten und entlang dem Jordangraben umzuleiten, um so das gesamte Gebiet des östlichen Jordangrabens fruchtbar zu machen. Hier waren bevorzugt palästinensische Flüchtlinge angesiedelt worden.

Von Anfang an hatten die Syrer versucht, die israelischen Pläne zur Ableitung des Jordanwassers zu vereiteln. Israel war dadurch gezwungen, die Ableitungsprojekte am oberen Jordan aufzugeben und das Wasser aus dem mehrere hundert Meter tiefer liegenden See Genezareth selber von 200 m unter dem Meeresspiegel bis auf eine Höhe von 200 m über dem Meeresspiegel zu pumpen. Das nationale Wasserwerk war dadurch verzögert, aber nicht verhindert worden.

Nach Abschluss des Wasserprojekts rief Nasser zu einer *Konferenz in Kairo* auf. Es wurde beschlossen, das Wasserprojekt der Israelis durch die Ableitung von zwei Quellflüssen, die auf syrischem, bzw. libanesischen Boden entsprangen, zu vereiteln. Als Syrien dreieinhalb Kilometer von der israelischen Grenze entfernt mit Ableitungsarbeiten begann, zerstörten in syrisch-israelischen Grenzgefechten israelische Flugzeuge die syrischen Baumaschinen.

Israel befand sich zu der Zeit *militärisch* in keiner schlechten Situation. Die Waffenkameradschaft mit *Frankreich* hatte nach dem Sinai-Abenteuer weiter angehalten. Frankreich wurde wirklicher Verbündeter Israels, was an einem regen Verkehr zwischen den beiden Staaten ablesbar war. Israel erhielt von Frankreich die neuesten Waffen; so lieferte De Gaulle 1958 24 Super Mystère B–2 Kampfmaschinen, die ersten Überschallkampfmaschinen im Nahen Osten. Ein Großteil der israelischen Luftwaffe stammte inzwischen aus französischer Produktion, meist Vautour- und Mirage-Kampfflugzeuge; israelische Piloten wurden in Frankreich ausgebildet, und Israel und Frankreich veranstalteten gemeinsame Manöver. Erst mit dem Ende des Algerienkrieges kühlte sich die Freundschaft etwas ab, kam aber bis 1967 niemals ganz zum Erlöschen.

Schon früh gab es aber auch Stimmen, die forderten, nicht alles auf eine Karte zu setzen und ein ausgewogenes Netz internationaler und militärischer Beziehungen zu spinnen. Von den Militärbeziehungen zur Bundesregierung war bereits die Rede. Auch die Beziehungen zu den *Vereinigten Staaten* besserten sich mit der Zeit, und Israel erhielt von Amerika mehr und mehr militärische Unterstützung. Von 1965 bis 1967 lieferten die Vereinigten Staaten unter der Präsidentschaft von Lyndon B. Johnson 48 Skyhawk Bomber und 200 moderne M–48 Patton Panzer an Israel.

Neben der weiter voranschreitenden Aufrüstung versuchte die neue Regierung unter Eschkol aber auch, Fortschritte auf dem diplomatischen Weg bei der *Friedenssuche* zu beschreiten. Eschkol nahm auch in der Verteidigungspolitik mit den Arabern eine versöhnlichere Haltung als sein Vorgänger ein. Eine seiner ersten Gesten nach Übernahme der Amtsgeschäfte gegenüber der arabischen Seite war 1963 ein Sechs-Punkte-Plan zur Entspannung des Nahen Ostens. 1965 wiederholte Eschkol sein Angebot von Friedensverträgen den arabischen Nachbarn gegenüber, wobei er sich zu kleineren Grenzkorrekturen sowie zu einer finanziellen Hilfe bei der Eingliederung der arabischen Flüchtlinge bereit erklärte. Diese Friedensangebote stießen aber auf taube Ohren. Lediglich der tunesische Staatschef *Habib Bourgiba* brach aus der anti-israelischen Phalanx aus und erklärte sich zu einer Anerkennung Israels auf der Basis des UNO-Teilungsplanes von 1947 bereit.

1965 lud Nasser erneut zu einer *Konferenz in Kairo* ein. Hier wurde die Aufstellung einer »Palästinensischen Befreiungsorganisation« (PLO, Palestine Liberation Organisation) beschlossen, unter der Führung von Achmed Schukeiri, der als korrupt und bequem bekannt und wenig geeignet war, die Israelis zu erschrecken.

Wichtiger wurde für den israelisch-palästinensischen Konflikt im selben Jahr die Gründung einer anderen Gruppe mit dem Namen ›El Fatach‹ von einem Exil-Palästinenser, *Jasser Arafat*. Arafat, 1929 in Jerusalem geboren, hatte sich als palästinensischer Studentenführer in Kairo einen Namen gemacht und war dann Ingenieur in Kairo und Kuwait gewesen. 1965 wurde diese Organisation dadurch berühmt, dass die Israelis einen Sabotageakt von ihr durch einen groß angelegten Vergeltungsschlag ahndeten und 40 Häuser in dem jordanischen Grenzdorf Samoa, von dem aus der Fatach-Überfall gestartet worden war, sprengten. Fatach wurde bald zur wichtigsten Organisation der in der Palästinensischen Befreiungsbewegung (PLO) zusammengeschlossenen palästinensischen Gruppen.

Ferner wurde in Kairo beschlossen, ein gemeinsames Oberkommando gegen Israel zu bilden, das den Krieg gegen Israel vorbereiten und koordinieren sollte. Es wurde unter das Kommando des ägyptischen Generals Abdul Hakim Amer gestellt. Praktisch kam es dadurch aber zu keiner Veränderung der Situation, da alle arabischen Staaten sich weigerten, ägyptische Truppen auf ihrem Boden zu stationieren, wie es das allgemeine Oberkommando forderte.

Der Sechs-Tage-Krieg oder der Zwangscharakter einer Provokation

Niemand hätte zu Beginn des Jahres 1967 voraussagen können, dass dieses Jahr so schicksalhaft für die Entwicklung des Nahen Ostens sein würde, und keiner, der mit Skizzierung von Aufmarschplänen in den verschiedenen Kriegsministerien des Nahen Ostens, sei es in Israel oder in einem der angrenzenden arabischen Staaten, beschäftigt war, hätte gedacht, dass seine Arbeit ausgerechnet dieses Jahr in die Tat umgesetzt werden könnte. Seit der Sinai-Kampagne war der ägyptische Grenzabschnitt zu Israel ruhig. Lediglich an der jordanischen und der syrischen Grenze gab es die üblichen Grenzscharmützel, die 1966 zugenommen hatten, von denen aber kein Beobachter der Situation angenommen hätte, dass sie zu einem Krieg führen könnten.

Auch einem Zwischenfall an der *syrischen Grenze* hätte man nicht die Bedeutung voraussagen können, die er schließlich erreichen sollte. In einem Luftkampf über syrischem Gebiet am 7. April 1967 hatten israelische Mirage-Flugzeuge sechs syrische MiGs abgeschossen. Diese Blamage erweckte kaum verdeckten Hohn, sogar bei den arabischen Nachbarn ihres Verbündeten, und bei Israelis und Franzosen, den stolzen Erbauern der siegreichen Flugzeuge, eine für ein paar Tage anhaltende Begeisterung. Der verletzte Stolz erzeugte aber nicht nur bei den unmittelbar betroffenen Syrern ein über den begrenzten Einzelfall weit hinausgehendes Maß an Nervosität und Zorn, sondern auch bei ihrer Schutzmacht, der Sowjetunion, dem Hersteller und Lieferanten der unterlegenen Kampfmaschinen. Besonders erbost waren beide, dass auch in Kairo nur bedrücktes Schweigen herrschte, aber niemand hier versucht hatte, dem Bündnispartner zu Hilfe zu kommen, hatte doch Syrien mit Ägypten gleich nach der Machtübernahme der linken Richtung innerhalb der Baath-Partei im Februar 1966 einen Verteidigungspakt abgeschlossen. Es ging nicht nur um die nationale Schande des sowjetischen Schützlings Syrien, sondern die Ehre des Schutzherrn selber stand auf dem Spiel.

Kaum anders ist die rege Betriebsamkeit der Sowjetunion zu interpretieren, die nach diesem verhältnismäßig unbedeutenden Vorfall einsetzte. Am 12. Mai 1967 lud die sowjetische Führung eine ägyptische Parlamentsdelegation unter Führung des Nationalratspräsidenten Anwar El-Sadat nach Moskau ein und eröffnete ihr, dass Israel bereits elf bis dreizehn Brigaden seiner Truppen an der syrischen Grenze zusammengezogen habe und beabsichtige, Syrien zwei Tage nach Israels Unabhängigkeitstag am 17. Mai anzugreifen mit dem Ziel der Beseitigung des revolutionären, von Moskau abhängigen Regimes in Damaskus.

Da nützte es auch nichts, dass Ministerpräsident Levi Eschkol den sowjetischen Botschafter in Tel Aviv an die syrische Front einlud und ihn aufforderte, sich von der Haltlosigkeit der sowjetischen Behauptungen selber zu überzeugen. Der sowjetische Botschafter lehnte ab, nicht aber die an diesem Abschnitt stationierten UNO-Beobachter, die nach einschlägiger Überprüfung der Situation zu einem negativen Ergebnis kamen und UNO-Generalsekretär U-Thant am 18. Mai eine Erklärung abgeben ließen, in der er feststellte, dass es keine über das normale Maß hinausgehende israelische Truppenkonzentration an besagtem Abschnitt gäbe.

Am 15. Mai fand wie jedes Jahr in dieser Zeit am israelischen Unabhängigkeitstag eine *Militärparade* statt. Da diesmal Jerusalem als Veranstaltungsort gewählt worden war, verzichteten die Israelis auf das sonst übliche Mitführen schwerer Waffen und das Kunstfliegen von Kampfjägern, da nach den Verträgen mit Jordanien diese Art von Waffen in Jerusalem nicht zugelassen war. Die bei dieser Gelegenheit üblicherweise recht kriegerischen Reden einiger israelischer Führer wurden von der arabischen Seite besonders kritisch verfolgt und in der gegenwärtigen Situation als Drohung verstanden. Unter anderem hatte der israelische Oberkommandierende der Streitkräfte, Jitzchak Rabin, erklärt, dass die syrische Regierung die alleinige Verantwortung bei einer Fortsetzung der Terrorakte habe.

Bisher bewegte sich alles in einem hektischen, aber noch kontrollierbaren Austausch von »Freundlichkeiten« unter Gegnern, die sich lange genug kannten. Was dann folgte, war vermutlich als Entlastungsakt für den bedrängten Bundesgenossen gemeint, war aber durchaus ernsterer Natur und hatte eine Eigendynamik, die anscheinend nicht mehr aufzuhalten war und die ihre Akteure, Araber und Sowjets, immer weiter in eine Situation verstrickte, die in einem Desaster für alle enden sollte. Der Generalstabschef der ägyptischen Armee, *General Fawzy*, forderte am 16. Mai den Oberkommandierenden der UNO-Truppen im Sinai, den indischen Generalmajor Rikhye, auf, »die Anwesenheiten der UNO-Truppen in Ägypten und im Gazastreifen zum frühestmöglichen Zeitpunkt zu beenden«, mit der Begründung, »dass die ägyptischen Streitkräfte den Befehl erhalten haben, sich zum Kampf gegen Israel vorzubereiten, falls und wann auch immer Tel Aviv gegen irgendein arabisches Land aggressiv werden sollte«.

Nasser mag überrascht gewesen sein, wie problemlos und bereitwillig *U-Thant* auf dieses Ansinnen einging. Er brüskierte den UNO-Generalsekretär dazu noch einmal persönlich, als er, während dieser am 22. Mai sich auf dem Wege nach Kairo befand, um zu retten, was noch zu retten war, die *Blockade der Meerenge von Tiran* für israelische Schiffe und Waren verkündete.

Damit war für Israel der casus belli gegeben. Israel hatte sich 1957 aus dem Sinai nur zurückgezogen, nachdem UNO-Truppen den Gazastreifen und die Straße von Tiran zu sichern versprochen hatten, hatte feierlich erklärt, dass es eine erneute Sperrung nicht hinnehmen werde und hatte darin auch Schützenhilfe von den USA erhalten. Für Israel war die Versorgung durch den Hafen von Eilat lebenswichtig. Inzwischen erreichte die gesamte Ölzufuhr Israel über den Hafen von Eilat. Durch eine Pipeline, die Israel nach 1957 gebaut hatte, ging das Öl nach Aschdod und Haifa und wurde dort weiter verarbeitet. Die Überschüsse wurden nach Europa verkauft. Die Pipeline von Eilat war zu einer Alternative des Suezkanals geworden. Der gesamte Verkehr mit Afrika und Asien wurde über Eilat abgewickelt.

Auch den Ägyptern war klar, was dieser Schritt bedeutete. Aber diesmal war Nasser siegesgewiss. In einer seiner vor der arabischen Öffentlichkeit täglich gehaltenen Reden sagte er:

»Wir sind mit Israel konfrontiert. Anders als 1956, als Frankreich und Großbritannien Israel zur Seite standen, wird es heute von keiner europäischen Macht unterstützt. Die Welt will keine Wiederholung des Jahres 1956. Wir stehen Israel von Angesicht zu Angesicht gegenüber. In Zukunft liegt die Lage in unserer Hand. Unsere Streitkräfte haben Scharm el-Scheich besetzt. Wir werden unter gar keinen Umständen zulassen, dass die israelische Flagge im Golf von Aqaba gehisst wird. Die Juden haben mit Krieg gedroht. Ich antworte: ›Ahlan Wesahlan‹ (Herzlich willkommen). Gut, wir sind zum Krieg bereit.«

Aber Ägypten machte klar, dass es mehr wollte als die Sperrung der Straße von Tiran. Mit zunehmender Rhetorik wurde der Appetit größer. Es war davon die Rede, auch Eilat zu erobern und eine Landbrücke zwischen den arabischen Staaten herzustellen. Aber warum in Eilat und dem Südnegev aufhören? Nach der Sperrung der Straße von Tiran brüstete sich Nasser damit, die Ergebnisse des Krieges von 1956 rückgängig gemacht zu haben. Jetzt gehe es darum, die Ergebnisse von 1948 auszulöschen, Israel sollte von der Landkarte verschwinden. In einer weiteren Rede Nassers dieser Tage wurde das ganz deutlich:

»Wir warteten den geeigneten Zeitpunkt ab, bis wir hinlänglich gerüstet waren und Zuversicht hegen konnten, bei einer kriegerischen Auseinandersetzung mit Israel einen durchschlagenden Erfolg zu erzielen. Ich sage das mit voller Absicht ... Vor kurzem nun fühlten wir uns stark genug, bei einem Zusammenstoß mit Israel mit Gottes Hilfe zu siegen. Ich sagte einmal, wir könnten der UN-Truppe nahe legen, in einer halben Stunde das Land zu räumen. Sowie wir voll gerüstet waren, konnten wir die UN-Truppe ersuchen, abzuziehen. Das ist nun geschehen.
Die Einnahme von Scharm el-Scheich bedeutet den Zusammenstoß mit Israel. Eine derartige Aktion bedeutet, dass wir zum Krieg gegen Israel bereit sind. Es handelt sich dabei um keine Sonderoperation.
Das Hauptziel, das wir in dem bevorstehenden umfassenden Krieg verfolgen, ist die Zerstörung Israels. Noch vor fünf oder selbst vor drei Jahren hätte ich wohl schwerlich so sprechen können. Heute, rund elf Jahre nach 1956, äußere ich diese Gedanken, weil ich zuversichtlich bin. Ich weiß, wie wir hier in Ägypten stehen und wie Syrien steht. Ich weiß auch, dass andere Staaten – etwa der Irak – ihre Truppen nach Syrien geschickt haben. Algerien wird Truppen entsenden. Kuwait auch. Sie werden Panzerinfanterieeinheiten schicken. So sieht arabische Macht aus.«

Am 24. Mai trat der UNO-Sicherheitsrat auf Antrag von Kanada und Dänemark zusammen. Die Sowjetunion verstand es, zusammen mit ihren Verbündeten ein konstruktives Verhandeln zu vereiteln und sagte, es bestehe kein zwingender Grund für die Einberufung dieses wichtigen Gremiums. Über die Verhandlung einer Tagesordnung kam man nicht hinaus und vertagte sich auf den 29. Mai.

Noch nie seit dem Ende der Kubakrise 1962 hatte die Weltöffentlichkeit so fasziniert die Abwicklung der Ereignisse verfolgt. Am 23. Mai trat das israelische Kabinett zusammen und beschloss, die Blockade als Kriegserklärung und Kriegshandlung zu betrachten, entsprechend seiner früheren, öffentlich gemachten Erklärung vom 1. März 1957 vor dem Abzug der israelischen Truppen aus dem Sinai. Bevor Israel gebührend auf die ägyptische Herausforderung mit der Waffe reagieren werde, sollten aber erst alle anderen Wege der Verhandlung, besonders auf der internationalen Ebene, ausprobiert werden. Zur gleichen Zeit schickte die israelische Regierung ihren Außenminister, *Abba Eban*, vom 23. bis 26. Mai in die Hauptstädte der westlichen Welt, um die Lage zu sondieren.

Der erste Halt, in der französischen Metropole, war eine schwere Enttäuschung für die Israelis. Ihr bisher größter Bundesgenosse und Waffenlieferant, der noch am 7. April über den Sieg der französischen Mirage mitgejubelt hatte, zeigte jetzt die eisige Schulter. De Gaulle empfahl den Israelis, mit der Blockade zu leben. Sollten die Israelis seinen Rat nicht akzeptieren, verfügte er das vollständige Waffenembargo über den israelischen Staat. De Gaulle hatte sich entschlossen, nach dem Algerienkrieg sein Image in der arabischen Welt zu verbessern. Die französisch-israelische Freundschaft war zu Ende.

Herzlicher war der Empfang für Abba Eban in London. Premierminister Wilson zeigte sich über den Piratenakt Nassers entsetzt und regte die Aufstellung einer internationalen Patrouille an, die auch gegen den Willen Nassers die Meeresenge offen halten sollte.

Diesem Vorschlag schloss sich auch die amerikanische Seite an. Sie riet ansonsten den Israelis zur Geduld und versprach, »Israel werde nicht allein sein, es sei denn, es wolle allein bleiben«. Dieses Orakel aus Washington konnte man als grünes Licht für eine Alleinaktion Israels interpretieren, die für alle Beteiligten vielleicht am bequemsten war.

Inzwischen nahm die Entwicklung ein immer schnelleres Tempo an. Viel Waffengerassel war zu hören, von dem man nicht wusste, wie ernst es gemeint war. Am 25. Mai marschierten irakische Truppen in Syrien ein, um ihrem Waffenbruder beizustehen. Am 30. Mai unterzeichnete König Hussein in Kairo einen Verteidigungspakt, der die jordanische Armee unter ägyptisches Kommando stellte. Am 4. Juni unterzeichneten der Irak und Ägypten ein ähnliches Abkommen.

Am 27. Mai tagte erneut das israelische Kabinett, um über die Lage zu beraten. Es kam zu dem fast einstimmigen Entschluss, weiter abzuwarten und der internationalen Aktion zur Freihaltung im Golf von Aqaba eine Chance zu geben, obwohl es inzwischen um viel mehr als nur die freie Schifffahrt ging. Zu dem internationalen Geleitschutz hatten inzwischen auch Holland und Kanada ihre Hilfe zugesagt.

Die abwartende Haltung war zweifellos das politisch Klügste, was Israel tun konnte, vergab es sich doch dabei nichts, wie man später sehen sollte, bekam dafür aber von der Weltöffentlichkeit immer mehr moralische Unterstützung in seiner beklemmenden Lage. Innenpolitisch wurde Israel durch diese Haltung aber auf eine harte Probe gestellt. Die Aufregung im Volk steigerte sich, und der Mann auf der Straße hatte wenig Verständnis für das seiner Meinung nach unnötige Zögern. Auch höhere Militärs sprachen davon, dass Israel, wenn es den unvermeidlichen Krieg gewinnen wolle, die Gunst der Stunde nicht verpassen solle. In einer das Volk vereinigenden Geste beschloss das Kabinett am 31. Mai eine nationale Einheitsregierung zu bilden, die aus allen Parteien, mit Ausnahme der moskauhörigen Kommunisten, zusammengesetzt war. Levi Eschkol, der als Ministerpräsident auch das Amt des Verteidigungsministers innehatte, gab diesen Posten an Mosche Dajan, den Kriegshelden aus dem Sinaifeldzug von 1956, ab. Dajan gehörte zur von der Mapai abgesprungenen Rafi-Partei, die bisher in der Opposition stand. Auch der Parteiführer der Cherut, Menachem Begin, wurde Minister ohne Portefeuille.

Inzwischen hatte sich herausgestellt, dass die internationalen Maßnahmen zur Offenhaltung der Meerenge von Tiran mit einer ägyptischen Mammut-Kanone, die die ganze Meeresenge beherrscht, nicht weiterkamen. Kanada und Holland hatten sich aus dem Projekt wieder zurückgezogen. England verwies stärker auf die Verantwortlichkeit der UNO in dieser Angelegenheit, und auch die USA ließen verlauten, »die Vereinten Nationen seien der Brennpunkt amerikanischer Versuche zur Lösung der Krise.« Israel kam zu der Überzeugung, allein dem Feind gegenüberzustehen.

Einen Tag vor Ausbruch des Krieges schildert Abba Eban die Stimmung in Israel folgendermaßen:

»Am Sonntag, den 4. Juni, war die allgemeine Stimmung im Land von einer seltsamen Ruhe gekennzeichnet. Am Tage zuvor waren die Strände am Meer von beurlaubten Soldaten bevölkert gewesen; alle Touristen waren bereits verschwunden. Die Nation schien sich ganz allein im klaren Licht ihrer Pflicht zu sonnen. ... Es war, als ob Israels Gegner mit ihrer Arroganz und seine Freunde mit ihrer Ohnmacht Tel Aviv in eine Zwangslage gebracht hätten.«

An diesem 4. Juni beschloss das israelische Kabinett einstimmig, nicht länger zu warten. Am Montagmorgen, den *5. Juni*, überflogen um 7 Uhr 50 ca. 200 israelische Kampfflugzeuge die *ägyptischen Linien* vom Mittelmeer kommend, bombardierten in einer ersten Angriffswelle sechs ägyptische Flughäfen und zerstörten dabei ca. 200 ägyptische Flugzeuge, acht davon in Luftkämpfen, sowie 16 Radarstationen. Zwei Stunden später wurden in einer zweiten Angriffswelle vierzehn Flugplätze und über 100 Flugzeuge zerstört. Dies war das Gros der einsatzfähigen ägyptischen Luftwaffe. Auf syrischen Flughäfen zerstörten israelische Jagdbomber am selben Morgen ca. 50 Flugzeuge, die Hälfte der einsatzfähigen syrischen Luftwaffe. Unerklärlich ist, wie nach diesem unaufhörlichen Säbelrasseln, das von der arabischen Seite selbst inszeniert worden war, ein solcher Überraschungsangriff möglich sein konnte, der schon in den ersten sechs Stunden den Kriegsausgang entschied.

Immer noch machte sich Israel Hoffnungen, dass eine Beteiligung *Jordaniens* am Krieg verhindert werden könnte. Ein Dreifrontenkrieg bedeutete eine echte Bedrohung Israels. Nach der Bombardierung der Flughäfen in Ägypten und Syrien ließ Israel Jordanien um 10 Uhr morgens am 5. Juni mitteilen, dass ihm nichts geschehen werde, wenn es sich aus diesem Krieg heraushalte. Die jordanische Antwort war ein Großangriff auf Westjerusalem, wobei das Niemandsland auf dem so genannten Governments-Hill, dem UNO-Hauptquartier, von der jordanischen Armee erobert wurde. Wahrscheinlich hatte der jordanische König keine andere Wahl. Am 4. Juni hatte bereits der Ägypter Mahmoud Riad mit seinem Stab das Oberkommando über die jordanische Armee in Amman übernommen. Zweifellos war aber auch eine auf der ganzen Linie stattfindende Fehlinformation auf arabischer Seite mit im Spiel. König Hussein beschrieb die Situation von damals folgendermaßen:

»Wir erhielten falsche Informationen über die Ereignisse in Ägypten, seit die Flugzeuge in der VAR von der israelischen Luftwaffe angegriffen worden waren. Eine neue Nachricht von Marschall Amer informierte uns darüber, dass die israelische Luftoffensive weiterging. In derselben Botschaft wurde jedoch behauptet, dass 75 Prozent der israelischen Luftwaffe von der ägyptischen Luftwaffe zerstört worden seien. Im selben Bericht hieß es, dass ägyptische Bomber israelische Luftstützpunkte mit vernichtender Wirkung angegriffen hätten. Amer erklärte weiter, dass ägyptische Landstreitkräfte durch den Negev in Israel eingedrungen seien. Diese Nachrichten, die, gelinde gesagt, Phantasieprodukte waren, trugen weitgehend dazu bei, Verwirrung zu erzeugen und unsere Beurteilung der Lage zu verzerren. Als unsere Radarstation zu jenem Zeitpunkt signalisierte, dass aus Ägypten kommende Flugzeuge in Richtung Israel flögen, hatten wir keinerlei Zweifel: Wir glaubten sofort, dass die Nachricht stimme. In Wirklichkeit waren es israelische Bomber, die nach Durchführung ihrer Aufträge vom Einsatz gegen Ägypten zurückkehrten.«

Fehlinformationen dieser oder gröberer Art verwirrten nicht nur die Araber, sondern auch die allgemeine Öffentlichkeit. Wer am ersten Tag der Kriegshandlungen das Radio anstellte, konnte die unterschiedlichsten Nachrichten hören, ganz davon abhängig, welche Version die Station gerade sendete, die israelische oder die arabische. Nach der einen Seite stand Haifa in Flammen und um Tel Aviv waren furchtbare Kämpfe entbrannt, nach der anderen war über die Hälfte der arabischen Luftflotte am Boden zerstört worden. Ägypten fiel es schwer, die ganze Wahrheit der Welt und seinem Volk mitzuteilen. Als es die große Katastrophe ihrer Luftwaffe damit erklären wollte, dass amerikanische und englische Bomber in die Kämpfe eingegriffen hätten, brachen beide Mächte am 7. Juni ihre Beziehungen zu Ägypten ab.

Nachmittags um 2 Uhr des 5. Juni griff die israelische Luftwaffe die jordanischen Flughäfen von Amman und Mafrak an und zerstörte dort fast die gesamte jordanische Luftwaffe, 20 englische Hunter- und einige andere Maschinen.

Die Kämpfe in Jordanien und besonders um Jerusalem waren die verlustreichsten der israelischen Armee. Besonders in Jerusalem wurde um jede Straße und jedes Haus gekämpft, da jordanische Geschütze sich häufig hinter moslemischen und christlichen Heiligen Stätten verschanzt hatten. Nach zwei Tagen war die Altstadt von Jerusalem und das übrige Ostjerusalem in israelischer Hand.

Bei den schweren Kämpfen ist kaum etwas zerstört worden. Mit einer Begeisterung sondergleichen wurde im israelischen Radio die Eroberung der Westmauer des herodianischen Tempelberges, der so genannten Klagemauer, bekannt gegeben. Die Bilder der noch vom Kampf schwitzenden und müden Soldaten, die 50 Stunden nicht geschlafen hatten, beim ersten Gebet an dieser wichtigsten Heiligen Stätte des Judentums, die 19 Jahre lang versperrt gewesen war, liefen um die ganze Welt. An diesem und am nächsten Tag eroberten die israelischen Truppen den Rest des jordanisch gehaltenen Cisjordanien, die so genannte Westbank, und besetzten alle drei Jordanbrücken. Damit war der Krieg mit Jordanien zu Ende. Aufgrund des schnellen Vormarsches hatte nur die Bevölkerung des großen Flüchtlingslagers bei Jericho Tel es-Sultan, an die 30.000 Menschen, flüchten können. Aus dem übrigen Teil der Westbank waren nur kleinere Gruppen nach Transjordanien vor dem Krieg ausgewichen. Die meisten Palästinenser diesseits des Jordans waren unter israelische Besatzung geraten.

Inzwischen tobte der Krieg in *Ägypten* weiter. Nach dem Verlust seiner Luftwaffe konnten sich die 100.000 Mann des ägyptischen Heeres, die seit Mitte Mai in den Sinai vorgedrungen waren, nicht halten und wurden bald an allen Fronten von den vorrückenden Israelis verdrängt, aufgerieben oder in Gefangenschaft geführt. Am 9. Juni standen die israelischen Truppen am Suezkanal und hatten am 10. Juni den gesamten Sinai unter ihrer Kontrolle. Damit war auch der Krieg mit Ägypten zu Ende.

Syrien war der einzige Partner, der bisher vom Kriegsgeschehen verschont geblieben war, obwohl er der eigentliche Auslöser des Krieges mit seiner sowjetischen Rückendeckung gewesen war. Es hatte sich bisher damit begnügt, seinen bedrängten Waffenbrüdern mit einem Geschützdonner von den Golanhöhen aus auf die unter ihm liegenden jüdischen Siedlungen zu Hilfe zu kommen. Nachdem Cisjordanien erobert und die Kampfhandlungen im Sinai mehr oder weniger abgeschlossen waren, zog Israel am 9. Juni seine geballten Kräfte an der Golanfront zusammen und eroberte mit Luftunterstützung, wenn auch unter hohen Verlusten der Fußtruppen, die als uneinnehmbar geltenden Festungen, mit denen sich die syrische Armee mit den Jahren in die Abhänge des Golan hineingefressen hatte. Nach zwei Tagen war die Absperrung durchbrochen und der Weg nach Damaskus frei. Im verlassenen Kuneitra stoppten die israelischen Streitkräfte und stimmten einer Feuereinstellung der Vereinten Nationen zu.

Die Schutzmacht Sowjetunion reagierte auf den Angriff gegen seinen Schützling mit dem Abbruch der diplomatischen Beziehungen zu Israel. Alle kommunistischen Staaten mit Ausnahme Rumäniens folgten diesem Beispiel. Was einige befürchtet hatten, war nicht eingetreten, die Sowjetunion hatte selber nicht in die Kämpfe eingegriffen und die USA damit nicht in Verlegenheit gebracht. Die Schnelligkeit des Krieges war hierbei ein nicht wegzudenkender Faktor.

Der Sechs-Tage-Krieg hatte vom 5. bis zum 10. Juni gedauert, eine knappe Woche, die das Leben der beteiligten Staaten, ihre Umwelt und Wirklichkeit vollkommen veränderte. Nach noch nicht einer Woche hatte ein Land, das sich am äußersten Rand der Bedrohung gesehen hatte, plötzlich zwischen sich und seinen Feinden einen Puffer von Gebieten geschaffen, die dreimal so groß wie sein eigenes Territorium waren. Die feindlichen Armeen waren geschlagen.

Die Verluste an Menschenleben waren besonders auf arabischer Seite sehr hoch: 11.500 Ägypter waren gefallen, 6000 Jordanier und 1000 Syrer. Einige Tausend Araber waren in israelische Kriegsgefangenschaft geraten. Israel hatte 700 Tote zu beklagen und 2500 Verwundete. Gegenüber 430 zerstörten feindlichen Kampfflugzeugen hatte Israel selber 40 Maschinen seiner Luftwaffe eingebüßt.

Erwartung und Ausgang eines Krieges haben wohl selten so auseinander geklafft wie in diesem. Allgemein wurde die hohe militärische Leistung der Israelis anerkannt. So heißt es in einer Studie des *Institute for Strategic Studies* in London folgendermaßen:

»Der dritte arabisch-israelische Krieg wird in den Militärakademien noch auf lange Zeit hinaus aufmerksam studiert werden. Ähnlich wie die Feldzüge des jüngeren Napoleon bot die Leistung der israelischen Streitkräfte – wie aus einem Lehrbuch – die Veranschaulichung aller klassischen Grundsätze der Kriegsführung: Geschwindigkeit, Überraschung, Schwerpunktbildung, Sicherheit, Nachrichten über die Feindlage, Angriffsgeist – und vor allem Ausbildung und Durchhaltewillen.«

Zeit der Hochstimmung

Die Zeit unmittelbar nach Abschluss des Krieges wurde von der israelischen Bevölkerung mit einer Hochstimmung erlebt, wie sie in der Geschichte des Staates bisher nicht vorgekommen war. Endlich wähnte man sich von allen Umklammerungen befreit. Man lebte nicht mehr in einem beengten Staat, in dem man nachts nicht von Jerusalem nach Tel Aviv gefahren war, weil die enge Straße durch den Korridor zu nahe an der jordanischen Grenze verlief. Israel schien nicht mehr abschnürbar an seiner engsten Stelle zwischen Kalkilya und Netanja. Plötzlich gab es keine Feinde mehr, oder nur in weiter Ferne und entscheidend geschlagen.

Die Israelis endeckten die zweite Hälfte des Landes. Das israelische Jerusalem in den Grenzen vor 1967 war doch nur Schatten des eigentlichen Jerusalem gewesen. Nun war die Altstadt wieder offen, der nach allen möglichen Gerüchen des Orients duftende arabische Markt, den man schon ganz vergessen hatte. Vor allem aber war der Weg zur Westmauer des Tempels, der so genannten Klagemauer, wieder frei, der 19 Jahre versperrt gewesen war und der jetzt wie die Quelle zu einem neuen geistigen, vertieften, eigentlichen Leben erschien. Auch ganz unreligiöse Menschen ergriff ein Gefühl der Betroffenheit, wenn sie ihre Füße durch das immer noch zerstörte jüdische Viertel mit den halbausgekratzten hebräischen Inschriften über den Torbögen der Synagogenruinen auf dem winkligen Weg zur Klagemauer lenkten.

Aber auch die anderen Teile des Landes waren nun zugänglich und wurden von einem großen Strom von Israelis besucht. Die Israelis sind von Natur reise- und unternehmungslustig, und jetzt galt es, die so nahe und doch so fern gewesene engste Heimat zu erkunden, wer weiß wie lange noch, denn niemand konnte in den ersten Wochen und Monaten nach Kriegsende sagen, wie schnell man sich einigen könne und alles dann wieder zurückgegeben würde.

Die Stimmung des Volkes kam auch in den zahlreichen Volksliedern über Jerusalem und die Heiligen Stätten, das wiedergefundene Land und den Frieden zum Ausdruck, die in den ersten Monaten nach Kriegsende wie Pilze aus dem Boden hervorschossen, überall gesungen wurden und aus allen Lautsprechern zu hören waren. Die Euphorie ging sogar so weit, dass der ernsthafte Vorschlag gemacht wurde, eines der beliebtesten Lieder, das Lied vom »Goldenen Jerusalem« von Naomi Schemer zur Nationalhymne anstelle der so verblassten »Ha-Tikva« zu machen.

Eine *neue Literatur* entstand, in der junge Israelis, die am Krieg teilgenommen hatten, ihre ganz persönlichen Ängste und leidvollen Erfahrungen schilderten, den Schrecken, gezwungen zu sein, Menschen zu töten, und versuchten, mit den Schrecken des Krieges fertig zu werden. Die israelische Jugend, im Lande geboren und groß geworden, der man schon eine Verrohung und ein Abweichen von Religion, Tradition und zionistischen Idealen nachgesagt hatte, fand in dieser Literatur zu einer Tiefe und Echtheit des Suchens, auch nach religiösen Fragen und Werten, wie man es ihr nicht zugetraut hatte. Manche hatten in diesem Krieg eine regelrecht religiöse Erweckung erlebt, glaubten ein wunderhaftes Eingreifen in großer Not gespürt zu haben und suchten das in einer neuen Lebensgestaltung zu verwirklichen.

Im Volk zumindest entstand der Eindruck, dass nun das endgültige Ziel, der Frieden, nicht mehr in weiter Ferne sein könnte. Man würde das Gros der Gebiete zurückgeben, mit Grenzberichtigungen natürlich, und dann würde eine neue Zeit im Nahen Osten anbrechen, in der Israel gleichberechtigt neben den arabischen Nationen einer sicheren Zukunft entgegengehen würde. Und wenn die arabischen Nationen zu einem Frieden nicht bereit sein sollten, so konnte man sich gegenwärtig kein Auferstehen der feindlichen Armeen vorstellen. Es schien eine friedliche Zeit anzubrechen, in der es endlich Aufatmen und Erholung nach einer langen Zeit der Angst und Bedrückung geben würde.

Der spätere Präsident des Staates, *Chaim Herzog*, damals Regierungssprecher, schreibt in seinem Buch »Kriege um Israel«, dass am 19. Juni 1967, also keine zehn Tage nach Kriegsende, das israelische Kabinett den einstimmigen Beschluss gefasst habe, den ganzen Sinai an Ägypten für einen Friedensschluss, Entmilitarisierung und besondere Zusicherungen für die Straße von Tiran zurückzugeben. Ebenso war die israelische Regierung bereit, den gesamten Golan für einen Frieden und eine Entmilitarisierung wieder an Syrien abzutreten. Aber diese Friedensbereitschaft traf damals im gesamten arabischen Lager auf taube Ohren.

Die arabische Bevölkerung in den besetzten Gebieten und in den geschlagenen arabischen Nachbarstaaten befand sich wie unter einem *Schock*, der sie unempfänglich für Gedanken eines friedlichen Zusammenlebens mit dem Erzfeind Israel machte. Dies ist besonders an der Haltung der ägyptischen Bevölkerung abzulesen. Als es deutlich war, dass die Niederlage hereingebrochen und dieser Tatbestand auch nicht mehr vor dem Volk zu verheimlichen war, verstand es Nasser in der Niederlage, die Volksmassen in noch viel stärkerer Weise an seine Person zu binden als in der vorherigen Periode der Siegesgewissheit und des Blutrausches. Am 9. Juni erklärte er seinen Rücktritt und ließ sich erst nach den erwarteten Massendemonstrationen und Sympathiekundgebungen aller Schichten der Bevölkerung auf den Regierungssitz zurückholen.

Die Reaktion der arabischen Völker war nach der Überwindung des ersten Schocks ein vollkommenes Sich-Verschließen. Psychologen hätten dies voraussagen können. In der tiefsten Erniedrigung und nach der erfahrenen Demütigung war man am wenigsten bereit, Vernunft walten zu lassen und eine Kehrtwendung der bisherigen Politik zu betreiben. Auf der *Konferenz der arabischen Staaten in Khartum* am 31. August und 1. September 1967 kam es zu einer absoluten Ablehnung aller Kompromiss- und Verhandlungsbereitschaft und zu einem Tiefststand der Beziehungen in der arabisch-israelischen Geschichte. Die einzelnen Staaten verpflichteten sich gegenüber und vor aller Welt zu drei heiligen »Nein«: Nein zu Verhandlungen, nein zu einer Anerkennung und nein zu einem Friedensvertrag mit Israel.

Alle Hoffnungen der arabischen Seite konzentrierten sich auf einen postumen Sieg auf dem internationalen Parkett mit Hilfe ihres Verbündeten, der Sowjetunion. Hierfür aber gab es im Gremium der UNO keine Mehrheit. Ein Antrag der Sowjetunion auf bedingungslosen Rückzug der israelischen Truppen aus allen eroberten Gebieten war vom Sicherheitsrat bereits am 14. Juni abgelehnt worden. Mit scharfen Worten hatte der israelische Sprecher die Sowjetunion allein für den Ausbruch des Krieges verantwortlich gemacht. Er hatte den Krieg als Durchsetzung einer gerechten Sache bezeichnet und mit »der Verteidigung von Stalingrad gegen das deutsche Heer«, »der Vertreibung der hitlerischen Bombenflugzeuge vom britischen Himmel« und »dem Aufstand des Warschauer Ghettos« verglichen.

Die Sowjetunion fand auch in der *Vollversammlung* keine Mehrheit. Auf ihre dringende Bitte hin war dies höchste Gremium der UNO am 19. Juni zusammengetreten. Aber nur acht Länder stimmten mit den arabischen und kommunistischen Staaten für den bedingungslosen Rückzug, 46 Staaten dagegen und 24 enthielten sich der Stimme. Lediglich die Maßnahmen Israels zur Wiedervereinigung Jerusalems, einer Quasi-Annexion Ostjerusalems, die Israel am 26. Juni beschlossen hatte, wurden in der Sitzung der Vollversammlung am 4. Juli mit großer Mehrheit von der Völkergemeinschaft verurteilt.

Die UNO suchte eine echte Lösung zur Beilegung des Konflikts im Nahen Osten. Da ein einseitiger und bedingungsloser Rückzug dies nicht zu gewährleisten imstande war, war auch die Sowjetunion bereit, ihn mit einer Anerkennung Israels durch die arabischen Staaten zu koppeln. Aber auch ihre Forderung nach Rückzug »aus *allen* besetzten Gebieten« für eine solche Anerkennung wurde vom Sicherheitsrat abgelehnt. Angenommen wurde am 22. November 1967 schließlich der englische Vorschlag: »Rückzug aus eroberten Gebieten«. Diese Resolution 242, die seitdem die Formel für alle Versuche wurde, Frieden im Nahen Osten herzustellen, war in den verschiedenen Übersetzungen allerdings unterschiedlich wiedergegeben worden. Vielleicht war gerade diese Undeutlichkeit ihre Stärke, vermochte sie es doch auf diese Weise, Zustimmung von den meisten verfeindeten Staaten zu erhalten, von Israel und der Mehrzahl der Araber.

Israel stimmte der Erklärung in ihrer englischen Originalfassung zu und bestand seitdem auf dieser Lesart: »aus besetzten Gebieten«, ohne Artikel. In der französischen Fassung ist aber von »einem Rückzug aus *den* Gebieten« die Rede, die die arabischen Staaten, die der Resolution zustimmten, im Sinne der sowjetischen Vorschläge, als »aus *allen* Gebieten« interpretierten. Außerdem waren Ägypten und Jordanien nicht bereit, den Passus der Resolution mit zu übernehmen, der von einer Anerkennung Israels sprach, ein Ansinnen, das sie auf der Konferenz der arabischen Staaten in Khartum gerade zurückgewiesen hatten. Syrien und der Irak lehnten die Resolution vollständig ab, ebenso die Palästinenser, weil sie in ihr nur als »ein zu lösendes Flüchtlingsproblem« vorkamen. So war mit der Anerkennung durch einen Teil der Kontrahenten nicht viel erreicht worden. In den nächsten Jahren wurde die Debatte hauptsächlich darüber geführt, welche Version, die englische oder die französische im Sinne der sowjetischen, die richtigere Auslegung sei.

UNO-Generalsekretär U-Thant bestimmte zur Durchsetzung der Resolution den schwedischen Diplomaten *Gunnar Jarring*, der zuvor Botschafter seines Landes in Moskau gewesen war. Ende Dezember 1967 trat er sein Amt an, schlug in Zypern sein Hauptquartier auf und pendelte in einer ersten Periode mit beispielloser Unermüdlichkeit zwischen den Hauptstädten des Nahen Ostens hin und her, ohne Wesentliches erreichen zu können. Von Dezember 1967 bis Dezember 1968 besuchte er allein zweiundzwanzig Mal Jerusalem. Die Israelis führten das Hauptversagen der Mission Jarrings darauf zurück, dass es ihm nicht gelang, wie in den Waffenstillstandsverhandlungen von 1949 die Gesprächspartner zu direkten Verhandlungen zusammenzuführen. Treu nach dem Schwur in Khartum lehnten die Araber diesen Wunsch ab. Sie verhandelten nicht mit Israel, informierten Jarring nur über ihren Standpunkt. Sie forderten den bedingungslosen Rückzug der israelischen Truppen, wobei sie offen ließen, ob sie danach zu weiteren Gesprächen bereit sein würden. Israel ließ seinerseits Jarring seinen Standpunkt wissen: Festlegung von allseitig anerkannten Grenzen, Sonderstatus für die Heiligen Stätten in Jerusalem und eine ausdrückliche Erklärung über die Beendigung des Konflikts oder jeweilige Friedensverträge.

Im April 1969 kam Jarring zu dem Ergebnis, dass die sich gegenüberstehenden Haltungen unvereinbar seien.

Da mit keinem schnellen Erfolg der Friedensbemühungen zu rechnen war, ging Israel daran, sich auf eine längere Besetzung der eroberten Gebiete einzustellen. Zuerst musste es darum gehen, wie die Verwaltung der in den eroberten Gebieten befindlichen Bevölkerung auszusehen hatte. Die Gebiete waren durchaus unterschiedlich.

Der *Sinai*, das bei weitem umfangreichste Gebiet, war sehr dünn besiedelt. Größere Städte hatte es nur auf der Ostseite der Kanalzone gegeben. Deren Bevölkerung war während der Kämpfe auf die Westseite des Kanals geflohen. Ansonsten gab es nur eine Zahl kleinerer Siedlungen wie El Arisch und Et Tur, einen Hüttenbetrieb für Manganerze in Um Bogma und eine Reihe größerer Militärlager. Die älteste und interessanteste Siedlung war das aus dem 6. Jahrhundert stammende Sinaikloster im Süden der Halbinsel. An der Ostküste hatte es überhaupt keine Siedlungen gegeben. Die meisten Einwohner des Sinai waren Beduinen. Der Sinai war erst 1906 zu Ägypten gekommen und seine Bewohner hatten sich niemals als wirkliche Ägypter gefühlt. Die Israelis stellten dieses ganze Gebiet unter eine Militärregierung. Es konnte in den ersten Jahren von Israelis nur mit militärischer Erlaubnis besucht werden. Bald entwickelte sich hier aber ein immer stärker werdender Tourismus aus Israel, wobei die Hauptgewinnträger die Beduinen wurden. Mit den Bewohnern des Sinai gab es in all den Jahren der israelischen Besetzung keine Probleme.

Im *Golan* hatten fast alle Bewohner, ca. 100.000 Menschen, Dörfler und die Einwohner der einzigen Stadt des Golan, Kuneitra, vor Ausbruch der Kriegshandlungen das Gebiet verlassen und waren in Flüchtlingslager bei Damaskus von der syrischen Regierung untergebracht worden. Nur die ca. 6000 Drusen im Norden des Golan waren in ihren Dörfern geblieben. Durch die Verbindung unter den Drusen der Region waren die Drusen des Golan weniger antiisraelisch und hatten weniger Angst vor den anrückenden Israelis gehabt als die übrige Bevölkerung. Es entwickelten sich bald gute Kontakte zu den israelischen Drusen, so dass das Verhältnis zu der israelischen Besatzungsmacht, die sich auch der Drusen im Militär bediente, in den ersten Jahren unproblematisch war. Später gingen die Israelis dazu über, israelische Identitätskarten an die Golan-Drusen auszuteilen, was in dieser Periode, bis zum Jom-Kippur-Krieg 1973, auf keine nennenswerten Schwierigkeiten stieß. Im Golan war von den israelischen Behörden das syrische Recht und die syrische Währung aufgehoben und durch die israelische Norm ersetzt worden. 1981 wurde der Golan vollends annektiert.

Das Gros der arabischen Bevölkerung, die durch den Krieg unter israelische Verwaltung gelangte, waren die Bewohner der so genannten *Westbank* und des *Gazastreifens*. Hier lebten 1967 über eine Million Menschen, von denen knapp 100.000 geflohen waren oder in den Anfangsjahren ihre Heimat verlassen hatten. Zehn Prozent der Flüchtlinge kamen in den ersten Jahren wieder zurück. Die meisten Flüchtlinge waren Altflüchtlinge aus dem Jahr 1948 oder deren Kinder und stammten vorwiegend aus dem größten Flüchtlingslager der Westbank von vor 1967 bei Jericho. Sie kamen zuerst in neue Flüchtlingslager, die den alten sehr ähnlich waren und jenseits des Jordans lagen, bis sie nach Ausbruch der Kämpfe zwischen Jordanien und Israel 1968 auch aus diesem Gebiet vertrieben und in das größte Flüchtlingslager Jordaniens, nach Zarka bei Amman, umquartiert wurden, wo die klimatischen Verhältnisse viel ungünstiger waren als in dem warmen Jordangraben.

Die Bürger der Westbank behielten ihre jordanische Nationalität. Auch das jordanische Rechts-, Schul- und Währungssystem blieben in Kraft. Neben der jordanischen Währung wurde später die israelische offizielles Zahlungsmittel. Ostjerusalemer Bürger konnten entweder ihre jordanische Staatsbürgerschaft behalten oder für die israelische Staatsbürgerschaft votieren, was nur wenige in der frühen Zeit taten. Die Bewohner des Gazastreifens, die palästinensische Staatsbürgerschaft gehabt hatten, wurden jetzt staatenlos, weil international niemand eine palästinensische Staatsbürgerschaft anerkannte. Für Reisen ins Ausland stellte die israelische Militärregierung Laissez-passer aus, die den Vermerk »staatenlos« in der Rubrik Nationalität enthielten. Im Gazastreifen galt nur die israelische Währung. Teile des ägyptischen Rechts- und Schulsystems blieben aber weiterhin in Kraft.

Israel versuchte zuerst, mit Sofortmaßnahmen die hohe Arbeitslosigkeit der Bevölkerung von ca. 25 Prozent zu beseitigen und tat das unter anderem durch Straßenbau. Bis auf die Verbindungsstraße Jerusalem – Amman gab es bis 1967 keine zweispurige Straße in der Westbank. Viele Straßen waren überhaupt nicht gepflastert oder asphaltiert. Die ersten Monate der Verwaltung, auch hier eine Militärverwaltung, verliefen reibungslos. Noch zu sehr war die Bevölkerung unter dem Schock der Niederlage. Aber bald formierte sich in den Städten, vorwiegend unter der gebildeten Jugend, ein Widerstandsnetz, das versuchte, gegen die Besatzungsbehörden und gegen eigene Kollaborateure vorzugehen. Die intellektuellen Schichten litten vor allem unter dem Verbot jeglicher politischer Betätigung für die Palästinenser. Die israelischen Maßnahmen gegen diesen, wie die Israelis es bezeichneten, sich herausbildenden Terror, waren sehr streng. Israel schreckte dabei auch nicht vor einer wachsenden Verurteilung durch die internationale Gemeinschaft zurück. Widerständler wurden zum Teil in eins der benachbarten arabischen Länder abgeschoben, Häuser von Terroristen wurden gesprengt, Ausgangssperren wurden als Kollektivstrafe verhängt, bei Verhören wurde »physischer Druck« ausgeübt, den internationale, arabische und israelische Menschenrechtsorganisationen als Folter bezeichneten und verurteilten. Durch diese und andere Methoden wurde die Widerstandstätigkeit eingeschränkt, aber nicht völlig unterbunden.

Hauptträger des arabischen *Widerstands* wurden die noch vor der Besetzung von 1967 entstandenen palästinensischen Bewegungen, wobei die von Jasser Arafat 1965 gegründete *El-Fatach* bald die wichtigste wurde. Arafat selber verbrachte einige Monate in der Westbank, hielt es dann aber für besser, die Widerstandsarbeit aus dem Ausland zu leiten. 1968 wurde Arafat Nachfolger von Schukeiri in der PLO, die von da an eine immer größere Rolle, auch auf internationalem arabischen Parkett, spielte. 1968 war in Kairo die PLO neu konstituiert worden und hatte sich mit der »Palästinensischen National-Charta« eine Verfassung gegeben. Die wesentlichen Punkte der Charta waren die Zerstörung Israels und die Errichtung eines palästinensischen Staates an seiner Stelle. In diesem säkularen Staat Palästina sollten auch Juden Bürgerrecht erhalten, sofern sie oder ihre Vorfahren bereits 1917 in Palästina ansässig gewesen waren. Dies blieb die offizielle Politik der PLO bis 1988, bis zur Konferenz von Algier. Die Charta selbst wurde aber erst 1996 formal aufgehoben und war noch lange Verhandlungsgegenstand in den Friedensgesprächen mit den Israelis.

Das palästinensische Selbstwertgefühl hob sich vor allem nach einem wenig erfolgreichen Kommandounternehmen der israelischen Armee gegen ein Flüchtlingslager neben dem transjordanischen Dorf Karame. Von dort waren mehrere Überfälle auf israelische Stellungen ausgegangen. Um diesen Überfällen ein Ende zu machen, beschloss die israelische Armee, eine Strafaktion gegen das Lager durchzuführen, setzte mit einer Einheit über den Jordan, verwickelte sich dort aber in ausgedehnte Kämpfe, aus denen sie sich nur mit verhältnismäßig hohen Verlusten von ca. 20 Soldaten zurückziehen konnte.

Nach dem Scheitern von Verhandlungen zur Beilegung der gespannten und unbefriedigenden Situation machte sich die israelische Führung Gedanken über die nächste Zukunft. Zweifellos gab es innerhalb der israelischen Parteien, in der Regierung und in der Opposition, zu der Frage, was mit den eroberten Gebieten langfristig zu geschehen habe, ganz unterschiedliche Einstellungen. Der Hauptstrom innerhalb der regierenden Parteien ging davon aus, dass das Gros der Gebiete für einen Friedensschluss zurückgegeben werden und nur ein Teil der Gebiete aus Sicherheitsgründen bei Israel verbleiben sollte. Andere Meinungen innerhalb des Regierungslagers liebäugelten mit dem Gedanken, Fakten in allen besetzten Gebieten zu schaffen und sie dann irgendwann einmal zu annektieren, »da man den Arabern ja doch nicht trauen könne«. Zu solchen Gedanken mag ein Mann wie Mosche Dajan geneigt haben, wenn er auch zu klug war, es so plump auszusprechen. Das Einzige, was diese Leute an einer solchen Idee störte, war die Überlegung, dass durch den großen natürlichen Geburtenüberschuss innerhalb der arabischen Bevölkerung in nicht allzu weiter Ferne ein Staat mit arabischer Mehrheit entstehen könnte. Diese Kreise erwogen deswegen, um dergleichen zu vermeiden, auch die Einführung eines Apartheidsystems, das den Arabern keine volle Staatsbürgerschaft im jüdischen Staat gewähren würde.

Ähnliche Gedanken hegten auch die Vertreter der größten Oppositionspartei, Gachal, dem Wahlbündnis aus Cherut und Liberalen. Sie waren sogar bereit, den Arabern volles Bürgerrecht zu geben, waren sie doch davon überzeugt, dass durch jüdische Einwanderung und höhere Geburtenziffern auch im jüdischen Bereich die Balance zugunsten der Juden aufrechtzuerhalten sei. Jedenfalls war man hier in keiner Weise bereit, das Stammland Judäa und Samaria, wie die Westbank bald offiziell in Israel genannt wurde, jemals wieder aufzugeben.

Die führenden Leute in der Regierung aber vertraten die Theorie einer Mini-Annexion. Dieser Plan, nach dem stellvertretenden Ministerpräsidenten Jigal Allon *Allon-Plan* genannt, sah gewisse Landstreifen als Sicherheitszonen oder Puffer gegenüber den arabischen Nachbarn vor. Solche Gebiete waren der Jordangraben gegenüber Jordanien, ein Streifen am südlichen Gazagebiet gegenüber Ägypten und der Golan als Puffer zu Syrien. Außerdem sollte das Gebiet um Jerusalem herum beim israelischen Staat verbleiben, sowie die Küste des Ostsinai bis hinunter nach Scharm el-Scheich als Garant für eine zukünftig freie Schiffsdurchfahrt im Golf von Aqaba. Dieser Plan, der bereits im Jahr 1968 diskutiert und von Zeit zu Zeit revidiert, aber niemals förmlich im Kabinett oder gar im Parlament gebilligt wurde, war ausschlaggebend für die Siedlungspolitik, die die Regierung Anfang der siebziger Jahre in Angriff nahm.

In *Jerusalem* hatte schon unmittelbar nach dem Sechs-Tage-Krieg eine rege Bautätigkeit in der östlichen Peripherie der Stadt eingesetzt, die in die munizipalen Stadtgrenzen einbezogen worden war. Als erste Maßnahme ging man daran, das jüdische Viertel in der Altstadt wieder aufzubauen. Wo noch alte Baustruktur vorhanden war, renovierte man und versuchte, das Alte zu bewahren. Anderenorts riss man die Trümmer ab und zog neue Gebäudekomplexe empor, wobei man sich architektonisch bemühte, vom übrigen Baustil der Stadt nicht abzuweichen. Die einschneidendste Maßnahme dabei war, das ganze Viertel unmittelbar vor der Westmauer abzureißen und dort einen großen Platz anzulegen. Allzu kühne Architektenpläne, die eine Art Amphitheater von der jüdischen Oberstadt bis hinunter zu den Fundamenten der herodianischen Mauer vorsahen, kamen zum Glück nicht zur Ausführung. Bei dieser Bautätigkeit war klar, dass die Regierung nicht vorhatte, dieses Viertel, in dem seit den Kreuzfahrern tausend Jahre hindurch Juden gelebt hatten, wieder aufzugeben. Zu internationalen Verwicklungen kam es, als die in den Trümmern des jüdischen Viertels nach 1948 angesiedelten palästinensischen Flüchtlinge sich weigerten, das Gebiet zu verlassen und Wiedergutmachung dafür von der Regierung zu akzeptieren. In einem der ersten Konflikte dieser Art, der immer stärkere politische Töne annahm und einer der ersten Akte des Kräftemessens zwischen den israelischen Behörden und den langsam wieder zum Leben gelangenden palästinensischen Körperschaften wurde, zogen es die Betroffenen schließlich vor – dirigiert oder aus freien Stücken –, auf Kompensationen zu verzichten und über die Jordanbrücken ins Exil zu gehen. Dies und die archäologischen Ausgrabungen, die alle Bauunternehmen begleiteten, erzielten in der internationalen Öffentlichkeit reges Interesse und zogen die ersten Proteste nach sich. Als israelische Archäologen 1968 daran gingen, die Südmauer des Tempelbezirks freizulegen, protestierte aufgrund islamischer Beschwerden, die behaupteten, die El-Aksa-Moschee werde untergraben und solle zum Einsturz gebracht werden, auch die UNESCO. Sie stellte sich auf den Standpunkt, dass jegliche archäologische Tätigkeit in besetzten Gebieten, zu denen auch das jüdische Viertel in der Altstadt gehöre, widerrechtlich sei.

Auch die israelische Bautätigkeit in der östlichen Peripherie der Stadt rief internationale Proteste hervor. Israel ging bei seiner Bautätigkeit davon aus, dass alles nicht auf den Katasterämtern registrierte Land Staatsland sei und zu seiner freien Verfügung stehe. Gegen diese Interpretation wandte sich das kritische Ausland, aber auch einige Israelis. Viele dieser nicht registrierten Böden wurden besonders auf dem Lande seit Generationen von Einwohnern genutzt. Von der Regierung wurde auch alles Land vereinnahmt, das von seinen Besitzern verlassen worden war. Wo kein Staatsland zur Verfügung stand, beschlagnahmte die Regierung auch Böden, wobei sie sich auf das in den meisten Ländern der Welt gültige Recht berief, das es erlaubt, bis zu einem bestimmten Prozentsatz Privateigentum zum Wohl der öffentlichen Hand unter Zahlung einer Entschädigung zu enteignen. Arabische und andere Menschenrechtsgruppen wiesen aber darauf hin, dass die Enteignungen politisch motiviert seien, da sie in einem nationalen Konflikt erfolgten und nur dazu dienten, vollendete Tatsachen vor einer Friedensregelung zu schaffen.

Zuerst wurde der Sektor zwischen der Weststadt und der israelischen *Enklave der Hebräischen Universität* bebaut. Danach wurde auch der altneue Campus der Universität selber renoviert und weiter ausgebaut. Hier war 1925 die erste jüdische Universität in der vorstaatlichen Zeit errichtet worden. Die israelische Armee hatte das

Gebiet im Unabhängigkeitskrieg zwar halten können, aber nicht die Verbindungswege dazu. Im Waffenstillstandsabkommen mit Jordanien war vereinbart worden, dass die israelische Besatzung des Geländes alle vierzehn Tage in einem Konvoi ausgewechselt werden dürfe. Gerüchteweise sollen sich auch hin und wieder Professoren in die Schar der Soldaten eingeschlichen haben, um auf diese Weise an die auf dem Gelände eingeschlossenen seltenen Bücher zu kommen, die sonst nicht aufzutreiben waren. Der Campus, der in den sechziger Jahren inzwischen in der Weststadt erbaut worden war, wurde zur naturwissenschaftlichen Abteilung der Universität. Alle anderen Diziplinen siedelten auf den neuen Campus auf dem Scopusberg über. Mit seinen Neubauten entstand hier eine der modernsten Universitäten mit einem Bibliotheksgebäude von 3000 Studienplätzen.

Im weiteren Umfeld von Jerusalem und später auch in anderen Teilen des Landes subventionierte die Regierung auch die Anlage von jüdischen Industriebetrieben, die sowohl den jüdischen Siedlern als auch der arabischen einheimischen Bevölkerung Arbeit verschafften. Eine eigene arabische Industrie förderte die Regierung nicht, genauso wenig wie es Jordanien vorher getan hatte. Immer mehr gingen arabische Arbeitskräfte dazu über, in Israel selbst Arbeit zu suchen. Israel versuchte durch Arbeitsgenehmigungen und Lohn-Aufsichten Einfluss zu nehmen. Dies gelang aber nicht immer, und ein großer Teil von schwarz arbeitenden Palästinensern wurde von seinen jüdischen Dienstherren in kleinen und mittelgroßen Betrieben schamlos ausgenutzt. Die arabischen Fremdarbeiter wurden vor allem in der Bauindustrie und in der Landwirtschaft eingesetzt, wo sie schließlich Monopolstellen innehatten.

Neben der Bautätigkeit in Jerusalem ging die Regierung Anfang der siebziger Jahre dazu über, die Gebiete, die man aus Sicherheitsgründen nicht zurückzugeben beabsichtigte, durch *Zivilsiedlungen* zu erschließen. Es handelte sich ausnahmslos um bisher so gut wie unbewohnte Gebiete. Im *Jordangraben*, der an der regenarmen Westseite mit Ausnahme der Oase Jericho wüstenartigen Charakter hat, wurde durch Bewässerung neues Ackerland erschlossen und eine Reihe von landwirtschaftlichen Siedlungen angelegt. Der größte Teil der Erschließungsarbeiten wurde vom Staat getragen. Entstanden hier im Jordangraben eine Reihe miteinander verbundener landwirtschaftlicher Siedlungen, die in der heißen und geschützten Gegend bald gut gediehen, so legte die Regierung in den anderen Sicherheitsgebieten städtische Zentren mit einem Kranz von landwirtschaftlichen Siedlungen um sie herum an, so auf dem *Golan* um die Stadt Kasrin und im Nordsinai an der Mittelmeerküste um die Stadt Jamit. Die Siedlungen auf dem Golan lebten von den großen Weidegebieten und der Urbarmachung des Landes für Obst- und Weinanbau. Im Wüstenbezirk zwischen dem Gazastreifen und El Arisch wurde durch Bewässerung Neuland für die Landwirtschaft erschlossen.

An der *Ostküste des Sinai* war in der Wüstenlandschaft mit Landwirtschaft nicht viel zu erreichen. Hier entstanden mehrere städtische Zentren, die vom Tourismus lebten. Israel hatte 1969 mit dem Bau einer Asphaltstraße begonnen, die Eilat mit Scharm el-Scheich an der Südspitze des Sinai verband und Ausgangsbasis für zahlreiche Ausflügler in das Innere des hochgebirgigen Südsinai wurde.

Neben dieser offiziellen Besiedlungspolitik der Regierung gab es aber auch von Anfang an die wilde und illegale Siedlungspolitik der rechten Opposition, die das Ziel hatte, »das Ganze Land Israel« unter jüdische Kontrolle zu bringen. Dies geschah bisher noch in kleinem Umfang und unorganisiert, doch ein harter Kern von Siedlern verstand es nach ersten Misserfolgen, seine Siedlungsvorhaben gegen den Willen der Regierung durchzusetzen. Diese Gruppe von meist religiös eingestellten Menschen war rechts von der Cherut angesiedelt und nannte sich später *Gusch Emunim*, der Block der Getreuen. Sie, wie viele in der Cherut, waren Vertreter der Idee vom *Eretz Israel ha-schlema*, dem vollständigen Lande Israel, was gewöhnlich ungenau mit »Groß-Israel« wiedergegeben wird.

Zum Passahfest 1968, dem ersten Passahfest nach dem Sechs-Tage-Krieg, war eine kleine Schar von Israelis nach *Hebron* gekommen, um hier das Fest zu begehen. Sie mieteten sich in dem einzigen Hotel der Stadt ein und erregten erst Aufsehen, als sie auch nach Ablauf der acht Passahtage die Stadt nicht verließen. Schließlich gaben sie ihre Absicht kund, in der Stadt, in der die Urmütter und Urväter in der Höhle Machpela begraben sind, und in der durch die Jahrhunderte hindurch bis zum Jahr 1929 immer Juden gelebt haben, zu bleiben. Nach einiger Zeit musste die Armee eingesetzt werden, um die fanatischen Juden vor den zorniger werdenden Stadtbewohnern zu schützen. Die Armee brachte sie in das benachbarte Armeelager am Rande der Stadt, bis die Regierung bereit war, für sie eine neue Siedlung zu bauen, Kirjat Arba, in unmittelbarer Nähe des alten Hebron. Die Absicht mag gewesen sein, auf alle Fälle eine direkte Konfrontation zwischen Juden und Arabern zu verhindern. Tatsache aber war, dass damit der erste Keim zu einem jüdischen Siedlungswerk im Herzen bewohnten arabischen Gebietes gelegt worden war.

Ein weiterer Siedlungskern außerhalb des Gebietes des eigentlichen Allon-Plans war die Wiederbegründung des religiösen Komplexes landwirtschaftlicher Siedlungen des Gusch Etzion zwischen Bethlehem und Hebron. Hier hatte es vor 1948 vier religiöse Kibbuzim gegeben, die im Unabhängigkeitskrieg verloren gegangen waren.

1969 war Levi Eschkol unerwartet gestorben. In dem kurzen Machtkampf um die Nachfolge gab es vor allem zwei Favoriten, Mosche Dajan, den Kriegshelden von 1956 und 1967, und den Vize-Ministerpräsidenten Jigal Allon. Beide gehörten Splitterparteien an, Mosche Dajan der Rafi-Partei und Jigal Allon der Achdut ha-Avoda. Die Mehrheit der Mapai entschied sich deshalb für jemanden aus ihren eigenen Reihen, Golda Meir, die erste Frau an der Regierungsspitze eines nahöstlichen Landes.

Golda Meir war eher aus dem Holz eines David Ben Gurion geschnitzt, draufgängerischer, weniger vermittelnd und kompromissloser als ihr bedächtiger Vorgänger Levi Eschkol. Mit ihr kam eine Persönlichkeit an die Regierungsspitze, die sich in Staatsgeschäften robuster durchzusetzen vermochte als der feinfühligere Eschkol. Zwar war sie kein Haudegen wie Dajan, aber es fehlte jetzt an der Spitze der Regierung die Stimme, die die feinen Nuancen aus dem gegnerischen Lager zu werten verstanden hätte. Berühmt geworden ist ihr Ausspruch: »Die Palästinenser, wer ist das? Wir waren Palästinenser vor 1948. Ein palästinensisches Volk kenne ich nicht.« Es war der große Staatsmann Sadat, der bei seinem legendären Staatsbesuch 1977 der inzwischen nicht mehr amtierenden Dame zu ihrer beider Vergnügen diesen Ausspruch ins Gedächtnis zurückrief.

Mit dem vorläufigen Scheitern der Jarring-Mission setzten unterschiedliche Entwicklungen ein, die auf völlig verschiedenen Ebenen lagen. Zum einen dachten jetzt die Großmächte, die Geschicke des Nahen Ostens fester in die eigene Verhandlungsverantwortung nehmen zu müssen, statt sie dem Geschick und der Ohnmacht eines einzelnen Diplomaten zu überlassen. Zum anderen setzte die arabische Seite auf militärische Verschärfung des Konflikts, um vielleicht auf diese Weise die Dinge besser in ihrem Sinne beeinflussen zu können.

Die so genannten *Vierergespräche*, die im Sommer 1969 begannen, waren aber nicht sehr viel erfolgreicher, als es die Mission Jarrings gewesen war. Die Sowjetunion identifizierte sich blind mit dem Standpunkt der Araber und forderte vor jeglichen Verhandlungen zuerst den Abzug der israelischen Truppen. Die Vereinigten Staaten schlossen sich modifiziert dem israelischen Standpunkt an und forderten zuerst Verhandlungen über eine endgültige und von allen Seiten anerkannte Grenzziehung.

Vor Beginn dieser Gespräche hatte *Ägypten* im März dieses Jahres einen *Abnützungskrieg* begonnen. Ägyptische und israelische Artillerie beschossen pausenlos die gegnerischen Stellungen auf der jeweils anderen Seite des Kanals, was zum fluchtartigen Verlassen der Städte Port Taufik, Ismailia und Suez durch die Zivilbevölkerung führte. Die einst blühenden Kanalzonenstädte wurden immer mehr zerstört, die Ölraffinerien von Suez gingen in Flammen auf. Sehr hoch waren aber vor allem die Verluste an Menschenleben auf beiden Seiten. Es fielen mehr israelische Soldaten in dem einen Jahr Abnützungskrieg als im gesamten Sechs-Tage-Krieg. Auch Jordanien eröffnete das Feuer auf die israelischen Siedlungen jenseits seiner Grenze, wobei es eine Besiedlung nur im Bet-Schean-Tal gab. Für ein Jahr lebten die Menschen am Jordan im Bunker. Die Jordanstraße wurde unpassierbar. Durch die ständigen Artilleriegefechte über den Jordan hinüber mussten aber auch die Araber auf der Ostseite des Flusses fliehen.

Auf *jordanischer Seite* kämpften auch palästinensische Verbände, die sich inzwischen gebildet hatten. In Israel selbst war der palästinensische Widerstand durch die rabiaten Abwehrmaßnahmen der Israelis mehr oder weniger zusammengebrochen, so dass die Palästinenser ihren Kampf inzwischen ins Ausland verlegt hatten. Sie machten vor allem in dieser Zeit mit spektakulären Aktionen auf sich aufmerksam, indem sie unter anderem Bomben in israelischen Büros in aller Welt legten und Flugzeuge verschiedener Nationen entführten und in die Luft sprengten. Dutzende von unschuldigen Menschen kamen dabei ums Leben. Machten sie sich damit bei den einen international verhasst, so gelang es ihnen auf der extrem linken Seite, Sympathisanten für ihre Sache zu finden. Der alte Antisemitismus zog sich ein neues Gewand an, das des »progressiven Antiimperialismus und Antizionismus«. Die spektakulärste Tat der neuen internationalen Linken im Sold der PLO war das Massaker an Touristen auf dem Flugplatz in Lod, das eine Gruppe japanischer Terroristen verübte, bei dem sie mit Maschinengewehren 26 unschuldige Flugpassagiere, meist Pilger aus Puerto Rico, niederstreckten. Ihre Hauptquartiere hatte die PLO in Jordanien und im Libanon aufgeschlagen, zwei Länder, die als zu schwach galten, um sich gegen die ungebetenen Eindringlinge verteidigen zu können. Die PLO machte auch keinen Hehl daraus, dass eines ihrer Ziele die Übernahme der Macht in Jordanien und die Verdrängung der »Marionette« König Hussein sei.

Inzwischen war die Situation weiter eskaliert. Die Sowjets hatten immer neuere und kompliziertere Abwehrraketen nach Ägypten gebracht, um die israelischen Luftangriffe, die sich inzwischen bis nach Kairo hinein erstreckten, unmöglich zu machen. Auf die sowjetischen Waffenlieferungen reagierten die Amerikaner ihrerseits mit Lieferungen an die Israelis. Wie sich aber herausstellte, waren die Ägypter nicht in der Lage, die modernen Waffen zu bedienen. In Luftkämpfen unterlagen sie den Israelis regelmäßig. Die sowjetischen Sam 2 und später Sam 3 Raketen sollten nun dieser israelischen Luftüberlegenheit endgültig einen Riegel vorschieben. Mit den neuen Waffensystemen, die im Ernstfall noch nirgendwo erprobt worden waren, kamen Tausende von sowjetischen Technikern, Piloten und Militärs nach Ägypten, die die Raketen selbst bedienten und die Jagdbomber flogen. Eine direkte israelisch-sowjetische Konfrontation war nicht mehr auszuschließen. Die Frage war, wie die Vereinigten Staaten auf diese Herausforderung reagieren würden und müssten und inwieweit ein direkter Kontakt zwischen den Großmächten noch zu vermeiden war.

Die Situation war inzwischen auch der Sowjetunion über den Kopf gewachsen und so war sie bereit, auf eine neue Friedensinitiative der Amerikaner einzugehen, die einen dreimonatigen Waffenstillstand forderte, der zu indirekten Verhandlungen genutzt werden sollte. Am 4. August 1970 nahm die israelische Regierung das amerikanische Angebot an. Auch die arabische Seite ging darauf ein, und ab Sommer 1970 schwiegen die Waffen.

Über die Zustimmung der israelischen Regierung zum *Waffenstillstand* und über die Ziele künftiger indirekter Verhandlungen überhaupt kam es in der Koalition, die immer noch die nationale Einheitskoalition war, zur Krise. Die Cherut-Partei mit ihrem Vorsitzenden Menachem Begin wollte nicht einem Konzept zustimmen, in dem sich der Staat Israel bereit erklärte, auf Boden des »Landes Israel« zu verzichten. Begin war nur willens, in Verhandlungen einzutreten, bei denen von vornherein klargestellt war, dass sich Israel niemals aus dem Gebiet der so genannten Westbank, dem jüdischen Stammland, zurückziehen würde. Nachdem er sich in dieser Frage nicht durchsetzen konnte, verließ Begin mit seinen sechs Ministern die Koalition und wurde Vorsitzender der stärksten Oppositionspartei. Damit war die Zeit der nationalen Koalition vorerst zu Ende. Sie hatte drei Jahre gedauert.

Die anbrechende Waffenstillstandszeit verhieß nichts Gutes, nachdem Ägypten entgegen dem Abkommen Sam 3 Raketen in Gebiete gebracht hatte, die vertraglich davon ausgenommen worden waren. Israel weigerte sich daraufhin, weiter an den Verhandlungen teilzunehmen. Die Amerikaner zeigten Verständnis für diese Entscheidung und suchten ihrerseits, mit einer Verstärkung der Waffenlieferung an Israel die Sowjetunion dazu zu bewegen, die Raketen zurückzunehmen.

Jordanien ging daran, die vorübergehende Pause im bewaffneten Konflikt mit Israel dafür zu benutzen, Ordnung im eigenen Haus herzustellen. Nachdem Hussein versuchte, die Macht im Staat wieder in die eigenen Hände zu nehmen und die PLO zurückzudrängen, kam es zu einem offenen Bruderkrieg. Im Juli hatte die PLO gleichzeitig drei Jumbos verschiedener Gesellschaften auf dem internationalen Flughafen von Amman in die Luft gesprengt und damit auch Jordanien in eine unmögliche Situation gebracht. Nachdem die Drohungen der PLO gegen das Regime immer dreister wurden, ging der König mit seinem Beduinenheer mit Entschiedenheit gegen die Stellungen der PLO vor und vertrieb sie binnen weniger Wochen aus seinem Land. In die Geschichte der PLO ist diese Zeit als der *Schwarze September* eingegangen. Nach palästinensischen Angaben sind in den Kämpfen 20.000 Palästinenser umgekommen, eine Zahl, die westliche Beobachter für um das Zehnfache übertrieben ansehen. Die Not der palästinensischen Kämpfer war jedenfalls so groß, dass sie es vereinzelt vorzogen, zum zionistischen Feind über den Jordan zu fliehen statt in jordanische Gefangenschaft zu geraten. Als sich Syrien in die Kämpfe einmischte und in der dritten Septemberwoche bei Irbid in Nordjordanien einfiel, machten Amerikaner und Israelis unmissverständlich deutlich, dass sie einen Wechsel des Regimes in Jordanien nicht hinnehmen würden. Syrien zog sich danach trotz des Gesichtsverlustes wieder aus Jordanien zurück. Nach dem Ausbleiben auch dieser Unterstützung war der Zusammenbruch der PLO in Jordanien nicht mehr aufzuhalten. Die PLO war gezwungen, sich ein neues Zuhause zu suchen. Sie fand es im Südlibanon, wo sie einen Staat im Staat aufrichtete, der das labile Gleichgewicht in dem christlich-moslemischen Staat völlig zum Zusammenbruch brachte.

Zum zusätzlichen Kummer der Palästinenser verloren sie in diesem Monat auch noch ihren größten Schutzherrn in der arabischen Welt. Am 28. September 1970 erlag der ägyptische Präsident *Gamal Abdel Nasser* einem Herzinfarkt und ließ einen gärenden Nahen Osten vaterlos zurück. Die Trauer unter den Volksmassen der gesamten arabischen Welt war groß, gab es doch keine vergleichbar bedeutende Persönlichkeit, wie man auch zu ihr gestanden haben mochte. Der ihm im Amt nachfolgende *Anwar El-Sadat* verzichtete dann auch auf die Rolle Nassers, Sprecher der Dritten Welt zu sein, sondern versuchte, sich auf innenpolitische Probleme Ägyptens, auf einen größeren Wohlstand im Lande zu konzentrieren und den Kampf gegen die Rückständigkeit im eigenen Land aufzunehmen – ein Gebiet, das von Nasser sträflich vernachlässigt worden war. Ein solches Vorhaben war nur im Rahmen von friedlichen Entwicklungen möglich und verlangte Geld, das von Nasser bisher zum größten Teil in die Rüstung gesteckt worden war. Diese Tendenz führte unmittelbar zu einer Entspannung. Neue *Friedensaussichten* erschienen am Horizont.

Im Februar 1971 ließ Sadat Gunnar Jarring, der sich immer noch als UNO-Unterhändler zur Verfügung hielt, mitteilen, dass er bereit sei, »in Friedensverhandlungen mit Israel einzutreten«. Israel ging zuerst interessiert auf diese neue Situation ein, zeigte sich dann aber bald enttäuscht, nachdem Sadat deutlich machte, dass Ägypten auf einem vollkommenen Rückzug der israelischen Truppen auf die internationalen Grenzen bestand. Auch in Fragen der Durchfahrt durch die Straße von Tiran und durch den Suezkanal ging Sadat davon aus, dass es sich um ägyptisches Hoheitsgebiet handle und Ägypten allein darüber verfügen müsse. Nach der einstimmigen Zurückweisung dieser Verlautbarungen durch die israelische Regierung versuchte Jarring den nach langer Zeit ersten Versuch von Friedensverhandlungen dadurch zu retten, dass er die Israelis beschwor, wenigstens eine Grundsatzerklärung darüber abzugeben, dass sie mit dem Rückzug auf die internationalen Grenzen einverstanden seien. Auch darauf wollten sich die Israelis nicht einlassen. In dieser Pattsituation versuchten vier afrikanische Staatspräsidenten zu vermitteln und ermunterten beide Seiten, die Verhandlungen auch ohne vorhergehenden Gebietsverzicht von Seiten der Israelis zu beginnen. Als die UNO-Vollversammlung aber die Argumentation Jarrings übernahm, lehnte Israel ab, und die Kontakte mit Ägypten wurden abgebrochen. Im Frühjahr 1972 war der Friedensfrühling wieder verrauscht. Bedenkt man, dass Israel später beim Friedensschluss mit Ägypten tatsächlich bereit war, auf die internationale Grenze zurückzugehen, kann man nur bedauern, dass es zu diesem Zeitpunkt diese Chance, mit der größten arabischen Macht zu einem Einvernehmen zu kommen, nicht wahrnahm. Der ein Jahr später ausbrechende Oktoberkrieg wäre wahrscheinlich damit vermieden worden.

Mit der Machtübernahme durch Sadat schien jedenfalls wieder eine ruhigere Zeit im Nahen Osten angebrochen zu sein. Der äußere

Druck auf Israel ließ nach, nachdem auch Jordanien die Feindseligkeiten eingestellt hatte und die PLO noch etwas Zeit brauchte, sich in ihrer neuen Heimat einzurichten. Innenpolitische Probleme in Israel traten so wieder mehr in den Vordergrund.

Ein Hoffnungsschimmer auf eine veränderte Situation auch in der Sowjetunion schien aufzuleuchten, als 1971 zum ersten Mal seit Bestehen des Staates und eigentlich seit Ausbruch der Revolution in Russland die Tore der *Sowjetunion* sich auftaten und kleine Gruppen von jüdischen Auswanderern in Israel eintrafen. Aus diesen Vorläufern wurden bis zum Jahr 1975 100.000 und bis zum ersten Abbruch 1982 160.000. Vermutlich handelte die Sowjetunion aus zwei Motiven heraus. Einmal wollte sie der freien Welt, mit der sie wirtschaftlichen Kontakt anstrebte, beweisen, dass sie liberaler geworden war, und andererseits versuchte sie, den immer stärker werdenden Druck im Inneren durch die so genannten jüdischen Refusniks abzulassen.

Seit dem Sechs-Tage-Krieg hatte sich die Haltung der Juden in der Sowjetunion ihrem Staat gegenüber verändert. Sie waren selbstbewusster geworden, protestierten gegen den immer noch latenten Antisemitismus im Land und forderten eine stärkere Beachtung ihrer nationalen Belange. Anfang der siebziger Jahre lebten ca. drei Millionen Juden im gesamten Bereich der Sowjetunion. Obwohl sie als nationale Minorität anerkannt waren, gab es keine zentrale Verwaltung ihrer Interessen und auch keine religiöse zentrale Macht. Offiziell war die sibirische Republik Birobidschan Judenrepublik, bloß wohnten dort nur ein paar tausend Juden. Im immer härter werdenden antizionistischen Kampf der Regierung waren die Grenzen zwischen Antizionismus und Antisemitismus im Laufe der Jahre verwischt worden. Der antisemitische Ton einiger staatlicher Propagandaschriften war nicht mehr zu überhören und speiste sich aus den zu Anfang des Jahrhunderts in Russland entstandenen antisemitischen Fälschungen, den so genannten »Protokollen der Weisen von Zion«, die eine der beliebtesten Schriften auch in den arabischen Ländern geworden war.

Die Weltöffentlichkeit hörte zum ersten Mal von einer jüdischen Unruhe in der Sowjetunion, nachdem es achtzehn jüdischen Familien aus Georgien gelungen war, 1969 eine Petition an die Menschenrechtskommission der UNO zu richten mit der Bitte, ihnen bei der Auswanderung nach Israel behilflich zu sein. Sie betonten in dem Schreiben, nicht gegen den Kommunismus oder die Sowjetunion eingestellt zu sein, sondern lediglich ihre nationalen Rechte erfüllt zu bekommen. 1970 wurde die Weltöffentlichkeit noch einmal aufgerüttelt, als mehrere Juden aus Leningrad versucht hatten, ein Flugzeug nach Finnland zu entführen, um auf diese Weise nach Israel zu gelangen. Das Unternehmen war gescheitert und zwei Juden wurden zum Tode verurteilt. Es mehrten sich Fälle, dass Juden, besonders in den Hauptstädten, vor den Behörden ihren Willen kundgaben, nach Israel auszuwandern, worauf sie meist aus ihren Arbeitsstätten entlassen, häufig verhaftet und zuweilen sogar in Arbeitslager eingewiesen wurden. Um diesen Druck und die Kritik im Ausland loszuwerden, erlaubte die sowjetische Führung einer zu Beginn recht begrenzten Anzahl von Juden die Ausreise nach Israel. Dies wiederum führte zu starken Protesten aus dem arabischen Lager.

Auch in einigen der arabischen Länder, die noch Reste einer jüdischen Bevölkerung hatten, kam es zu Tumulten und internationalen Beschwerden. Der Höhepunkt war ein Verfahren 1969 im Irak, bei dem neun Juden öffentlich gehängt wurden. Sie wurden beschuldigt, für Israel spioniert zu haben. Es bildete sich daraufhin ein internationales Komitee unter dem Vorsitz des Präsidenten des französischen Senats, Alain Poher, das sich den biblischen Namen »Lass mein Volk ziehen« gab. Dieses Komitee versuchte, auf die Notsituation der Juden hinzuweisen und durch Vorstelligwerden bei den verschiedenen Regierungen die Lage der Juden zu verbessern, wenn es denn schon nicht möglich war, eine freie Auswanderung zu erreichen. Besonders schwer war die Situation der Juden in Syrien, wo 5000 Juden wie in einem Gefängnis und praktisch als Geiseln für israelisches Wohlverhalten festgehalten wurden.

Wie so häufig in Israel vermehrten sich nach dem Wegfall der äußeren Spannungen die Probleme im Innern. Trotz weiterer Erfolge der Wirtschaft wurde die Kluft zwischen *Arm und Reich* immer größer. Der Bevölkerungsteil, der nach Staatsgründung aus den arabischen Staaten eingewandert war, fühlte sich benachteiligt, nicht genügend gefördert und bei der Schulausbildung im Stich gelassen. Immer noch wohnten viele von ihnen in slumartigen Übergangslagern, während sie mit ansahen, dass die Neueinwanderer aus der Sowjetunion eine größere Unterstützung bei der Eingliederung in das Staatsleben erfuhren. Junge Paare beklagten sich, dass sie, die die ganze Last des Staates zu tragen gehabt, den Staat nach außen verteidigt und auf den Schlachtfeldern teilweise ihre gesunden Glieder eingebüßt hatten, jenen Neuankömmlingen gegenüber benachteiligt seien, die sofort in fertige Wohnungen, die die Regierung zur Verfügung stellte, ziehen konnten. Es bildete sich eine Bewegung unter der Jugend der orientalischen Einwanderer, die sich nach dem großen amerikanischen Vorbild den Namen »Black Panthers« gab und zu Straßendemonstrationen aufrief. Schließlich ließen sich Vertreter dieser Bewegung sogar als Kandidaten für das israelische Parlament aufstellen und zogen ins Parlament ein.

Für Beschwerden gab es auch auf anderen Gebieten genügend Nahrung. Die säkulare Bevölkerung wehrte sich gegen die ihrer Meinung nach immer militanter werdenden orthodoxen Forderungen. Da die *religiösen Parteien* bei allen bisherigen Regierungsbildungen das Zünglein an der Waage gewesen waren, hatten sie immer mehr Rechte für die orthodoxe Bevölkerung erreicht und die Bewegungsfreiheit der Säkularen eingeschränkt. Nachdem Ende der sechziger Jahre das Fernsehen in Israel eingeführt worden war, kam es sofort zu der Frage, ob der religiöse Status quo nicht verletzt werde, wenn auch am Freitagabend, also am Schabbat, Fernsehprogramme ausgestrahlt werden dürfen. Der Status quo verbot Neuerungen. Was früher nicht vorhanden war, sollte auch in Zukunft nicht eingeführt werden. Es kam zu Straßendemonstrationen, bei denen die säkulare Bevölkerung sich durchsetzte.

Aber auch ein *schönes Israel*, wie es sich nannte, begann deutlicher sein Gesicht zu zeigen. Nachdem 1964 die Militärregierung für die arabischen Bezirke aufgehoben worden war, sahen viele eine Gleichberechtigung der israelisch-arabischen Bevölkerung damit aber noch nicht verwirklicht. Jüdisch-arabische Gruppen machten auf die weiter bestehende Ungleichheit aufmerksam, die zwar gesetzlich beseitigt, in der Praxis aber noch vorhanden war. Auch gegen Härten in der Verwaltung der besetzten Gebiete wurde demonstriert. Es wurden erste Stimmen laut, die erklärten, dass eine anhaltende Besetzung Besetzte wie Besatzer auf die Dauer korrumpiere.

Mit dem Einwanderungsgesetz, das jedem Juden die automatische Staatsbürgerschaft verlieh, wurde erneut die Frage diskutiert, wer denn nun Jude sei. Ausgelöst wurde diese Diskussion durch einen polnischen Priester, dem Karmeliter *Daniel Rufeisen*, der 1969 ins Land kam, um die katholische Gemeinde in Haifa und Umgebung zu betreuen. Als Jude geboren, war er während der Naziverfolgungen in einem Nonnenkloster versteckt und so gerettet worden, später zum Christentum übergetreten und Priester geworden. Als polnischer Partisan hatte er selber einige seiner Landsleute gerettet und genoss dafür im Judenstaat Achtung und Anerkennung. Als er jetzt aber den Antrag auf Staatsbürgerschaft gemäß dem Rückkehrergesetz stellte, weil er doch als Jude geboren sei, verweigerte ihm das Innenministerium seine Bitte. In einem sich anschließenden Gerichtsverfahren wurde festgehalten, Jude sei der, der von einer jüdischen Mutter geboren oder zum Judentum übergetreten ist – so sagte es auch das Religionsgesetz – und nicht zu einer anderen Religion übergetreten ist. Der letzte Satz war neu und ist seit diesem Gerichtsurteil, der so genannten Lex Rufeisen, Bestandteil des Gesetzes *Wer ist Jude*. Damit klafften zum ersten Mal Staatsgesetz und Religionsgesetz in dieser Frage auseinander, denn nach religiösem Gesetz bleibt ein Jude, der zu einer anderen Religion übertritt, ein Jude, wenn auch ein schlechter und abtrünniger. In einem weiteren Verfahren, in dem den Kindern eines bekannten Offiziers die jüdische Religion aberkannt wurde, weil ihre Mutter Nichtjüdin war und damit auch ihre israelische Staatsbürgerschaft fraglich geworden war, wurde bestimmt, dass die automatische Staatsbürgerschaft auch nichtjüdischen Partnern verliehen wird. Ein weiterer Streitpunkt zwischen Orthodoxen und anderen Richtungen des Judentums entstand in der Frage, ob es reiche zu sagen »und zum Judentum übergetreten ist«, wie es die liberale und die Reformrichtung verlangten, oder aber ob es heißen müsse »und entsprechend dem Religionsgesetz zum Judentum übergetreten ist«, wie es die Orthodoxen forderten. Im Hebräischen ist der Unterschied zwischen beiden Formulierungen sogar noch kürzer und besteht aus einem Wort: »kehalacha«. Die Regierung beschloss, zum gegenwärtigen Zeitpunkt auf diesen Zusatz zu verzichten. Diese Diskussion sollte in Zukunft die israelische Öffentlichkeit noch mehrfach beschäftigen.

Der *Jom-Kippur*-Krieg – Oktober 1973

Als 1972 Sadat den überraschenden Schritt tat und plötzlich das Bündnis mit den Sowjets aufkündigte, die sowjetischen Militärberater nach Hause schickte und riskierte, seinen einzigen Verbündeten dieser Zeit einzubüßen, schien ein Krieg im Nahen Osten völlig aus dem Bereich der Möglichkeiten zu verschwinden. Ein Krieg ohne den größten und stärksten Staat auf der arabischen Seite, Ägypten, schien kaum denkbar, und Ägypten, nahm man an, würde keinen Krieg wagen ohne Rückendeckung durch eine Großmacht. Die Welt bewunderte den Mut des Herrschers am Nil, sich in dieser Weise aus der sowjetischen Bevormundung zu befreien, und in Israel atmete man erleichtert auf, schien doch eine unmittelbare Kriegsgefahr fürs Erste gebannt. Israel konnte so seine gesamte Kraft dem sich wieder stärker zu Worte meldenden Terror entgegenstellen, der spürbar wurde, nachdem die PLO sich in ihrer neuen Heimat, Südlibanon, eingerichtet und dort ein unabhängiges Regime errichtet hatte. Der internationale Terror der PLO erreichte bei den Olympischen Spielen 1972 in München seinen Höhepunkt, als ein Kommando der PLO einen Angriff auf die israelische olympische Mannschaft führte, bei dem 14 israelische Sportler umkamen.

Umso größer war der Überraschungseffekt des so genannten *Jom-Kippur-Krieges*, der am 6. Oktober 1973 gleichzeitig von Ägypten und Syrien gegen die völlig unvorbereiteten israelischen Truppen losbrach. Den Namen verdankte der Krieg dem Umstand, dass er am Jom Kippur, dem Versöhnungstag, dem höchsten jüdischen Feiertag, ausbrach. In der Nachfolge der Israelis gaben auch die Ägypter dem Krieg den Namen eines religiösen Festes und nannten ihn *Ramadan-Krieg* nach dem islamischen Fastenmonat Ramadan, der zur selben Zeit gefeiert wurde. Die internationale Geschichtsschreibung hat sich angewöhnt, solch einseitige Namensgebungen nicht zu verwenden, sondern neutrale Begriffe zu finden und nannte ihn »Oktober-Krieg« oder »Dreiundsiebziger-Krieg«. Trotzdem trifft der Name »Jom Kippur« den Kern, denn es war die volle Absicht des Initiators dieses Krieges, des ägyptischen Staatspräsidenten Anwar El-Sadat, als er sich dieses höchsten jüdischen Feiertages für seine Zwecke bediente. Der Jom Kippur ist der einzige Tag im Jahr, an dem sich über die Hälfte des Volkes für den größten Teil des Tages in der Synagoge aufhält, der Tag, an dem kein Auto fährt, und an dem das Radio und das Fernsehen für 25 Stunden schweigen.

Die Überraschung war perfekt. Noch am 5. Oktober hatte der israelische Geheimdienst Truppenaufmärsche an den Grenzen als Herbstmanöver eingeschätzt und keinen Alarm geschlagen. Wie an diesem Tag immer üblich wurde das Gros der Truppen, auch an den Grenzen, auf Heimaturlaub geschickt, so dass die angreifenden arabischen Truppen auf keinen nennenswerten Widerstand stießen.

Der arabische Angriff war massiv und entschieden und bis ins Einzelne von langer Hand gut vorbereitet. *Ägyptische Truppen* setzten mit massiver Luftunterstützung noch am selben Tag nördlich von Suez über den Kanal und eroberten die als unüberwindlich eingeschätzten israelischen Verteidigungslinien, ein modernes und kompliziertes Verteidigungssystem, das den Namen des ehemaligen israelischen Oberkommandierenden *Bar Lev* trug. Hunderte israelischer Soldaten fielen bei dem ersten Überraschungssturm. Hunderte gerieten in Kriegsgefangenschaft.

Ähnliches geschah auf den syrischen Golanhöhen, wo die *syrischen Truppen* im ersten Anlauf die israelischen Positionen überrannten und ins Innere des von den Israelis besetzten Golan vorstießen, wobei es ihnen gelang, einen Teil der israelischen Siedlungen zu erobern, deren Bewohner sich nur mit Mühe und in panikartiger Flucht einer Gefangennahme entziehen konnten. Auch hier gerieten viele israelische Soldaten in Kriegsgefangenschaft.

Der Schock in Israel war groß. Noch nie in der Geschichte des jungen Staates war Israel derart überrascht worden und hatte solch schwere Niederlagen hinnehmen müssen. Neben den Verlusten an Menschenleben war sehr viel Kriegsmaterial zerstört oder von den feindlichen Truppen erobert worden. Israel befand sich plötzlich als Staat in einer physischen Bedrohung, die nur mit der der ersten Monate nach der Unabhängigkeitserklärung vergleichbar war.

Die israelische Premierministerin begab sich persönlich in die Vereinigten Staaten, um dem amerikanischen Präsidenten Richard Nixon den Ernst der Situation klar zu machen. In einer sofort eingerichteten Luftbrücke ersetzte in den nächsten Wochen Amerika die größten Verluste an Waffen und vermochte so das Gleichgewicht der Kräfte aufrecht zu erhalten.

In der ersten Woche des Krieges kämpften die Israelis rein defensiv. Es gelang ihnen nicht, die Ägypter oder die Syrer wieder hinter die alten Ausgangspositionen zurückzudrängen. Erst am 14. Oktober konnten die Israelis die Initiative zurückgewinnen. Sie vereitelten einen erbittert geführten Versuch der ägyptischen Armee, in das Innere der Sinaihalbinsel vorzustoßen und fügten den Ägyptern schwere Verluste zu. Am 16. Oktober gelang es einer israelischen Armee-Einheit unter der Führung des Generals Ariel Scharon ihrerseits, über den Suezkanal nördlich des ägyptischen Übergangs vorzustoßen. In den nächsten Tagen eroberten sie das gesamte Hinterland des Kanals auf der westlichen Seite und schnitten damit die ägyptische Invasionsarmee, die Dritte Armee, die auf der südlichen Ostseite des Kanals saß, vom Mutterland ab. Auch an der syrischen Front gelang es den Israelis in der zweiten Kriegswoche, die feindlichen Truppen aus dem Golan zu vertreiben und das anschließende Gebiet, den Baschan, zu erobern. Israelische Truppen befanden sich 35 Kilometer von Damaskus entfernt, als alle Seiten, Syrer, Israelis und Ägypter, einen erneut erlassenen Aufruf der UNO zum Waffenstillstand befolgten.

Der Krieg war äußerst verlustreich verlaufen. Die israelischen Gefallenen waren weitaus zahlreicher als in den Kriegen zuvor. Über 2200 israelische Soldaten hatten ihr Leben auf dem ägyptischen oder syrischen Schlachtfeld gelassen. Die arabischen Verluste waren noch höher. 12.000 Ägypter und 3000 Syrier waren gefallen. Sehr hoch waren auch die Materialverluste. Israel verlor über 100 Flugzeuge, 400 Panzer, 100 gepanzerte Fahrzeuge und ein mit Raketen bestücktes Unterseeboot. Die Kriegskosten beliefen sich täglich auf 50 bis 60 Millionen Dollar. Der Krieg war auch viel länger, als man es von den beiden letzten arabisch-israelischen Kriegen gewohnt war.

Der bizarre Verlauf des Krieges gab allen Seiten die Möglichkeit, sich als Sieger zu bezeichnen. Eine jede Seite konnte große Erfolge für sich verbuchen, je nach Zeitabschnitt des Krieges.

Gleich nach Ausbruch des Krieges war der Sicherheitsrat der UNO einberufen worden, der vom 8. bis zum 10. Oktober tagte, aber zu keiner Resolution kommen konnte, weil die Standpunkte der Veto-Mächte zu konträr waren. Erst am 22. Oktober gelang hier ein Durchbruch, nachdem sich die Vereinigten Staaten und die Sowjetunion auf einen gemeinsamen Vorschlag geeinigt hatten. Dieser sah die sofortige Feuereinstellung vor, die Verwirklichung der UNO-Resolution 242 von 1967 und den Beginn von Verhandlungen für eine dauerhafte Friedensregelung. Diese Resolution 338 ist seitdem, neben 242 von 1967, die Grundlage für alle weiteren Verhandlungen im Nahen Osten geworden. Ägypten und Israel nahmen die Resolution an, Syrien folgte am 24. Oktober. Der UNO-Sicherheitsrat musste aber noch weitere Male zusammentreten, da die Kämpfe am Suezkanal immer noch anhielten. Erst nach der vollkommenen Einkreisung der ägyptischen Dritten Armee durch Israel am 26. Oktober schwiegen die Waffen.

Die aufgrund des Krieges entstandene militärische Lage war für keine Seite vorteilhaft oder auf längere Dauer durchzuhalten. Die ägyptische Situation war am schwierigsten. *Ägypten* war von der israelischen Armee abhängig, die sich nur widerwillig dazu bewegen ließ, Versorgungstransporte durchzulassen. Für Israel war die Waffenstillstandslinie an beiden Kriegsfronten völlig unübersichtlich und unhaltbar. Auch für Syrien war der eingetretene Zustand gefährlich. Seine Hauptstadt lag offen vor dem Feind und war jederzeit verletzbar. So begannen unmittelbar nach Abschluss des Krieges Verhandlungen über Truppenentflechtungen. Die Verhandlungen waren zum ersten Mal seit Abschluss der Waffenstillstandsverträge von 1949 direkt und sehr fruchtbar. Besonders schnell voran kamen sie am ägyptischen Abschnitt, wo die Situation auch am drängendsten war. Dutzende Male trafen israelische und ägyptische Offiziere am *Kilometerstein 101* der Straße Kairo-Suez zusammen und unterzeichneten hier am 11. November 1973 ein Sechs-Punkte-Abkommen, das am 18. Januar von den Oberkommandierenden beider Truppen unterschrieben und vom UNO-Befehlshaber beglaubigt wurde. Am 4. März 1974 verließen die letzten israelischen Soldaten die westliche Seite des Suezkanals. Nach dem gemeinsamen Abkommen zogen sie sich zusätzlich auch von der gesamten Kanalzone zurück und gaben so den Ägyptern die Möglichkeit, den Kanal wieder für die internationale Schifffahrt zu öffnen.

Auch an der *syrischen Front* kam es dank amerikanischer Vermittlungen zu Gesprächen und am 31. März 1974 zu einem Abkommen, das weitgehende Truppenentflechtungen und einen Gefangenenaustausch vorsah. Israel zog sich auch hier aus allen neu eroberten Gebieten und zusätzlich noch hinter die Linien zurück, die es bis zum 6. Oktober 1973 gehalten hatte. Vor allem räumte es Kuneitra, die einzige Stadt, die 1967 erobert worden war, um den Syrern die Gelegenheit zum Wiederaufbau zu geben – ein Unternehmen, das von den Syrern aber nicht in Angriff genommen wurde. Diese Ergebnisse waren vorwiegend dem Verhandlungsgeschick des amerikanischen Unterhändlers und späteren amerikanischen Außenministers Henry Kissinger zu verdanken, der aus einer in Deutschland ansässigen jüdischen Familie stammte. In einem rastlosen Besuchseifer von Hauptstadt zu Hauptstadt versuchte er, mehr als nur Waffenstillstände zu erreichen, scheiterte in dieser Mission jedoch vorerst.

Noch vor Abschluss dieser Direktgespräche war es am 21. und 22. Dezember 1973 zu einer »*Friedenskonferenz* über die Lage im Nahen Osten« unter der Schirmherrschaft der UNO in *Genf* gekommen. Neben den beiden Großmächten, den USA und der UdSSR, die durch ihre Außenminister vertreten waren, nahmen Israel, Jordanien und Ägypten teil. Nur Syrien hatte eine Teilnahme abgelehnt. Auf der Konferenz forderten die Araber den vollständigen Abzug aus allen 1967 eroberten arabischen Gebieten, einschließlich Ostjerusalems. Die Israelis bestanden auf neuen Grenzfestlegungen. Da die Vereinigten Staaten und die Sowjetunion sich ebenso auf keinen gemeinsamen Ausgangspunkt für Verhandlungen einigen konnten, blieb dieses Treffen ergebnislos, ein vereinbartes Außenministertreffen zu einem späteren Zeitpunkt kam nicht zustande. Immerhin war es gelungen, die Hauptbeteiligten des Konflikts mit Ausnahme Syriens an einen Verhandlungstisch zu bringen. Wenn das auch das einzige Ergebnis der Konferenz war, so zeigte sich hier doch ein Fortschritt gegenüber früheren Zeiten. Zusammen mit den positiven Ergebnissen der Waffenstillstandsverträge mit Ägypten und Syrien kurz danach gab dies doch Hoffnung auf eine bessere Zukunft.

Nachkriegsjahre: 1973 – 1977

Nach dem Unabhängigkeitskrieg war der Oktoberkrieg von 1973 der schwerste in Israels Geschichte. Der Schock darüber saß der israelischen Bevölkerung tief in den Gliedern. Allmählich machte sich der Unmut über das Versagen der staatsmännischen, militärischen und geheimdienstlichen Stellen Luft. Zahlreiche Demonstrationen forderten den Rücktritt der Verantwortlichen. Dabei wurde die Schuld von der einen auf die andere Seite geschoben. Die Armeeführung beschuldigte den Geheimdienst, der die Armeeführung.

Golda Meir sah sich gezwungen, dem öffentlichen Druck nachzugeben und eine Untersuchungskommission einzusetzen, die nach ihrem Vorsitzenden, dem Präsidenten des israelischen Obersten Gerichts, Schimon Agranat, *Agranat-Kommission* genannt wurde. Noch bevor diese Kommission zur Veröffentlichung ihrer Ergebnisse kam, hielten es Golda Meir und ihre engsten Mitarbeiter für richtig, die Staatsverantwortung anderen zu überlassen, und traten zurück. Das Amt des Ministerpräsidenten übernahm Jitzchak Rabin, der Oberbefehlshaber des Sechs-Tage-Krieges, Abba Eban wurde als Außenminister von Jigal Allon, dem ersten Kommandanten der Eliteeinheit Palmach aus der vorstaatlichen Zeit und späteren Parteivorsitzenden der Achdut ha-Avoda, und Mosche Dajan durch Schimon Peres, dem ehemals engen Vertrauten David Ben Gurions und neben Dajan Mitbegründer der Rafi-Fraktion, als Verteidigungsminister abgelöst. Als der Agranat-Bericht im Jahr 1975 abgeschlossen vorlag und von dem 1500 Seiten umfassenden Bericht ein Exzerpt von 42 Seiten der Öffentlichkeit übergeben wurde, beschuldigte er zum Erstaunen der israelischen Öffentlichkeit nicht die politische Führung, sondern den Generalstabschef und den Kommandanten des Südabschnitts der israelischen Armee.

Vor den *Wahlen Ende 1973* erhitzte sich, wie vor jeder Wahl in Israel, das hektische Klima im Staatsleben. Rechtzeitig noch vor den Wahlen hatten sich die Mitte-Rechts-Kräfte zu einem neuen Parteienzusammenschluss vereinigt. Gachal (Cherut und Liberale) hatten sich mit der Staatsliste, der Rafi-Splittergruppe, und dem Freien Zentrum, der Cherut-Splittergruppe, zum *Likud*, der »Sammlung« zusammengeschlossen. Die Wahlen am 31. Dezember 1973, so kurz nach dem Oktoberkrieg, wurden noch einmal vom Maarach mit 51 Sitzen gewonnen. Dies waren zwar 5 Sitze weniger als zuvor, aber besorgniserregender für die seit Staatsgründung regierende Regierungskoalition war der starke Zuwachs der Mitte-Rechts-Kräfte, die im neuen Zusammenschluss Likud 39 Mandate erreichten. 1969 hatten alle im Likud zusammengefassten Parteien nur 32 Sitze erhalten. Dies zeigte deutlich einen Trend an. Aber noch waren alle Mitte-bis-Rechtsaußen-Kräfte zusammengenommen zu schwach, um Regierungsverantwortung gegen den Widerstand der Linksparteien, der arabischen und kommunistischen Listen, zu übernehmen.

Das Trauma vom Oktober 1973 hatte bei der israelischen Bevölkerung die verschiedenartigsten Reaktionen ausgelöst. Zogen die einen die Lehre daraus, dass die Sicherheit Israels nur durch einen Frieden stabilisiert werden kann und Israel für diesen Frieden mit den Arabern auch bereit sein muss, erobertes Land zurückzugeben, so war die andere Seite gerade vom Gegenteil überzeugt: Nur durch Stärke könne der Frieden erhalten werden. Jede Landrückgabe aber schwäche Israel. Eine Spaltung des Volkes in zwei mehr oder weniger gleich starke Hälften, die sich schon vor 1973 gezeigt hatte, wurde jetzt immer deutlicher. Das eine Lager war bereit, über Landverzicht zu einem Frieden oder Ausgleich mit den Nachbarn, einschließlich der palästinensischen Bevölkerung, zu kommen, das andere Lager war nicht bereit, den Arabern Vertrauen zu schenken und hielt weiter daran fest, das alleinige Ziel der Araber sei, »die Juden ins Meer zu werfen« und den israelischen Staat von der Landkarte des Nahen Ostens auszuradieren. Deshalb hieß es für dieses Lager, die besetzten Gebiete beizubehalten. Dieser nationale Standpunkt vermischte sich mit der religiösen Komponente, die von der Unaufgebbarkeit des Landes Israel und seiner Heiligkeit ausging.

Die Kreise, die für den Frieden mit der arabischen Seite eintraten und selbstkritisch gegenüber den Problemen im Inneren, gegenüber der eigenen Gesellschaft und gegenüber den Vorurteilen hinsichtlich der israelischen Araber eingestellt waren, sammelten sich in einer Bewegung, die sich *Raz* oder *Tnuat Le-s'chujot Ha-ezrach Ule-schalom*, »Die Bewegung für Bürgerrechte und Frieden« nannte. Sie erhielt, obwohl gerade erst gegründet, bei den Wahlen im Dezember 1973 drei Mandate.

Die Gegenbewegung der Rechten fand sich im Februar 1974 in einem Kreis zusammen, der sich *Gusch Emunim*, »Block der Getreuen«, nannte. Sie versuchten streng religiöse mit nationalen oder nationalistischen Ideen zu verknüpfen und beriefen sich dabei auf den Rabbiner Zvi Jehuda ha-Cohen Kook, den über achtzigjährigen Sohn des aschkenasischen Oberrabbiners aus der zionistischen Aufbauzeit, Avraham Isaak Kook, der als Erster im ultraorthodoxen Lager dem Zionismus gegenüber positiv eingestellt gewesen war, ja diesen als Zeichen der anbrechenden Erlösung gesehen hatte. Im Gegensatz zu den Kreisen, die sich um seinen Sohn scharten, hatte der alte Kook aber nicht aufgehört, gegen nationalistische Kreise im Zionismus zu wettern, die sich an Arabern vergriffen und sie als minderwertig ansahen. Eins der Hauptziele des »Blocks der Getreuen« war die »Erlösung des Bodens« durch jüdische Besiedlung und Aufbau, auch und gerade mitten im arabisch besiedelten Kernland wie Hebron und Sichem.

Ihre erste Siedlung nannte die Gruppe *Elon More* nach einem Ort in der Bibel, den der Erzvater Abraham besucht hatte (1 Mose 12,6f.). Die Siedlung lag in der Nähe von Sebaste, dem alten Samaria, einstmals Hauptstadt Nordisraels. Die Siedler hatten sich dort im alten, leer stehenden Bahnhofsgebäude festgesetzt. Die Regierung verhinderte siebenmal die Ansiedlung, gab dann für eine gewisse Zeit auf. Friedensgruppen versuchten die Siedler durch Demonstrationen von ihrem Vorhaben abzubringen. Schließlich räumte das Militär den Platz und brachte die Siedler in das nahe Militärlager Kaddum, wo sie bleiben durften, ähnlich wie es mit den Siedlern in Hebron geschehen war. In Kaddum entstand eine regelrechte zivile Siedlung. Auch diese Siedlung wurde von der Regierung zwar nicht sanktioniert, aber auch nicht geräumt, bis bei der Machtübernahme durch den Likud 1977 Menachem Begin vor einer begeisterten Zuhörerschaft ankündigte, es werde »viele Keddumim« geben.

Gefährlicher noch war die Gründung einer rechtsradikalen Splitterpartei, die die Vertreibung der Araber aus Israel und den besetzten Gebieten auf ihr Programm geschrieben hatte. Sie war von dem ehemaligen Rabbiner Meir Kahane gegründet worden, der 1972 aus den Vereinigten Staaten nach Israel ausgewandert war, nachdem er in seiner Heimat zur persona non grata erklärt worden war. In Amerika hatte er 1968 die »Jüdische Verteidigungsliga« gebildet, die bei Rassenunruhen besonders in New York mit Gruppen von Schwarzen die gewaltsame Selbstverteidigung von Juden propagierte. 1971 wurde er wegen illegalen Waffenbesitzes verhaftet. Aus Amerika vertrieben, sorgte er in Israel für Unruhe. Seine Partei nannte sich *Kach*, »Nur so!« und zeigte als Emblem eine geballte Faust auf gelbem Hintergrund. Sie trat schon bei den Wahlen 1973 mit massiver anti-arabischer Propaganda auf, war aber für die Israelis zu radikal, als dass sie eine wirkliche Gefahr für die israelische Demokratie werden, die Ein-Prozent-Grenze überwinden und so ins Parlament hätte einziehen können.

Die Bereitschaft zu extremeren Positionen in der israelischen Öffentlichkeit hatte sicher auch mit einer stärker werdenden *Isolierung Israels* in der Weltöffentlichkeit und auf dem internationalen Parkett zu tun. Die arabischen Staaten hatten mit dem Oktoberkrieg eine neue Waffe entdeckt, das Öl. Europa sollte den Schock des arabischen Ölboykotts mit Rationierungen und verkehrsfreien Tagen während des Oktoberkrieges nicht so schnell vergessen. Besonders Europa und Japan, die sehr stark vom mittelöstlichen Öl abhingen, nahmen nach dem Krieg eine bewusst kühle, auf Distanz gehaltene, wenn nicht sogar feindliche Politik gegenüber Israel ein. Auf arabischen Druck brachen auch 22 Staaten Schwarzafrikas die diplomatischen Beziehungen zu Israel ab, obwohl zahlreiche Geschäftsverbindungen zwischen Israel und Afrika unter der Hand weitergingen. Als Höhepunkt der Isolierung und in besonderer Weise ungerechtfertigt, willkürlich und gehässig – manche Politiker in Israel benutzen auch das Wort antisemitisch – war die *Zionismus-*

gleich-Rassismus-Erklärung der UNO vom 10. November 1975. Mit einer absoluten Mehrheit von 72 gegen 35 Stimmen bei 32 Enthaltungen bezeichnete die Weltöffentlichkeit, wie sie sich in der UNO darstellte, den Zionismus als »eine Form von Rassismus und Rassendiskriminierung«. Diese eindeutig politisch motivierte Abstimmung, die nach arabischem Öl roch, stellte einen Tiefstpunkt im Prozess der Meinungsbildung der Völkergemeinschaft dar. Die Erklärung wurde von der UNO-Vollversammlung erst 1991 mit 111 gegen 25 Stimmen wieder aufgehoben.

Aus Trotz nahm daraufhin Israel zum Erzfeind Schwarzafrikas und der freien Welt, *Südafrika*, intensiveren Kontakt auf. Nach Verstärkung von Wirtschafts- und Militärbeziehungen und der Anknüpfung voller diplomatischer Beziehungen zum Apartheidsregime in Pretoria kam 1976 der südafrikanische Präsident, Balthazar Johannes Vorster, zu einem Staatsbesuch nach Jerusalem.

Zu Asien und Südamerika hatten sich die Beziehungen durch den Krieg von 1973 kaum verändert. Vielleicht lag das daran, dass diese Staaten, wie übrigens auch Amerika, vom arabischen Öl unabhängig waren. Der einzige wirkliche Verbündete Israels in dieser Zeit waren die Vereinigten Staaten.

Im Jahr 1976 sollte ein spektakuläres Bravourstück des israelischen Geheimdienstes in den Augen der israelischen Öffentlichkeit wenigstens teilweise die Blamage des Jom-Kippur-Krieges wettmachen: die Befreiung der israelischen Geiseln aus *Entebbe*. Am 27. Juni war ein Air France-Flugzeug auf dem Weg von Paris nach Tel Aviv mit 200 Passagieren, darunter 80 Israelis, von Palästinensern entführt worden. Nach einer Zwischenlandung und einem Auftanken in Libyen landete das Flugzeug in Entebbe, dem Flugplatz von Kampala in Uganda. Die Entführer verlangten die Freilassung mehrerer Dutzend palästinensischer Terroristen, 40 davon in israelischen Gefängnissen. Um Zeit zu gewinnen, willigte Israel in Verhandlungen ein, um schließlich am 4. Juli mit mehreren großen Herkules-Transportmaschinen, die auf ihrem 4000 Kilometer langen Flug in der Luft aufgetankt wurden, auf dem entfernten Flugplatz mitten in Afrika zu landen und in einem Kommandounternehmen alle noch im Flughafengelände festgehaltenen Geiseln zu befreien. Außer dem Kommandanten des Unternehmens, Jonathan Netanjahu, dem Bruder des späteren Likud-Führers und Ministerpräsidenten Benjamin Netanjahu, kam keiner der israelischen Befreier ums Leben. Kurt Waldheim, der Generalsekretär der UNO in dieser Zeit, verurteilte das Unternehmen als flagrante Verletzung der Souveränität Ugandas. Der amerikanische Präsident Ford schickte ein Glückwunschtelegramm, den einzigen Glückwunsch eines amerikanischen Präsidenten für ein israelisches militärisches Unternehmen.

Der Oktoberkrieg hatte das Land in eine große Wirtschaftskrise gestürzt. Das Wachstum des Bruttosozialprodukts, das in den Jahren von 1967 bis 1973 durchschnittlich 10 Prozent betragen hatte, verringerte sich in den Jahren nach dem Krieg auf durchschnittlich 2,6 Prozent. Die hohen Militärausgaben und die gestiegenen Erdölpreise setzten der *israelischen Wirtschaft* zu. Die Investitionen und der Glaube an die israelische Wirtschaft gingen zurück, die Inflationsrate stieg 1974 auf über 50 Prozent. Der »Wirtschaftszar« Sappir machte infolge der öffentlichen Kritik des Volkes an seiner Geschäftsführung 1974 Jehoschua Rabinowitz Platz. Dieser versuchte, durch höhere Steuern und Kürzungen von Subventionen die Wirtschaftsprobleme zu lösen. Eine jährliche Einbuße von 8 Prozent im Reallohn der arbeitenden Bevölkerung war die Folge. Trotzdem war die Streikbereitschaft unmittelbar nach dem Krieg infolge eines verstärkten nationalen Konsenses nach der überstandenen Herausforderung durch den Jom-Kippur-Krieg gering.

Die Verschlechterung der wirtschaftlichen Situation bekamen besonders die unterprivilegierten Schichten im Staat zu spüren. Hier war die Arbeitslosigkeit höher, waren die Löhne geringer und die zu ernährenden Familien größer. Das betraf vor allem zwei Bevölkerungsschichten, die orientalischen Juden und die Araber.

Die *orientalischen Juden* oder Sefarden machten inzwischen die Mehrheit der jüdischen Bevölkerung, 56 Prozent im Jahr 1975, aus. Wenn sich der Lebensstandard der Sefarden auch verbessert hatte, so war man Mitte der siebziger Jahre noch weit davon entfernt, von einer Gleichberechtigung zu reden. Dies ließ sich rein äußerlich am Verdienst einer durchschnittlichen sefardischen Familie ablesen, der nur 80 Prozent des Durchschnittseinkommens einer aschkenasischen Familie ausmachte. Bisher hatten die großen Parteien diese Bevölkerung nicht genügend berücksichtigt. Aus Ländern stammend, in denen das Wort Demokratie und eine damit verbundene politische Praxis unbekannt war, hatte die erste Einwanderergeneration selbstverständlich für die Regierung gestimmt. Das war nach einem politischen Reifungsprozess Mitte der 70er-Jahre nicht mehr so. Alle Parteien waren aschkenasisch ausgerichtet, auch die religiösen. So gab es keine natürliche politische Heimat, in der sich die Abkömmlinge aus Nordafrika, aus dem Irak oder Jemen am politischen Leben hätten beteiligen können. Die hin und wieder aufgestellten sefardischen Listen hatten keinen Erfolg, weil sie wenig davon verstanden, wie man einen Wahlkampf erfolgreich führt und eine Partei aufbaut. Die Kandidaten in den israelischen Parteien wurden zu dieser Zeit vom Parteipräsidium aufgestellt. Sie wurden nicht persönlich gewählt, sondern nur innerhalb der gesamten Liste. Um einen guten Eindruck zu erzeugen, hatten alle Parteien einige Spitzenreiter aus den Reihen der Sefarden aufgestellt, doch waren es zu wenige und zudem auf den hinteren Listenplätzen, um dem wahren Verhältnis zu entsprechen. Nur 16,5 Prozent der Knessetabgeordneten 1973 waren orientalischer Herkunft.

Diese Unterrepräsentation der sefardischen Bevölkerung hatte ihre Gründe vor allem in der schlechteren Schulausbildung. Die meisten sefardischen Kinder beendeten nur die Grundschule mit 10 Schuljahren. Auf diese Zahl waren die Pflichtschuljahre 1968 bei einer umfassenden Schulreform angehoben worden. Die sefardischen Schüler auf den höheren Schulen schnitten viel schlechter ab als ihre aschkenasischen Mitschüler, fehlte ihnen doch häufig die Unterstützung aus Elternhaus und Umgebung.

Das zweite Sorgenkind aller Regierungen seit Staatsgründung waren die *israelischen Bürger arabischer Herkunft*. Auch nach Aufhebung der Militärregierung war eine Gleichberechtigung nur auf dem Papier vorhanden. Die Arbeitslosigkeit war hier besonders hoch, das Lohngefälle noch stärker als in den orientalisch-jüdischen Kreisen. Die arabische Bevölkerung vergrößerte sich durch den enormen Kinderreichtum, einem der größten in der Welt, sie bekam aber vom Staat nicht dieselbe Förderung wie die jüdische Bevölkerung. Die Regierung berief sich darauf, dass bestimmte Gelder aus Sammlungen der jüdischen Diaspora stammten und deshalb nur auf dem jüdischen Sektor ausgegeben werden durften. Eine Regierungskommission, die auf Druck jüdischer und arabischer Bürgerrechtler 1972 eingesetzt worden war, kam zu dem Schluss, dass die Förderung auf dem jüdischen Sektor teilweise sieben- bis zwanzigmal so groß war wie auf dem arabischen. Die arabischen Verwaltungen litten ständig unter Finanznot. Der große Geburtenüberschuss konnte nicht untergebracht werden, da kein Geld für Neubauten da war. Dass drei und vier Personen in einem Raum zu leben hatten, war in den arabischen Siedlungen keine Seltenheit. Auch die arabische Schulbildung blieb weiter hinter der jüdischen zurück. Das arabische Schulwesen war autonom, um die nationale Identität der Minderheit zu schützen. Kritiker des Systems sagten dem arabischen Schulsystem aber Vetternwirtschaft nach. Dies traf auch auf die höheren arabischen Schulen zu. Ein viel kleinerer Teil von Absolventen bestand im arabischen Sektor das Abitur im Vergleich zum jüdischen Gebiet. Einige arabische Eltern, besonders in den gemischten Städten, schickten ihre Kinder deshalb auf jüdische Schulen. Immerhin vergrößerte sich die Zahl der arabischen Universitätsabsolventen von 354 im Jahr 1961 auf 1840 im Jahr 1974.

Nach dem Oktoberkrieg war die arabische Bevölkerung selbstbewusster geworden. Auch für sie war der Wegfall des Mythos von der israelischen Unbesiegbarkeit und die Erfolge der arabischen Armeen ein Grund zu wachsendem Selbstbewusstsein. Die arabische Bevölkerung forderte mehr Rechte bei der Bestimmung ihrer Lebensfragen. Vor allem reagierte man sehr negativ auf die Bevormundung der Regierung durch speziell eingesetzte jüdische Verwaltungsbeamte für arabische Angelegenheiten. Die arabische Bevölkerung konnte sich nicht direkt an Regierungsstellen wenden, sondern nur indirekt über die dafür eingesetzten Beamten. Als 1976 der Geheimbericht des Verwalters des Nordbezirks für arabische Angelegenheiten, Israel König, von der Mapam-Zeitung »Al ha-Mischmar« veröffentlicht wurde und zeigte, dass israelische Behörden bewusst eine gedeihliche Entwicklung auf dem arabischen Sektor zu stören versuchten, gab es Proteste nicht nur innerhalb der arabischen Bevölkerung, sondern auch in linken israelischen Kreisen. Die Regierung sah sich daraufhin gezwungen, diese Art von Bevormundung abzuschaffen.

Ein besonderer Streitpunkt waren die Bodenbeschlagnahmungen auf dem arabischen Sektor. Mitte der siebziger Jahre propagierte die Regierung die *Judaisierung Galiläas*, nachdem man festgestellt hatte, dass der jüdische Bevölkerungsanteil durch den größeren arabischen Kinderreichtum rückläufig war und Galiläa wieder eine arabische Mehrheit hatte. Durch Anlage von Städten und jüdischen Dörfern sollte diesem Trend entgegengewirkt werden. Neben der arabischen Stadt Nazareth wurde das jüdische Obernazareth stark erweitert. Inmitten arabischer Dörfer entstand in Obergaliläa die jüdische Stadt Karmiel. Die arabische Bevölkerung rief aus Protest gegen diese Politik für den 30. März zu einem Generalstreik auf. Dieser Streik wurde meistenorts befolgt. Israelische Polizei versuchte die Demonstrationen und Kundgebungen zu verhindern. Es kam zu Gewaltausbrüchen, die auf arabischer Seite sechs Tote forderten. Dies war ein Fanal. Der Tag wurde alle folgenden Jahre als Joum el-Ard, »Tag der Erde«, mit Streik, Kundgebungen und gelegentlichen Ausschreitungen begangen. Die Polizei versuchte, die Fehler des ersten Joum el-Ard nicht zu wiederholen.

Zum politischen Sprecher der arabischen Bevölkerung entwickelte sich immer mehr die »Neue Kommunistische Liste« (Rakach), die 1965 bei der Spaltung in einen arabischen und jüdischen Teil entstanden war.

Gegen Ende des Jahres 1976 erschütterten den Staat eine Reihe von *Korruptionsfällen.* Einigen führenden leitenden Beamten staatlicher Firmen, die aus den Reihen der Arbeiter-Partei auf diese Posten geschleust worden waren, wurde vorgeworfen, sie hätten sich in ihrer Amtsführung persönlich bereichert. Der Bauminister Michael Zur, der finanzieller Unkorrektheiten in seiner Amtsführung beschuldigt wurde, nahm sich das Leben. Die Skandale machten aber auch nicht vor dem höchsten Regierungsamt Halt, dem Amt des Ministerpräsidenten. Jitzchak Rabin wurde vorgeworfen, dass seine Frau ein Konto, das sie während der Amtszeit ihres Mannes als israelischer Botschafter in Washington legal eröffnet hatte, vor der Rückkehr nach Israel nicht ordnungsgemäß geschlossen und sich so gegen das scharf gehandhabte Devisengesetz vergangen habe. Rabin zog die Konsequenz und trat als Premierminister zurück. An seine Stelle trat, nur noch für ein paar Monate – das Ende der Regierungszeit der Arbeiter-Partei machte sich schon bemerkbar – sein alter Rivale in der Arbeiter-Partei, Schimon Peres.

Eine weitere *Regierungskrise* brach im Dezember 1976 aus, als die in der Koalition befindliche Nationalreligiöse Partei einen Misstrauensantrag der religiösen Schwesterpartei, der Aguda, die in den Reihen der Opposition saß, nicht ablehnte. Die religiösen Parteien behaupteten, dass amerikanische Düsenjäger, die Israel zur Aufrechterhaltung seiner Sicherheit erhielt, erst nach Eintritt des Schabbats gelandet seien. Nach heftigen Debatten darüber kam es zum Sturz der Regierung und zur Ausschreibung von vorgezogenen Neuwahlen für den 16. Mai 1977. Im Wahlkampf spaltete sich ein Teil Unzufriedener vom Gros der Arbeiter-Partei ab, der vor allem Unbeweglichkeit, Festgefahrenheit im Denken und Ideologieverhaftung vorgeworfen wurde. Sie waren gegen den übermäßigen Einfluss der Gewerkschaften, forderten ein neues Wahlsystem und die Einführung des Mehrheitswahlrechts. Die Protestbewegung sammelte sich um den Archäologieprofessor und früheren Generalstabschef Jigal Jadin, der die Partei *Dasch*, *Tnua demokratit leschinui*, »Demokratische Bewegung für Veränderung«, ins Leben rief.

Aus den Wahlen ging der Likud mit 43 Sitzen als stärkste Partei hervor. Zwar waren das nur vier Sitze mehr als im Wahljahr 1973, doch erhielt die Arbeiter-Partei infolge der Aufspaltung nur 32 Sitze und war damit zum ersten Mal in der Geschichte des Staates nur zweitstärkste Partei. Damit brach eine neue Epoche in der Geschichte des Staates an.

Das bürgerliche Israel – Die Ära Begin

Das Jahr 1977 – Die Konsolidierung einer neuen Regierungsmacht

Fast dreißig Jahre hatte die Arbeiter-Partei mit ihren verschiedenen Koalitionspartnern regiert. Ihre Kraft, ihr Elan, ihr Charme hatten sich in diesen dreißig Jahren aufgebraucht. Die Schwächen im Inneren der Arbeiter-Partei, ihre Zersplitterung, die Streitigkeiten in der Parteiführung, ihre Konzeptionslosigkeit waren es, die die *Wende* des Jahres 1977 herbeigeführt hatten, nicht unbedingt ein Erstarken des bürgerlichen Lagers. Auch die Entscheidung der Nationalreligiösen Partei, die Seite zu wechseln, war für den Umschwung verantwortlich.

Nach israelischem Gesetz hatte der Staatspräsident den Vorsitzenden der stärksten Partei zu bitten, eine Regierungskoalition zu bilden. Dies war *Menachem Begin* an der Spitze der Likud-Partei. Begin stammte aus Polen. Er wurde 1938 Vorsitzender des Betar, der nationalen jüdischen Jugendbewegung in Polen. Auf der Flucht vor den Nazis geriet er in sowjetische Gefängnisse und kam schließlich 1942 nach Palästina, wo er Anführer einer der beiden rechten Untergrundbewegungen, des Etzel, wurde. Die Engländer hatten auf seinen Kopf 10.000 Englische Pfund ausgesetzt. Dieser ehemalige Terrorist bekam nun die Chance, der erste bürgerliche Ministerpräsident in der Geschichte des Staates zu werden. Vor welchen Koalitionsmöglichkeiten Begin stand, veranschaulicht das Wahlergebnis. Es sah folgendermaßen aus: Likud, 43 Sitze; Maarach, 32; Dasch, 15; Mafdal, 12; Chadasch, 5; Agudat Jisrael, 4; Schlom Zion, 2; Scheli, 2; Flatto-Scharon, 1; Vereinigte Arabische Liste (Maarach), 1; Poale Agudat Israel, 1; Raz, 1 und Unabhängige Liberale Partei, 1 Sitz.

Menachem Begin gewann für seine Koalition zusätzlich zum Likud die Nationalreligiöse-Partei und verfügte damit über 55 Abgeordnete. Durch geschicktes Lavieren gelang es ihm, für sein Kabinett ein Zugpferd aus dem Arbeiter-Partei-Lager als Außenminister zu gewinnen: *Mosche Dajan*. Dajan litt sicherlich noch unter der

Schande, dass er nach dem Debakel des Jom-Kippur-Krieges 1974 zurücktreten musste. Ein Comeback auf der Gegenseite hielt er anscheinend für wichtiger als den Vorwurf, der von allen Seiten zu hören war, ein Verräter zu sein. Eine ähnlich schillernde Person war *Ariel Scharon*, den Begin für sich zu gewinnen verstand. Scharon war der Kommandant der Truppe gewesen, die im Jom-Kippur-Krieg den Kanal überquert hatte. Er war so in den Augen vieler in der israelischen Öffentlichkeit derjenige gewesen, der das Gesicht der israelischen Armee gewahrt und die Wende im Krieg erreicht hatte. Er hatte sich nach seiner Entlassung aus der Armee keinem der Blöcke einreihen wollen oder können und hatte unter dem Motto »Der Starke ist allein am mächtigsten« eine eigene Partei gegründet, die »Schlom-Zion-Partei«. Sie hatte immerhin zwei Sitze bekommen, gegenüber den eigenen Erwartungen Scharons allerdings sehr wenig. Nach guten Angeboten war er bereit, mit seinen zwei Mandaten in die neue Regierung einzutreten.

Dann war da noch ein Faktotum unter den Wahlgewinnern, *Schmuel Flatto-Scharon*, der bei seinen dramatischen Reden im Parlament regelmäßig Stürme der Heiterkeit erregte, wenn er seine Rede, die in französischer Umschrift aufgezeichnet war, von einem Zettel ablas. Die Fernsehkameraleute bemühten sich bei der Übertragung auch immer, diesen Zettel in Großaufnahme einzublenden. Flatto-Scharon war ein Flüchtling vor dem französischen Finanzamt, bei dem er Schulden in Millionenhöhe nicht beglichen hatte, und benötigte die parlamentarische Immunität, um vom israelischen Staat nicht nach Frankreich ausgeliefert zu werden. Die eingesparten Steuergelder steckte Flatto-Scharon in den Wahlkampf, nicht immer ganz legal, wie man ihm nachsagte, aber ein gewisses israelisches, auch nicht immer steuernliebendes Fußvolk hatte Mitleid mit ihm und brachte ihn mit einem Prozent ins Parlament. Auf seinem Wahlprogramm hatte soziale Gerechtigkeit, Steuerabbau und Ähnliches gestanden. Er konnte sich in einer Likud-geführten Regierung gut wiederfinden. Und der Likud scheute das Gespött nicht, mit einem solchen Subjekt politische Geschäfte zu betreiben.

So hatte Menachem Begin 59 Abgeordnete für seine Regierung gefunden, zwei zu wenig für eine Mehrheit im Parlament. Hier angelangt war er aber an seine Grenzen gestoßen, wollte er nicht auf eine große Koalition zusteuern, die aber der Maarach kategorisch ablehnte. Die als nächste umworbenen Partner waren die beiden orthodoxen Schwesterparteien Agudat Jisrael und Poale Agudat Israel. Sie waren der Anlass zum Sturz der Regierung gewesen. Als azionistische Parteien sahen sie sich nicht in der Lage, in einer jüdischen Regierung, vielleicht sogar noch mit Ministern, vertreten zu sein. Sie erklärten sich aber bereit, eine Mitte-Rechts-Regierung von außen zu unterstützen. In den entsprechenden Verhandlungen wurde ihnen die Respektierung ihres Standpunktes in der Abwicklung der Geschäfte durch die neue Regierung zugesichert. Damit hatte Begin eine Unterstützung von 64 Abgeordneten im Parlament und konnte es wagen, vor den Präsidenten zu treten und ihm zu sagen, er habe eine neue Regierung.

Nach diesem Sieg konnte Begin auch seine Fühler zur neuen Abspaltung der Arbeiter-Partei ausstrecken. Diese 15 Abgeordneten waren Vertreter verschiedener Protestgruppen, denen natürlich auch daran gelegen war, diesen Protest durch eine Mitwirkung in der Regierung in die Tat umzusetzen. Wenn es *Dasch* auch nicht gelang, ihre Bedingungen bei Begin durchzusetzen, so zogen sie es schließlich doch für einige Ministerposten und den Posten des Vizeministerpräsidenten für ihren Begründer Jigal Jadin vor, in die Regierungskoalition einzutreten. Damit konnte sich Begin auf eine breite Unterstützung der Regierung von 74 Abgeordneten im Parlament stützen, mit zusätzlicher Duldung durch die Orthodoxen. Begin war es gelungen, Dasch gegen die Aguda auszuspielen. All dies ist sicher auch ein persönliches Verdienst im Verhandlungsgeschick des Likudführers Menachem Begin.

Im Laufe der Zeit sollte sich herausstellen, dass trotz der eindrücklichen Mehrheit im Parlament die Regierungsbasis nicht so stabil war, wie es den Anschein hatte. Der Protestblock Dasch zerfiel bald in die unterschiedlichsten Blöcke, wobei der stärkste mit dem Juraprofessor Amnon Rubinstein an der Spitze und sechs weiteren Gefolgsleuten die Koalition bald wieder verließ. Begin war aber, einmal an die Macht gekommen, fähig genug, auch diese Krisen zu überstehen. Er nutzte die Macht, um ein Werk einzuleiten, zu dem der Arbeiter-Partei in all ihren Regierungsjahren der Erfolg versagt geblieben war.

Der erste Friedensvertrag mit einem arabischen Staat

Es war noch kein halbes Jahr seit der »Wende« vergangen, als sich eines der spektakulärsten und unerwartetsten Ereignisse seit Bestehen des Staates ereignete. Ein Ereignis, auf das der Ausdruck »Wende« mit mindestens gleichem Recht passt. *Anwar El-Sadat*, der Kriegsherr von 1973, der Führer der größten arabischen Macht, der größten Bedrohung Israels, die es seit dessen Bestehen gegeben hatte, war höchstpersönlich nach Jerusalem gekommen, ein selbstbewusster Araber, der aber israelische Gefühle zu achten verstand; ein stolzer Mann, der aber bescheiden und demütig am Grab des israelischen Soldaten stehen konnte; ein konsequenter Politiker, wenn es um die Durchsetzung politischer Vorstellungen ging; ein Mann mit Humor, wenn er mit den Feinden von gestern gemeinsame Erinnerungen bedachte – kurz, ein wirklicher und – liebenswürdiger Mensch. Wenn noch zwei Wochen zuvor jemand gesagt hätte, am 19. November kommt Sadat nach Jerusalem, hätte dies in Jerusalem niemand für möglich gehalten. Die Überraschung war perfekt und mit ein Schlüssel zum Erfolg. Hatte Sadat später gesagt, 80 Prozent des israelisch-arabischen Konflikts ist psychologisch, so hatte er das mit seinem Besuch in Jerusalem selbst unter Beweis gestellt. Es war, als sei über Nacht der Frieden ausgebrochen. Die Begeisterung im Volk hätte auch bei der Ankunft des Messias kaum größer sein können. Es war, als ob plötzlich vom Volk eine Last abgefallen war, die es all die Jahre mit sich herumgeschleppt hatte.

Der Besuch war eine totale Überraschung, und doch hatte es Anzeichen für eine Veränderung – für die Öffentlichkeit allerdings kaum wahrnehmbar – gegeben. Erinnert sei an die bereits erwähnten Friedensbemühungen Sadats noch vor dem Krieg im Jahr 1973. Seit dem Abschluss der erfolgreichen Waffenstillstandsabkommen mit Ägypten Anfang 1974 war es zu keinen Zwischenfällen an der ägyptisch-israelischen Grenze gekommen. Es hatte aber auch keinen weiteren Fortschritt in der gegenseitigen Annäherung gegeben. Erst im Jahre 1977 gab es weitere Kontakte zwischen der Sowjetunion und den Vereinigten Staaten, die am 1. Oktober in der vielversprechenden gemeinsamen Erklärung der beiden Großmächte gipfelte, die sich für »Verhandlungen im Rahmen der speziell für diese Ziele einberufenen Genfer Friedenskonferenz unter Beteiligung der Vertreter aller vom Konflikt betroffenen Seiten, darunter des palästinensischen Volkes« aussprach.

Ägypten und Israel zeigten aus unterschiedlichen Gründen Interesse an einer Durchbrechung des Stillstands im politischen Prozess. Ägypten hatte mit zunehmenden Problemen im Innern des Landes zu kämpfen. Im Januar hatte es infolge einer Erhöhung der Brotpreise schwere Unruhen gegeben. Die neue israelische Regierung war an einem Frieden mit dem stärksten Gegner besonders interessiert, denn ohne Ägypten waren die anderen Feinde Israels zu schwach, einen Krieg gegen Israel zu führen.

Es gab weitere Anzeichen einer israelischen Annäherung an Ägypten. Im Sommer hatte der israelische Geheimdienst eine libysche Verschwörung gegen Sadat aufgedeckt und sie den ägyptischen Behörden mitgeteilt. Im September des Jahres hatte sich der neue israelische Außenminister Mosche Dajan mit dem ägyptischen Vizepremier Hassan At-Tuhami zu Geheimgesprächen getroffen. Was dort im Einzelnen verhandelt wurde, ist nicht bekannt, es mag aber mit dafür verantwortlich sein, dass ein ägyptisch-israelischer Dialog in Bewegung kam.

Am 9. November hielt Sadat im ägyptischen Parlament unter Beisein seines Gastes Jasser Arafat eine Rede, in der er erklärte, er wäre bereit, bis ans Ende der Welt zu fahren und sogar nach Jerusalem ins israelische Parlament, könnte dadurch der Tod eines einzigen ägyptischen Soldaten verhindert werden. Zwei Tage später hatte der israelische Premierminister im israelischen Radio dem ägyptischen Volk geantwortet:

»Es wird uns eine Freude sein, Ihren Präsidenten mit der traditionellen Gastfreundschaft willkommen zu heißen, die wir von unserem gemeinsamen Vater Abraham geerbt haben. Was mich betrifft, so bin ich natürlich bereit, Ihre Hauptstadt mit demselben Ziel zu besuchen – Nie wieder Krieg, wirklicher Frieden für immer. «

Wenige Tage später, am *19. November 1977*, traf der ägyptische Reis, der Herrscher, in der Hauptstadt des jüdischen Staates ein. Zum ersten Mal ertönten in der Geschichte des Staates die israelische und die ägyptische Nationalhymne zusammen. Fieberhaft hatte man Abertausende ägyptischer Fahnen gedruckt, mit denen israelische Schulkinder und Erwachsene in einer spontanen Begeisterung, wie sie nicht mehr seit der Unabhängigkeitserklärung 1948 auf den Straßen Jerusalems dagewesen war, den Gast aus dem größten Nachbarland empfingen. Noch am Abend traf Sadat mit den wichtigsten israelischen Politikern zusammen. Der Gast bestand auch darauf, die Ministerpräsidentin der Zeit des Jom-Kippur-Krieges, Golda Meir, zu treffen.

Der nächste Tag, der 20. November, wies ein symbolträchtiges Besuchsprogramm auf. Am Morgen besuchte Sadat die drittheiligste Stätte des Islam, die El Aksa-Moschee auf dem Tempelberg. Sadat begab sich dann zu der nationalen Holocaustgedenk- und Forschungsstätte Jad Waschem und ehrte damit die sechs Millionen jüdischen Opfer der Schoah. Am Nachmittag besuchte er die Knesset und legte am Denkmal für die gefallenen israelischen Soldaten einen Kranz nieder. Dann hielt der Ehrengast des israelischen Parlaments eine Rede, in der er die Gründe seines Besuchs offenlegte:

»Niemand hat es für möglich gehalten, dass der Staatspräsident des größten arabischen Landes, welches die Hauptlast wie auch die größte Verantwortung gegenüber der Frage Krieg oder Frieden im nahöstlichen Gebiet trägt, eine solche Entscheidung treffen kann und seine Bereitschaft erklärt, in Feindesland zu reisen, wenn beide Seiten sich noch im Kriegszustand befinden. Sie und wir leiden immer noch unter den Folgen von vier harten Kriegen innerhalb von dreißig Jahren ... Die Antwort auf die Kardinalfrage über den Frieden ist weder schwierig noch unmöglich, trotz der vielen Jahre, die von Feindschaft und von Hass geprägt worden sind. Die Beantwortung dieser Frage ist einfach, wenn wir einer geraden Linie der Wahrheit und des Glaubens folgen. Sie wollen mit uns in diesem Gebiet zusammenleben. Dazu sage ich ganz ehrlich: Wir heißen Sie willkommen.«

Der Präsident machte in seiner Rede besonders drei Punkte deutlich:

a) Es kann keinen Separatfrieden zwischen Israel und Ägypten geben.
b) Israel muss alle im Krieg 1967 eroberten Gebiete räumen.
c) Das Hauptproblem ist das Problem der Palästinenser. Ohne eine gerechte Lösung dieses Problems wird es keinen Frieden im Nahen Osten geben.

Eine der Hauptfragen an den Besuch des ägyptischen Staatspräsidenten ist, ob seine ständigen Beteuerungen, keinen Separatfrieden abschließen zu wollen und das Schicksal der Palästinenser vor Augen zu haben, wirklich ernst gemeint waren. Vermutlich glaubte Sadat daran und war wirklich davon überzeugt, dass ein echter Frieden nur global sein könne. Da er aber sowohl bei den Arabern als auch bei den Israelis dies im Moment nicht durchsetzen konnte, begnügte er sich mit einem Separatfrieden, der Ägypten große Vorteile einräumte. Er zwang damit auch die arabischen Staaten, schließlich seinem Beispiel zu folgen.

Nach Kairo zurückgekehrt erreichten den ägyptischen Präsidenten Protestbriefe aller arabischer Staaten mit Ausnahme von Marokko und Sudan. Vor allem nahm man dem Präsidenten übel, dass er ohne Rücksprache seine Initiative durchgezogen hatte. Allgemein war man im arabischen Lager der Ansicht, dass das Vorgehen Sadats der arabischen Sache geschadet habe. Auch die Sowjetunion war erbost, waren doch jetzt die gemeinsam mit den Vereinigten Staaten geplanten Genfer Gespräche, bei denen die Sowjetunion ihren Einfluss hätte geltend machen können, bedeutungslos geworden. Eine für den 14. Dezember von Sadat nach Kairo einberufene Friedenskonferenz lehnten sowohl die Sowjetunion als auch die arabischen Staaten ab. So kam es nur zu Separat-Verhandlungen zwischen Israel und Ägypten. Auf Einladung Sadats kam Begin nach Ismailia zu einem ersten Treffen eines israelischen und ägyptischen Staatsführers auf ägyptischen Boden.

Der arabische und palästinensische Druck machte es Sadat immer deutlicher, dass Ägypten in eine *völlige Isolation* geraten würde, wenn er nicht versuchte, trotz der ablehnenden Stimmen aus dem arabischen Lager sich zum Sprecher der gesamten arabischen Welt und besonders der Palästinenser zu machen. Diesen Standpunkt verstand er auch bei den nächsten Verhandlungen den Israelis zu vermitteln, so dass Begin gezwungen war, über eine Lösung auch des Palästinaproblems intensiver nachzudenken. Am 28. Dezember brachte Israel den Plan von der »Autonomie« der Palästinenser ins Gespräch, der nach außen hin eine Offenheit der israelischen Seite dem Problem gegenüber signalisieren sollte, wahrscheinlich von Begin aber nur als begrenzte kulturelle und Verwaltungs-Autonomie verstanden wurde. Ausdrücklich bestand Begin auf dem Recht, in Judäa und Samaria, wie die Westbank jetzt nur noch hieß, Land zu erwerben und jüdische Siedlungen anzulegen. Selbstverständlich sollten die bestehenden Siedlungen vor Ort bleiben dürfen. Für die militärische Sicherheit in diesem Gebiet sollte weiterhin die israelische Armee allein verantwortlich sein. Gleichzeitig aber gab Israel bekannt, dass es bereit sei, den ganzen Sinai zu räumen, nur die dort bestehenden jüdischen Siedlungen sollten weiterhin unter israelischem Schutz stehen und beibehalten werden.

Diese Bereitschaft der Likud-geführten Regierung war den rechts vom Likud angesiedelten Kräften unannehmbar. Es kam nach der anfänglichen Begeisterung zu ersten Protesten der nationalistisch eingestellten Bevölkerung gegen diesen »Ausverkauf« der israelischen Sicherheit. Auch aus Reihen der Arbeiter-Partei waren Proteste zu hören, wonach eine Räumung des größten Teils des Sinai Israels Sicherheit auf Spiel setze und für das, was Israel dafür bekomme, zu teuer bezahlt sei. Diese oppositionellen Stimmen aus Israel verstimmten die ägyptischen Unterhändler, so dass die Verhandlungen immer wieder ins Stocken kamen.

Um die innerisraelische Opposition zu besänftigen, beschloss die Begin-Regierung eine Erweiterung des Besiedlungsprogramms aller Gebiete in der Westbank, im Gazastreifen und auf dem Sinai, und stellte für diesen Zweck 15 Millionen Dollar in ihrem Budget für das Jahr 1978 zur Verfügung.

Weitere Aktionen der israelischen Regierung führten die israelisch-ägyptischen Gespräche vollends in eine Sackgasse. Inzwischen hatte die palästinensische Seite ihren Widerstand gegen die ägyptisch-israelischen Pläne auch durch eine verstärkte Terrortätigkeit zum Ausdruck gebracht. Nachdem im März 1978 bei Tel Aviv ein israelischer Bus von palästinensischen Terroristen überfallen worden war und viele Israelis dabei ums Leben gekommen waren, beschloss die Regierung das Ausbildungsgebiet der PLO selber anzugreifen und besetzte in der so genannten *Operation Litani* das gesamte libanesische Grenzgebiet bis zum Fluss Litani, das so genannte PLO-Land. Von hier vertrieb sie die PLO über den Fluss hinüber in den Norden. Israel hielt dieses Gebiet bis zum Juni besetzt und versuchte in dieser Zeit, unter der einheimischen Bevölkerung einen Widerstand gegen die palästinensischen Eindringlinge aufzubauen, wobei man besonders auf die Feindschaft der christlichen Libanesen gegen die Palästinenser baute.

Nachdem deutlich wurde, dass durch diese Ereignisse die Friedensverhandlungen ernsthaft gefährdet waren, bildete sich in den linksgerichteten Kreisen der Bevölkerung eine Gruppe, die mit Demonstrationen und Unterschriftsaktionen an die eigene Regierung appellierte, alle den Friedensprozess störenden Aktivitäten, wie Siedeln, spektakuläre Strafaktionen gegen Terroristen und nationale Durchhalteparolen zu unterlassen und sich auf die sofortige Durchsetzung des Friedens zu konzentrieren. Alles habe seine Stunde und aus Leichtsinn könne die Gelegenheit zum Frieden mit dem größten arabischen Nachbarn verpasst werden. Diese Bewegung, die sich *Schalom Achschaw*, »Frieden jetzt«, nannte, sollte noch auf lange Zeit hindurch das israelische Friedenslager sammeln und repräsentieren und zu Aktionen für den Frieden aufrufen. Die Bewegung hatte von Anfang an einen großen Prozentsatz von Befürwortern unter den höher gestellten Militärs. Ein erstes Protestschreiben an Begin wurde von 300 Reserveoffizieren unterschrieben und später von über 100.000 Bürgern.

Der eigentliche Durchbruch wurde durch amerikanischen Druck bewirkt. Am 5. September 1978 lud der amerikanische Präsident Jimmy Carter Israelis und Ägypter in seine Residenz nach *Camp David* ein und ließ die Delegationen unter amerikanischer Assistenz für 12 Tage in Klausur gehen. Das Ergebnis waren zwei Rahmenvereinbarungen, die schließlich zum Friedensvertrag führten. Das erste Abkommen verpflichtete Israel auf die Durchführung der UNO-Resolutionen 242 und 338, zur Räumung von Gebieten der Westbank in durch gegenseitige Verhandlungen noch festzulegenden Grenzen, wobei Israel das Recht zugestanden wurde, gewisse Sicherheitszonen weiterhin unter Kontrolle zu halten. Im zweiten Abkommen verpflichteten sich beide Seiten zu einem Friedensvertrag, zum Rückzug der israelischen Truppen aus dem Sinai, der Aufgabe der israelischen Siedlungen im Sinai und zur Entmilitarisierung des Sinai.

Die *Gipfelkonferenz der arabischen Staaten* im November 1978 verurteilte die Rahmenvereinbarungen zwischen Israel und Ägypten und bestätigte noch einmal die PLO als alleinige Repräsentantin der Palästinenser mit dem Recht, ihre Ansprüche auf staatliche Anerkennung mit allen Mitteln zu betreiben. Sadat bemühte sich in der Folgezeit erneut, als Schutzherr gerade der Palästinenser aufzutreten. Die Begin-Regierung reagierte auf solche Verzögerungen im

Friedensprozess mit der Ankündigung sechs neuer Siedlungen in der Westbank, was erneute Erschwerungen mit sich brachte. Am 22. März 1979 endlich stimmte eine Mehrheit von 95 gegen 18 Abgeordnete im israelischen Parlament für einen Friedensvertrag mit Ägypten im Sinne der Rahmenvereinbarungen. Unter den Gegenstimmungen waren sieben Likudvertreter, darunter Minister der Partei wie der spätere Ministerpräsident Jitzchak Schamir, und vier ebenso in der Koalition befindliche Abgeordnete der Nationalreligiösen Partei. Am *26. März 1979* wurde das Abkommen, das das Ende des Kriegszustandes zwischen Israel und Ägypten und die Aufnahme »normaler und freundschaftlicher Beziehungen« bedeutete, in Washington von den drei Staatsmännern Jimmy Carter, Anwar el-Sadat und Menachem Begin feierlich unterschrieben. Im Vertrag hieß es unter anderem:

»Der Frieden erfordert die Respektierung der Souveränität, der territorialen Integrität und der politischen Unabhängigkeit aller Staaten in dem Gebiet und ihr Recht, in Frieden innerhalb gesicherter und anerkannter Grenzen ohne Bedrohung oder Gewaltanwendung zu leben.«

Damit war der erste Friedensvertrag Israels mit einem arabischen Staat, und dazu noch dem größten, angesehensten und stärksten, erreicht, ein Ziel, von dem Israel 31 Jahre geträumt und wofür es sich eingesetzt hatte. Israel zog sich vertragsgerecht in zwei Stufen aus dem gesamten Sinai bis zur internationalen Grenze zurück. 1979 räumte es die Westküste des Sinai westlich der Linie Ras Mohammed – El Arisch. Dieses Gebiet war vor allem durch seine reichen Ölquellen, die Israel zusätzlich in der Zeit der Besetzung erschlossen und ausgebeutet hatte, wirtschaftlich von großer Wichtigkeit. Im April 1982 folgte der Restsinai, die Ostküste, die vor allem touristisch von Bedeutung war und noch in der letzten Woche vor Rückgabe, da es sich gerade um die Pessachwoche handelte, von israelischen Urlaubern Zelt an Zelt von Eilat bis Ras Burka dicht bevölkert war. Dann war der Traum vom billigen und freien Urlaubsparadies zu Ende.

Zu Komplikationen kam es bei der Räumung der Wüstenstadt *Jamit* mit ihren umliegenden zwanzig landwirtschaftlichen Siedlungen. Jamit, auf halbem Wege zwischen El Arisch und dem Gazastreifen gelegen, war als Oasenstadt zu einem Urlaubszentrum und als Kreisstadt für die umliegenden Siedlungen erbaut worden. Wie alle diese Siedlungen auf dem Gebiet des so genannten Allon-Plans war es noch zur Zeit der Arbeiter-Partei angelegt und meist mit Pionieren dieser Parteirichtung bevölkert worden. Diese Siedler hatten die Stadt auf Wunsch der Likud-geführten Regierung ordnungsgemäß verlassen, Kompensationen akzeptiert – im Ganzen über eine Milliarde Dollar – und versucht, sich im alten Israel durch Neugründungen im Nordnegev eine neue Existenz aufzubauen. Nach dem Verlassen der Stadt hatten sich aber rechtsextremistische Gruppen hier angesiedelt und gedroht, Selbstmord zu begehen, wenn das Militär versuchen sollte, sie zwangszuräumen. In einem Kampf von Haus zu Haus mit den israelischen Soldaten wurde die Stadt zum größten Teil zerstört. Was noch stehen geblieben war, wurde vom Militär anschließend gesprengt bis auf die Synagoge der Stadt. Vermutlich wollte die Regierung vermeiden, dass eine neue ägyptische Stadt so nahe an ihrer Grenze entstehe.

Nach dem endgültigen Abzug der israelischen Truppen übernahmen Soldaten der *multinationalen Streitkräfte*, meist Amerikaner und einige befreundete Nationen, die Aufsicht darüber, dass die Halbinsel entmilitarisiert blieb. Nur begrenzte ägyptische Truppen und Waffen waren nach dem Abkommen zugelassen. Die internationale Militärtruppe war der Lösungsversuch der pax Americana in Konfliktfällen.

Mit der zweiten Räumungsperiode im April 1982 hatte Israel alle ägyptischen Gebiete, die es im Sechs-Tage-Krieg erobert hatte, bis zur internationalen Grenze zurückgegeben. Als Schönheitsfleck und als Belastung der israelisch-ägyptischen Beziehungen war ein Landstrich von einigen hundert Quadratmetern zurückgeblieben, die Baumgruppe der *Oase Taba*, auf deren Gelände noch kurz nach den Friedensverhandlungen eine israelische Unternehmergruppe ein Luxushotel gebaut hatte und von dem Israel behauptete, dass es vor 1967 zum israelischen Hoheitsgebiet gehört habe. Die Grenzziehung war hier unsicher und die alten Karten waren unterschiedlich auslegbar. Israel hatte sich schließlich bereit erklärt, die Angelegenheit einer internationalen Schiedsrichtergruppe zu übergeben, die sich dem ägyptischen Standpunkt anschloss. Damit war bis auf den letzten Zentimeter der gesamte ägyptische Boden zum Heimatland zurückgekehrt.

Wie auch dieser Vorfall zeigte, waren die Beziehungen zwischen Israel und Ägypten durchaus unterschiedlich. Es gab Zeiten, in denen Tausende israelischer Touristen die Ostsinaiküste bevölkerten, und Zeiten, in denen die Touristen ausblieben, weil ein verrückt gewordener frommer ägyptischer Soldat auf eine israelische Touristengruppe Amok geschossen hatte. In der Anfangszeit fuhren viele israelische Touristen auch in das ägyptische Kernland, nach Kairo und in die Touristenzentren Luxor, Assuan und Abu Simbel. Sie wurden in der ersten Begeisterung nach der Friedensunterzeichnung auch von den meisten Ägyptern freundlich aufgenommen. Mit der Zeit, besonders nachdem sich herausstellte, dass dem ägyptischen Frieden vorerst kein anderer folgte, Ägypten unter der arabischen Isolierung zu leiden begann und erste Anschläge auf israelische Einrichtungen und Personal verübt wurden, kühlten sich die Beziehungen ab. Man gewöhnte sich daran, vom »kalten Frieden« zu reden. Aber dieser Frieden hatte trotzdem Bestand, auch nachdem der große Architekt dieses Friedens, Anwar El-Sadat, der für dieses Werk zusammen mit seinem israelischen Kollegen Menachem Begin mit dem Friedens-Nobelpreis ausgezeichnet worden war, bei den Feierlichkeiten zum »Sieg« im Oktoberkrieg am 6. Oktober 1981 einem *Attentat* erlag und sein Werk von seinem Nachfolger *Husni Mubarak* weitergeführt wurde.

Mit dem Rückzug Israels aus dem Sinai und dem Friedensvertrag war das zweite Camp-David-Abkommen erfüllt. Anders war es mit dem ersten Abkommen. Die vorgesehenen Autonomieverhandlungen wurden zwar im Mai 1979 begonnen, kamen aber im Frühjahr 1982 endgültig ins Stocken und wurden im selben Jahrzehnt nicht mehr aufgenommen. Der Frieden mit Ägypten war nicht zu einem allumfassenden Frieden in der Region geworden, er war aber ein wesentlicher Meilenstein auf diesem Weg.

Likud-Politik unter Begin

Eine Partei, die bisher immer nur auf den Oppositionsbänken gesessen hat, muss das Regieren erst lernen. Die Politik der neuen Koalition wurde eindeutig vom Likud bestimmt. Alle dem Likud wichtigen Ämter wurden von ihm beherrscht. Nur der Religions- und Erziehungs-Sektor war dem »Königmacher«, der Nationalreligiösen Partei, überlassen worden. Die Likudausrichtung kam bereits mit der starken Führungspersönlichkeit Menachem Begin zum Ausdruck, der klar und bestimmt und mit viel Charisma Vertrauen für seine Regierung fand. Männer wie David Levi, Jitzchak Schamir, Ariel Scharon und zeitweise Eser Weizman bestimmten das politische Bild, alles Männer der ehemaligen Partei Cherut oder ihr geistig verwandt. Der liberale Parteiflügel im Likud war durch den Finanzminister Simcha Ehrlich, den Minister für Energie, Jitzchak Modai und Gideon Patt, Minister für Wohnungsbau, in der Regierung vertreten. Der Außenseiter im Likud, Mosche Dajan, spielte nur für kurze Zeit eine Rolle. Nachdem er sich mit eigenen Ideen nicht durchsetzen konnte, trat er 1979 zurück.

Eine der schlagkräftigsten Wahlparolen war das Versprechen gewesen, ganz Samaria und Judäa mit *jüdischen Siedlungen* zu überziehen, um so unverrückbare Fakten zu schaffen. Gleich nach dem Wahlsieg des Likud war Menachem Begin in der bislang illegalen Siedlung Elon More bzw. Kaddum erschienen und hatte dort unter dem Jubel der Menge angekündigt, dass es bald »viele Keddumim« geben werde.

Im Wahlprogramm hatte es geheißen:

> »Das Recht des jüdischen Volkes auf das Land Israel ist ewig und unbestreitbar; es ist mit dem Recht auf Sicherheit und Frieden verbunden. Judäa und Samaria wird daher nicht einer ausländischen Verwaltung übergeben. «

Im Laufe der nächsten Jahre legte die Regierung 50 neue Siedlungen an, zum Teil im Herzen der arabischen Bevölkerungszentren. Die Maßnahmen zur Beschaffung der benötigten Böden für die neuen Siedlungen waren sehr viel einschneidender, als sie es zur Zeit der Maarach-Regierung gewesen waren. 1979 erließ die Regierung eine Verordnung, die alles nicht registrierte Land zu »Staatsland«

erhob. Die Einspruchsfrist gegen diese Bestimmung betrug drei Wochen. Von 1980 bis 1983 verleibte sich der Staat im Ganzen 40.000 Hektar Land aufgrund dieser Verordnung ein. Die jüdische Bevölkerung in den besetzten Gebieten vergrößerte sich von 8.000 im Jahr 1977 auf 42.000 im Jahr 1984, nicht eingerechnet die jüdische Bevölkerung in den Trabantenstadtvierteln um Jerusalem herum, die sich zu dieser Zeit auf ca. 60.000 belief. Durch die Aufhebung des Verbots für Juden, privaten Grundbesitz in den besetzten Gebieten zu erwerben, zog privates Kapital in großer Menge in die neuen Städte und Industriegebiete der Westbank ein, wie in die Städte Efrat, Maale Adumim und Ariel. Besonders in den Industriegebieten fanden immer mehr Araber aus den besetzten Gebieten Arbeit. Gleichzeitig erhöhte sich die Zahl der arabischen Pendelarbeiter, die im israelischen Mutterland Arbeit fanden, von 36.000 im Jahr 1979 auf fast 90.000 im Jahr 1984. Die Westbank verschmolz so immer mehr zu einer Wirtschaftseinheit mit Israel. Sie wurde ein naher Absatzmarkt für israelische Waren. 90 Prozent aller Importe der Westbank im Jahr 1984 stammten aus Israel. Das Forcieren jüdischer Industriebetriebe in den besetzten Gebieten stand besonders im Programm des Industrieministers der Regierung, Ariel Scharon.

Angesichts der massiven Siedlungspolitik der Regierung, gerade auch in stark arabisch bevölkerten Gegenden der Westbank, kamen die Autonomieverhandlungen mit der ägyptischen Regierung 1982 ganz zum Erliegen. Wenn Israel in dem Wort Autonomie irgendeine Bedeutung sah, so verstand es doch etwas ganz anderes darunter als die Ägypter und auch die Amerikaner. Für Begin war die Autonomie keine Autonomie eines Gebietes, sondern eine gewisse Autonomie von Bewohnern in einem Gebiet, das vermutlich immer unter israelischer Oberherrschaft bleiben sollte.

Eine zweite Veränderung, wenn auch nur eine marginale, im Regierungsstil gegenüber früher war die *Wirtschaftspolitik* der neuen Regierung. Dieses Ressort war eine Domäne der Liberalen Partei innerhalb des Likud, aus der auch der Finanzminister Simcha Ehrlich stammte. Der Likud hatte in seinem Wahlprogramm eine vollkommene »Reform« des Wirtschaftssektors angekündigt, eine Unterstützung der Privatwirtschaft, einen Abbau der Staatswirtschaft durch Verkauf von Staatsunternehmen, den Abbau von Staats-Investitionen und Subventionen und generell ein Ende der Bevormundung der Wirtschaft durch den Staat. Diese als »Wirtschaftswende« bezeichnete neue Politik setzte im Oktober 1977 mit der Aufhebung der staatlichen Kontrolle der Wechselkurse ein und der Erlaubnis für israelische Bürger, Auslandskonten und Konten in fremder Währung anzulegen. Über das Verbot von Auslandskonten war ein Jahr zuvor Premierminister Rabin gestolpert. Die Wechselkurse sollten sich in einer freien Marktwirtschaft von selbst einpendeln. Die Regierung ging davon aus, so die bei Amtsübernahme bestehenden 25 Prozent Inflation drücken zu können. Genau das Gegenteil jedoch war der Fall. Die Inflation schwoll an und das Außenhandelsdefizit vergrößerte sich. Die allgemeine Unzufriedenheit mit der wirtschaftlichen Entwicklung zwang Ehrlich nach über einem Jahr 1979 zum Rücktritt. Auch der nächste Finanzminister, Jigal Horwitz, kündigte bei seinem Amtsantritt an, über das Geheimnis zu verfügen, die Wirtschaft Israels anzukurbeln und die Inflation wirksam bekämpfen zu können. Aber auch seine Maßnahmen bestanden mehr in Worten als in Taten. Einer seiner beim Volk besonders belächelten Aussprüche lautete: »Hütet die Lira (das israelische Pfund), sie wird noch einmal sehr viel wert sein.« Sein Nachfolger, der junge Joram Aridor, »das Wirtschaftswunder« des Likud, stammte aus der Cherut-Fraktion des Likud. Aber auch ihm gelang keine Veränderung der Situation. Die Inflationsrate betrug 1981 inzwischen 125 Prozent, die Auslandsverschuldung fast 24 Milliarden Dollar. Ende 1980 versuchte Aridor, durch eine kosmetische Operation das israelische Pfund aufzuwerten, indem er den modernen Begriff *Lira* in den ehrwürdigen biblischen *Schekel* umbenannte und dabei zugleich eine Abwertung von 1 zu 10 vornahm. 1 Schekel entsprach 10 Lira. Bei der hohen Inflationsrate konnte man sich aber ausrechnen, wie lange diese Schönfärberei währen konnte. Immerhin überlebte Aridor mit seiner Partei die Wahlen 1981 und blieb noch bis 1983 im Amt, als sein Vorschlag, den Dollar als legitimes Zahlungsmittel neben dem Schekel einzuführen und somit die Inflation zu bannen, auf allgemeine Ablehnung stieß und ihn den Ministersessel kostete.

Sein Nachfolger, Parteikollege Jigal Cohen-Orgad, hatte jetzt den Mut, zu den rigorosen Bevormundungsmaßnahmen des Staates zurückzukehren, die vor der »Wende« in Kraft gewesen waren und so viel Unmut im Volk hervorgerufen hatten. Sie waren sogar noch rigoroser. Dollarankäufe wurden nur im Zusammenhang mit Auslandsreisen erlaubt und nur in einer Höhe von maximal 300 Dollar pro Person. Die Reisesteuer, die es bisher schon verhindert hatte, dass weniger begüterte Familien ins Ausland fahren konnten, wurde drastisch erhöht. Die Reisesteuer war jetzt zum Teil höher als das Flugticket.

Eine weitere Maßnahme Cohen-Orgads war die Reduzierung der Subventionen von Grundnahrungsmitteln wie Brot, Milch, Eier und Hühnerfleisch. Die Folge war ein Anstieg der Lebenshaltungskosten von über 20 Prozent. Gleichzeitig sanken vor allem durch die nicht ausgeglichene Inflation die Reallöhne um 13 Prozent. Die Inflationsrate, die inzwischen Ende 1983 bei 190 Prozent angekommen war, ging daraufhin noch mehr in die Höhe. Auch die hohen Ausgaben der Regierung für die bewusst betriebene Siedlungspolitik in den besetzten Gebieten trugen nicht zur Sanierung der Wirtschaft bei.

Der Likud war drauf und dran, seine Wahlversprechen, den ärmeren Schichten ein besseres Leben zu gewähren, in ihr Gegenteil zu verkehren. Der Lebensstandard gerade der sozial schwächeren Schichten sank. 1981 lebten 500.000 Bürger der jüdischen Bevölkerung unter der von Zeit zu Zeit neu festgesetzten Armutsgrenze, das waren 14 Prozent der Bevölkerung. Vor dem Machtantritt des Likud 1977 waren es nur 2,1 Prozent gewesen. Die meisten dieser Bürger gehörten zu der Gruppe der so genannten orientalischen Juden. Gerade diese Gruppe war es gewesen, die dem Likud von Wahl zu Wahl einen Machtzuwachs beschert hatte. Verschlechterte sich der Lebensstandard des Gros gerade dieser Bevölkerungsgruppe, so profitierte ein kleiner Teil von ihnen durch die Privatisierungsmaßnahmen der Regierung, die Unterstützung von kleinen und mittleren Betrieben, an denen auch Juden sefardischer Abstammung beteiligt waren und große Fähigkeiten zeigten. Besonders im stärker werdenden Handel mit der Westbank, beim Verkauf israelischer Ware in den besetzten Gebieten und beim Ankauf billiger

Nahrungsmittel wie Gemüse in der Westbank trat die orientalisch-jüdische Bevölkerungsgruppe hervor, da sie arabisch sprach und in Mentalität und Kultur eine größere Nähe zu der arabischen Bevölkerung aufwies.

Die Zeit der Likud-Alleinregierung ist so durch große *soziale Unruhen* gekennzeichnet. 1979 errichteten zum ersten Mal in der modernen Geschichte Israels vierzig obdachlose Familien in Jerusalem eine Zeltstadt, um damit auf ihre Lage aufmerksam zu machen. Bei den Protestlern handelte es sich meistens um die Kinder der orientalischen Einwanderer, denen es nicht gelungen war, sich in das israelische Wirtschaftsleben einzugliedern. Sie protestierten gegen die Bevorzugung der »weißen« Bevölkerung, gegen die Regierungshilfen, die die Einwanderer aus der Sowjetunion und den westlichen Ländern erhielten, und forderten eine Sanierung der Armenviertel.

Die Jahre 1978 und 1982–1984 waren die Jahre, in denen am meisten gestreikt wurde. Zweimal rief die Gewerkschaft *Histadrut* 1979 einen Generalstreik aus, der größtenteils befolgt wurde und der die israelische Wirtschaft stilllegte. Ganze Berufsstände setzten teilweise wochen- und monatelang die Arbeit aus. Als 1982 die einzige israelische Fluggesellschaft El Al periodenhaft streikte, hatte das Land keine eigene Luftverbindung zum Ausland. 1983 streikten wochenlang Angestellte des Gesundheitswesens.

Die Histadrut, die israelische Gewerkschaft, befand sich zum ersten Mal unter einer ihr feindlich gesinnten Regierung. Der Likud sah seinerseits in der Histadrut einen Gegner seiner Wirtschafts- und Sozialpolitik. Als der Likud sah, dass die verschiedenen antigewerkschaftlichen Maßnahmen lediglich zur Stärkung der Histadrut beitrugen, versuchte er, die Histadrut von innen zu unterwandern und durch einen höheren Anteil von Likudmitgliedern innerhalb der Histadrut zu schwächen. Aber auch diese Versuche blieben ergebnislos.

Durch die Histadrut besaß die Arbeiter-Partei ein starkes Mittel in ihrem Oppositionskampf. Die Histadrutunternehmen bildeten immer noch ein Viertel aller Wirtschaftsbetriebe im Staat und waren die zweitgrößte Macht nach den Staatsfirmen. Solch geballte Macht war schwer zu brechen. Auch unter einer ihr gegenüber feindlich eingestellten Likudregierung florierten die großen Histadrutunternehmen wie Kur, Bank ha-Poalim, Chewrat ha-Ovdim und andere. 1984 waren in allen Histadrutunternehmen 280.000 Arbeiter und Angestellte beschäftigt, ein Viertel der israelischen Arbeitskraft. Histadrut-Unternehmen produzierten ein Viertel des israelischen Exports. Klassenkämpferische Urlaute wurden laut, wenn Naphtali Blumenthal, Chef-Manager des großen Histadrut-Konzerns Kur die Histadrut-Wirtschaft folgendermaßen charakterisierte:

»Sie ist ein Test für die Sozialdemokratie, einen Versuch zu demonstrieren, dass die Wirtschaftsunternehmen, die den Arbeitern gehören und die entsprechend den Spielregeln der Marktwirtschaft arbeiten, eine echte Alternative sowohl zu den kapitalistischen Unternehmen als auch zur zentral geplanten kommunistischen Wirtschaft darstellen.«

Das Likud-Programm zur *Privatisierung* der großen Staatsfirmen wurde nur langsam verwirklicht. Als eine der ersten Firmen wurde die staatliche Telefongesellschaft Bezek privatisiert. Gerade sie hatte die größten Einnahmen gebracht.

Staatsfirmen, Histadrut und Privat-Unternehmen profitierten auch durch Zusammenarbeit mit ausländischen, vor allem amerikanischen Firmen. Amerikanische Firmen wie Motorola ließen sich in Israel nieder. In dieser Zeit nahmen besonders Firmen zur Herstellung elektronischer Geräte einen großen Aufschwung in Israel wie Tadiran, Elbit und andere. So war der Wirtschaftssektor im Großen und Ganzen gesund und ergiebig. Die erfolglose Wirtschaftspolitik der Regierung verspielte aber das Vertrauen vieler ausländischer Investoren, die Israel vor der Übernahme der Macht durch den Likud gehabt hatte.

Diese verminderte Anziehungskraft machte sich auch auf dem Sektor der *Einwanderung* bemerkbar. Waren von 1969 bis 1976 300.000 Einwanderer ins Land gekommen, so waren es im gleichen Zeitraum nach der Regierungsübernahme durch den Likud nur halb so viel. Dies lag zum Teil an der Haltung der Sowjetunion, die immer weniger Juden ins Ausland emigrieren ließ, aber auch an den Einwanderern aus der Sowjetunion selbst, die immer mehr die reichen Länder wie die Vereinigten Staaten und Kanada Israel vorzogen und Israel nur als »Transitland« benutzten. Auch Einwanderer aus westlichen Ländern blieben aus. Die Auswanderung war zum

Teil stärker als die Einwanderung, besonders wenn man sie an der Arbeitsqualität maß. Geschulte und gut ausgebildete Fachkräfte, die überall in den reichen Ländern der Welt ein weit höheres Gehalt als in Israel erhalten konnten, verließen häufig das Land, während die Einwanderer, besonders aus der Sowjetunion, aufgrund des anderen Wirtschaftssystems beruflich nur nach einer Umschulung in den Arbeitsprozess integriert werden konnten.

Dies alles führte dazu, dass der jüdische Anteil der Bevölkerung relativ zurückging und der arabische durch den höheren natürlichen Geburtenüberschuss weiter anstieg. Von 1967 bis 1979 war der jüdische Anteil an der Gesamtbevölkerung Israels von 86 auf 84 und bis 1984 auf 82,6 Prozent gesunken.

In den *außenpolitischen Beziehungen* suchte die Likud-Regierung die vorgefundene Politik fortzusetzen. Allerdings verschlechterten sich durch die Siedlertätigkeit die Beziehungen zu allen befreundeten Staaten, vor allem zu Westeuropa, aber teilweise auch zu Amerika. Besonders unterkühlt entwickelten sich die Beziehungen zur *Bundesrepublik Deutschland*, was zum Teil auch an der streng antideutschen Haltung der meist aus Osteuropa stammenden Führungspersönlichkeiten des Likud gelegen haben mag. Der Regierung missfielen besonders die Bemühungen der Bundesrepublik um bessere Beziehungen zu den arabischen Staaten und ihre Bereitschaft, an Saudi-Arabien Waffen zu liefern. Die Beziehungen erreichten 1981 ihren Tiefststand, als Begin im Zusammenhang mit deutschen Waffenlieferungen an Saudi-Arabien Bundeskanzler Helmut Schmidt aufgrund seiner Offizierslaufbahn im Zweiten Weltkrieg auch persönlich Vorhaltungen machte. Auch Außenminister Genscher vermochte es bei einem Besuch in Jerusalem im Juni 1982 nicht, die gegenseitigen Missstimmungen auszuräumen. Die vorsichtig vorgebrachte Kritik der Bundesrepublik am Libanonkrieg in der zweiten Hälfte des Jahres 1982 verschlechterte die Beziehungen noch weiter, und erst mit dem Regierungswechsel in Bonn zugunsten einer CDU-geführten Regierung stieg das Stimmungsbarometer leicht.

Der sowjetische Block, der seit dem 67er-Krieg die Beziehungen abgebrochen hatte, wurde in seiner antiisraelischen Haltung vor der

UNO oder in anderen internationalen Gremien noch eisiger und ablehnender.

Die Beziehungen zu *Afrika*, die auf arabischen Druck nach 1973 fast ganz abgebrochen waren, verbesserten sich mit der Zeit leicht, was aber sicher nichts mit der in Jerusalem geführten Politik zu tun hatte. Wenige afrikanische Länder knüpften erneut Beziehungen zu Israel an. Die allgemeine Kritik an Israel infolge des Libanonkrieges verschlechterte auch hier die sowieso sehr schwachen Beziehungen wieder.

Israel erlitt politisch und wirtschaftlich einen großen Schlag, als nach dem Sturz des Schah im *Iran* das neue Regime 1979 alle Beziehungen zu Israel abbrach und alle israelischen Bürger des Landes verwies. Der Iran war bis dahin der größte Erdöllieferant gewesen. Israel war gezwungen, das lebenswichtige Öl aus so weit entfernten Ländern wie Mexiko zu importieren, was die Ölzufuhr erheblich verteuerte. In diesem Jahr verlor Israel auch noch durch den Rückzug aus dem Sinai die Ölvorkommen aus dem Westsinai, die es später aber von Ägypten käuflich erwerben konnte.

Der größte Verbündete Israels waren auch zu Likud-Zeiten die *Vereinigten Staaten von Amerika*. Bei allen kritischen Einstellungen der Amerikaner zu vielen politischen Entscheidungen der neuen Machthaber in Jerusalem stimmten sie doch in einer gemeinsamen antikommunistischen Grundhaltung grundsätzlich in vielem überein. Dies führte zu einem Abkommen zwischen den Verteidigungsministern beider Länder, Caspar Weinberger und Ariel Scharon, das auf härteste Ablehnung bei der Opposition in Israel stieß. Das Abkommen, das am 30. November 1981 unterzeichnet und im Parlament mit 57 gegen 53 Stimmen angenommen wurde, verpflichtete beide Länder, strategisch vereint gegen ein weiteres Vordringen der Sowjetunion und ihrer Verbündeten in der Region vorzugehen.

Die Nationalreligiöse Partei, *Mafdal*, hatte für ihre Dienste, den Likud an die Macht befördert zu haben, ihre klassischen Ressorts bekommen, die sie auch in der vorherigen von der Arbeiter-Partei geführten Koalition innegehabt hatte. Der Parteiführer und Inhaber eines Ministeriums seit der ersten Knesset im Jahr 1948, Josef Burg, wurde Innenminister. Dieses Amt war der religiösen Seite von besonderer Wichtigkeit, wurde hier doch festgestellt, wer Jude ist. Außerdem ging die Verbindung der Regierung zu den Munizipalitäten über das Innenministerium.

Eine weitere Domäne des Mafdal war immer das Religionsministerium gewesen. Hier geschah die Zuweisung von nicht unbeträchtlichen Summen an die verschiedenen religiösen Richtungen im Judentum. Zum ersten Mal saß auf dem Posten des Religionsministers ein Orientale, Ahron Abuchazera, der Spross einer alten Familie von Gelehrten und Wundertätern aus Nordafrika.

Das dritte Ministerium war neu, aber nicht weniger wichtig und heiß begehrt, das Erziehungs- und Kulturministerium, das durch einen Vertreter des jungen Flügels der Mafdal besetzt wurde, Zevulon Hammer. Das staatliche Erziehungswesen war in einen säkularen und in einen religiösen Zweig aufgeteilt, wobei 30 Prozent der israelischen Kinder Schulen des religiösen Zweiges besuchten. In der ersten Legislaturperiode von 1977 bis 1981 nutzte Hammer sein Amt dafür, das Budget für den religiösen Zweig um ein Drittel zu erhöhen.

Der stärkere Einfluss der *religiösen Parteien* machte sich auch im öffentlichen Leben bemerkbar. Die religiösen Parteien forderten eine strengere Einhaltung der Schabbatruhe, die Absperrung weiterer religiöser Bezirke, besonders in Jerusalem, und das Verbot jeglichen Autoverkehrs am Schabbat in diesen Bezirken. Bei der Durchsetzung dieser Ziele besetzten orthodoxe Kinder und Jugendliche die Straßen am Schabbat und bewarfen Autofahrer mit Steinen. Als an einem Schabbat im Juli 1977 religiöse Fanatiker versuchten, den Autoverkehr in Jerusalem überhaupt zu unterbinden, kam es zu heftigen Gegendemonstrationen. Die Bürgerrechtspartei Raz unter Schulamit Alloni verdankte ihre Anfangserfolge einer energischen Bekämpfung solcher religiöser Ansprüche.

Trotz einiger Misserfolge hatte sich die Likudregierung über eine Wahlperiode hinweg behaupten können. 1981 war wieder ein *Wahljahr*. Die Arbeiter-Partei hatte genügend Zeit gehabt, sich auf den zuvor unbekannten Sitzen der Opposition einzugewöhnen. Der Schock der Niederlage von 1977 hatte in der Anfangszeit einige Verwirrung innerhalb der Arbeiter-Partei gestiftet. Die verschiedenen Lager beschuldigten sich gegenseitig, für den Misserfolg verantwortlich zu sein. Eine seit langem bestehende Rivalität unter den beiden Führungsgestalten Jitzchak Rabin und Schimon Peres trat wieder stärker hervor. Einige Mitglieder verließen die Partei. Aber die Situation der Opposition hatte auch einer Neubesinnung Platz geschaffen. In der Führungsschule der Partei, dem Bet Berl, bildete sich eine neue Generation von jungen Spitzenkandidaten heraus, die die Bet Berl Gruppe genannt wurde und sich selber als *Dor ha-Hemschech*, die nächste Generation, bezeichnete. Diese Gruppe, zu der Jaacov Levinson und Usi Baram gehörten, war flexibler gegenüber der Araberfrage, zu größeren Kompromissen mit den Palästinensern bereit und stellte eine echte Alternative zu der alten Garde dar, die bisher die Regierungsgeschäfte geführt und verloren hatte.

In der Opposition versuchte die *Arbeiter-Partei* eine ausgewogene Politik zu betreiben und nicht jede Initiative der neuen Regierung zu negieren. So stimmten die meisten Abgeordneten der Arbeiter-Partei für den Friedensvertrag mit Ägypten, und auch in anderen als nationaler Konsens angesehenen Angelegenheiten stimmte die Arbeiter-Partei mit der Regierung. Deutlich wurde das am so genannten Jerusalemgesetz vom 30. Juli 1980. Eine kleine Splittergruppe des Likud hatte nach der Unterzeichnung der Abkommen mit Ägypten 1979 den Likud verlassen und sich unter der stürmischen und vehementen Leitung der Abgeordneten Geula Cohen zu einer neuen Partei zusammengefunden, die sich den Namen *Techija* gab, »Wiederbelebung, neues Leben«. Diese Partei stellte eine neue Zwei-Personen-Fraktion dar, und in ihrer ersten Initiative stellte sie den Antrag, den Satz: »Das vereinte Jerusalem ist in seiner Gesamtheit die Hauptstadt Israels« als Gesetz anzuerkennen. Dies war de facto der Fall seit Juni 1967; die kleine neue rechtsextreme Partei wollte aber in einem nationalen Bekenntnis zur »ewigen Hauptstadt Jerusalem« alle zionistisch eingestellten Abgeordneten hinter sich verpflichten. Tatsächlich gelang es ihr, nicht nur die Regierungsparteien, sondern auch die meisten Abgeordneten der Arbeiter-Partei für sich zu gewinnen. Die zu erwartende Folge war der Auszug aller in Jerusalem befindlichen ausländischen Botschaften und ihr Umzug nach Tel Aviv. Gegen das Gesetz stimmten die inzwischen zahlreicher gewordenen links von der Arbeiter-Partei angesiedelten kleinen Parteien.

In der Wirtschaftspolitik konnte die Arbeiter-Partei eine echte Opposition zur Regierung sein. Mit dem Histadrutunternehmen hatte sie auch ein brauchbares Vehikel dafür in der Hand. So konzentrierte sich der Wahlkampf der Arbeiter-Partei gerade auf diesen Sektor, der Aussicht hatte, die Massen, die alle durch die Likudpolitik ärmer geworden waren, besonders anzusprechen. Alle Parteien legten eine besondere Energie in diesen Wahlkampf, dem teuersten in der Geschichte Israels.

Der Likud hatte als Regierungspartei den Vorteil, dass das alte Prinzip der orientalischen Massen, für die Regierung zu stimmen, sich jetzt zum ersten Mal zugunsten des Likud auswirkte. Der Likud versuchte, die wirtschaftlichen Schwächen damit zu übertünchen, dass er vorgab, mit dem neuen Finanzminister Aridor nun endlich die Formel zum Erfolg gefunden zu haben, eine Hoffnung, die sich gleich nach den Wahlen als reines Wahlmanöver herausstellen sollte, bis zu den Wahlen aber ihren Dienst tat. Ein Vorteil der Likudmannschaft war, dass nach dem letzten größeren spektakulären Rausschmiss eines ihrer Spitzenkandidaten – im Mai 1980 war Eser Weizman wegen Divergenzen als Verteidigungsminister zurückgetreten und hatte den Likud ostentativ verlassen – wieder Einigkeit in den Reihen der führenden Kräfte im Likud herrschte.

Kurz vor den Wahlen, die für den 30. Juni 1981 ausgeschrieben waren, veranstaltete die Regierung ein spektakuläres Unternehmen, das sehr unterschiedlich in Israel und in der Welt aufgenommen wurde. Am 6. Juni bombardierten israelische Flugzeuge den *Atomreaktor bei Bagdad* und hielten damit vermutlich die Entwicklung eines arabischen Landes zur Atommacht auf. Wenn auch die Arbeiter-Partei mit dem Likud der Meinung war, dass eine solche Entwicklung auf alle Fälle gestoppt werden müsse, so lehnte sie doch diese direkte Methode ab. Ob das ganze Unternehmen nun darauf angelegt war, die Wahlen zu beeinflussen, wird sich im Letzten nicht sagen lassen. Zweifelsohne war das Volk von dem Bravourstück, dem Feind auch in der allerweitesten Ferne beizukommen wie seinerzeit in Entebbe, tief beeindruckt.

Trotz der hohen Werbemittel und der vielen Helfer – die Arbeiterpartei konnte allein am Wahltag 150.000 Personen und 20.000 Fahrzeuge mobilisieren – war die Wahlbeteiligung schwächer als im letzten Wahljahr und mit 77 Prozent unter dem Durchschnitt. Der Likud wurde Wahlsieger mit einer Rekordzahl von 48 Abgeordneten, wie er sie in Zukunft nicht mehr erreichen sollte, 4 Mandate mehr als in dem Jahr der »Wende« 1977, dicht gefolgt vom Maarach mit 47 Sitzen, 15 mehr als im Jahr seiner größten Niederlage 1977. Der Maarach hatte fast seine alte Wählerschaft wieder gewonnen. Es war eine eindeutige Zweiparteienwahl, denn alle weiteren Parteien erhielten maximal 6 Abgeordnete. Die drittstärkste Partei mit 6 Mandaten war die Mafdal. Sie hatte gegenüber 1977 die Hälfte ihrer Wählerschaft verloren, und zwar an neu entstandene nationalistische und landsmannschaftliche Splittergruppen, die schon erwähnte Techija und die neu entstandene Liste orientalisch-religiöser Juden *Tami*, die beide jeweils 3 Mandate erhielten. Techija war jetzt die Partei der Siedler und der mit ihnen Sympathisierenden geworden, Tami ein Sammelbecken für die religiösen Orientalen, die mit der von Aschkenasen bestimmten Nationalreligiösen Partei unzufrieden waren. Weitere Parteien, die die Ein-Prozent-Hürde schafften, waren die Aguda (mit 4 Abgeordneten), Chadasch (arabische Kommunisten mit 4), Telem, eine Gründung des isolierten Mosche Dajan (2), Schinui, eine der Dasch-Nachfolgeparteien, die überlebt hatten (2) und Raz, die Bürgerrechtsbewegung (1). 21 Listen waren an der Ein-Prozent-Klausel gescheitert.

Der *Wahlsieg* war zum Teil auch das persönliche Verdienst von Menachem Begin und eine Belohnung vom Volk für den Friedensschluss mit Ägypten. Hatte ihm das Nobelpreiskomitee in Oslo den Friedenspreis verliehen, so hatte ihn das israelische Volk dafür wiedergewählt. Durch den Angriff auf Bagdad hatte Begin bewiesen, dass er auch für den Kriegsfall gerüstet war, mutig und kurz entschlossen in wichtigen Beschlüssen. Für die sich zuspitzenden Schwierigkeiten mit der PLO an der libanesischen Grenze schien ein Mann wie Begin der Geeignete zu sein.

Begin gelang es, eine Koalition aus Likud, Mafdal, Agudat Jisrael und Tami zusammenzustellen. Ihr Schönheitsfehler war eine äußerst schwache Repräsentanz im Parlament, 62 von 120, nur eine Stimme mehr als das Mindestmaß es erforderte. Diese Regierung zeigte dieselbe Zusammensetzung wie die der Kernkoalition von 1977 und setzte somit auch dieselbe Politik wie vor den Wahlen fort. In einer ersten größeren Entscheidung fasste das neue Parlament auf Antrag der rechtsgerichteten Techija-Abgeordneten Geula Cohen den Beschluss, den Golan zu annektieren. Mit 63 Stimmen, darunter 8 der Arbeiter-Partei – man vergesse nicht, dass die Golansiedlungen das Werk der Arbeiter-Partei-Regierung waren –, nahm die Knesset am 14. Dezember 1981 das Gesetz über die Ausweitung von »Gesetz, Rechtsprechung und Verwaltung des Staates Israel« auf die Golanhöhen an.

Verwicklungen im Libanon – Der Krieg ohne Ende

Nach der Vertreibung aus Jordanien während des »schwarzen Septembers« 1970 hatte sich die PLO im Libanon neu eingerichtet. Jasser Arafat, der inzwischen von immer mehr Ländern, auch Westeuropas, als Repräsentant der Palästinenser anerkannt worden war, hatte sein Hauptquartier in Beirut aufgeschlagen. Im südlichen Libanon hatte die PLO die Bevölkerung teilweise aus ihren Dörfern vertrieben und einen Staat im Staat errichtet.

Der Libanon war aufgrund seiner ethnischen Zusammensetzung immer ein besonderer Staat im Nahen Osten gewesen. Die Franzosen hatten ihn 1943 gegen den Widerstand Syriens, das das Territorium des Libanon als sein eigenes betrachtete, gegründet und ihm eine Verfassung gegeben, die den Besonderheiten der libanesischen Bevölkerung Rechnung tragen sollte. So wurde festgelegt, dass der Staatspräsident immer ein maronitischer Christ, der Präsident des Abgeordnetenhauses immer ein schi'itischer und der Ministerpräsident ein sunnitischer Moslem sein solle. Damit waren die Hauptgruppen des Landes vertreten. Die Maroniten waren die größte Denomination des Landes, eine mit Rom unierte Kirche, die ihre Ursprünge im sechsten Jahrhundert hat, die Nationalkirche des Libanon. Die Moslems hielten sich in ihren beiden Gruppierungen, den Sunniten und den Schi'iten, die Waage. Die Sunniten bilden die Hauptströmung im Islam (ca. 90 Prozent). Die meisten arabischen Staaten sind sunnitisch. Die Schi'iten haben ihr Hauptzentrum außerhalb der arabischen Welt, im Iran. Doch gibt es größere schi'itische Gemeinschaften auch im Libanon und im Irak. Die Einteilung im Islam in die beiden Hauptrichtungen Schi'iten und Sunniten geht auf die Frühgeschichte des Islam zurück. Die Schi'iten waren die »Parteigänger« des leiblichen Nachkommens des Propheten, Ali, während die Sunniten, die »Traditionalisten«, dem Kalifen die Treue hielten.

Mit dem Eindringen mehrerer zehntausend palästinensischer Kämpfer wurde das linke Lager im Libanon, zu dem die meisten Moslems, die Drusen, aber auch orthodoxe Christen zu rechnen sind, wesentlich verstärkt. Die Palästinenser trafen im Libanon also durchaus auf befreundete Kräfte.

Ein erster *Bürgerkrieg* war bereits 1958 ausgebrochen. Er war durch die Landung amerikanischer Truppen erstickt worden. 1975 brach ein neuer Bürgerkrieg aus. Blühende Städte und Dörfer wurden zerstört. Beirut wurde in der Mitte geteilt. Erst der Einmarsch syrischer Truppen auf Bitte der Arabischen Liga vermochte den Bürgerkrieg einzudämmen, aber nicht zu beenden. Der Libanon war nun in verschiedene Zonen aufgeteilt. Ostbeirut und der anschließende Norden war ein von maronitisch-christlichen Milizen kontrolliertes Land. Es gab das unabhängige Land der Drusen. Der Südlibanon war in der Hand palästinensischer Kämpfer bis auf einen Streifen an der israelischen Grenze, der von christlichen Milizen beherrscht wurde, die von Israel ausgerüstet worden waren. Hier herrschte die südlibanesische Armee unter dem Kommandanten *Said Haddad*. Oberst Haddad war Kommandant der libanesischen Armee im Südabschnitt gewesen und behauptete von sich, weiter Vertreter der legitimen libanesischen Armee zu sein. Die Beqa-Ebene war syrisches Gebiet mit einer Enklave um die antike Stadt Baalbeck herum, die von iranischen Truppen kommandiert wurde. Dann gab es noch im Norden, in der Stadt Tripoli und Umgebung, einen PLO-beherrschten Streifen. Jede der verschiedenen Truppen verfügte über eine Privatarmee, die jede für sich weit stärker war als die Nationalarmee, die sich zeitweise ganz aufgelöst hatte. Das einst blühende Land, die »Schweiz des Nahen Ostens«, in die Ölscheichs zu fahren beliebten, um sich zu amüsieren, gab es nicht mehr.

Seit Anfang der siebziger Jahre versuchte die *PLO* mit Überfällen auf die nahe israelische Grenze die israelische Bevölkerung in den Grenzsiedlungen zu terrorisieren. Israelische Kommandoüberfälle auf PLO-Stützpunkte und Beschießungen waren die Folge. Damit wurde auch die libanesische Zivilbevölkerung in Mitleidenschaft gezogen, die nach jedem spektakulären Erfolg der Palästinenser in den Norden floh und teilweise ihre Dörfer an der israelischen Grenze ganz verließ, wenn sie nicht zuvor von der PLO aus ihnen verjagt worden war. Auch die Bevölkerung in den großen palästinensischen Flüchtlingslagern bei Tyros oder Sidon hatten unter den israelischen Vergeltungsschlägen zu leiden, weil die PLO ihre Stellungen meistens inmitten der stark übervölkerten Flüchtlingslager einrichtete.

Als die Überfälle sich häuften, unternahm Israel 1978 den bereits erwähnten »Litani-Feldzug« und räumte das besetzte Gebiet erst wieder, nachdem UNO-Truppen die früheren PLO-Stellungen übernahmen. Diese Pufferzone der UNO-Truppen sorgte aber nicht für eine anhaltende Beruhigung, da es den ortskundigen PLO-Truppen ein leichtes war, im Schutz der Nacht mit kleinen Kommandotruppen die UNO-Wachtposten zu umgehen.

1981 kam es zu einem regelrechten Stellungskrieg zwischen israelischen und PLO-Truppen, der die israelische zivile Grenzbevölkerung wochenlang in den Bunkern hielt, die Touristen aus der Stadt Naharia vertrieb und die Industrieproduktion der Stadt Kirjat Schmone zum Erliegen brachte. Eine immer größer werdende Unruhe der israelischen Bevölkerung und eine wachsende Abwanderung aus diesem Gebiet setzte die israelische Regierung unter Druck. Die Begin-Regierung hatte gleich zwei Falken auf den entscheidenden Ämtern des Verteidigungsministers und des Oberkommandierenden der Armee, Minister Ariel Scharon und Oberbefehlshaber Raphael Eitan. Beide ließen sich vom israelischen Kabinett nur mit Mühe zurückhalten.

In dieser gespannten Situation gelang es dem amerikanischen Unterhändler *Philipp Habib*, selbst libanesischer Herkunft, am 24. Juli 1981 noch einmal einen Waffenstillstand zwischen den kämpfenden Seiten herzustellen. Der Waffenstillstand wurde mehr oder weniger eingehalten, jedenfalls an der israelisch-libanesischen Grenze. Die israelische Führung ging davon aus, dass er auch international zu gelten und die PLO ihre spektakulären Terrorakte gegen israelische Vertretungen im Ausland einzustellen habe. Bei jeder auch nur geringfügigen Verletzung der Waffenruhe waren kriegerische Äußerungen von Seiten Scharons, aber auch von Außenminister Schamir und sogar Premierminister Begin zu hören, die vermuten ließen, dass die israelische Führung nur auf ein spektakuläres Ereignis wartete, um einen Anlass zu einem durchgreifenden Eingreifen zu haben, das möglichst die gesamte Situation im Norden im Sinne Israels neu geregelt hätte. Israel fühlte sich nicht nur durch die PLO, sondern auch durch die sowjetischen Sam-Raketen im syrisch gehaltenen Gebiet der Beqa-Ebene bedroht.

Ein solches Ereignis schien am 3. Juni 1982 das *Attentat* einer aus der PLO ausgetretenen Splittergruppe, Abu Nidal, auf den israelischen Botschafter in London zu sein, Schlomo Argov, der lebensgefährlich verletzt wurde. Die israelische Luftwaffe bombardierte daraufhin am 4. Juni auf breiter Ebene Basen der PLO bis nach Beirut hinein. Die PLO reagierte mit einem Dauerbeschuss der israelischen Siedlungen im Norden. Am 5. Juni lieferten sich israelische und palästinensische Truppen das schwerste Artilleriegefecht seit Beginn der Waffenruhe. Bis zu diesem Zeitpunkt war es keineswegs klar, ob es sich schon um den Ausbruch eines Krieges oder um eine begrenzte Vergeltungsaktion handelte. Am Abend dieses Tages trat das israelische Kabinett zusammen und beschloss eine »begrenzte Aktion«. Sie erhielt den Namen *schlom ha-galil*, »Frieden für Galiläa«, und sollte einen 40 Kilometer tiefen Grenzstreifen im Libanon erobern und aus ihm die PLO vertreiben. Scharon legte dem Kabinett einen ausgearbeiteten Plan vor und Begin beruhigte die Minister. Die Überzeugungskraft ging so weit, dass es bis zu diesem Punkt trotz großer Sorgen und unguter Gedanken einen Konsens im Volk gab und auch die Oppositionsführer Rabin und Peres der Meinung waren, dass dieser Schritt zur Stunde das Richtige sei.

Am *6. Juni* drangen israelische Panzerverbände in den Libanon ein, durchquerten das Haddad-Land und das von der UNO kontrollierte Gebiet. Innerhalb von 24 Stunden eroberten sie die PLO-Stützpunkte Beaufort, eine Kreuzfahrerburg, die auch in der Moderne als uneinnehmbar galt, Nabatie und Tyros. In den nächsten Tagen nahmen die israelischen Truppen Sidon mit seinen Flüchtlingslagern und PLO-Stützpunkten und südlich von Beirut die ehemals christliche Stadt Damour ein, die die PLO nach Vertreibung der Bewohner zu einem ihrer Hauptstützpunkte umgebaut hatte. Am 9. Juni standen die israelischen Truppen vor Beirut und kreisten *Westbeirut*, in dem auch das Hauptkommando der PLO und Jasser Arafat selber saßen, von Süden her ein. Von Norden war die Stadt durch die christlichen Milizen abgeriegelt, so dass Westbeirut vollständig umzingelt war.

Bisher hatten israelische Truppen nur gegen PLO-Verbände gekämpft. Die Israelis hatten zu Beginn der Kämpfe den Syrern mehrfach versichert, dass sie nicht beabsichtigten, die syrischen Truppen im Libanon anzugreifen. Einziges Ziel und einziger Gegner sei die PLO. In den ersten Tagen kam es so auch zu keinen ernsten Auseinandersetzungen zwischen syrischen und israelischen Truppen. Als sich aber herausstellte, dass PLO-Truppen hinter den syrischen Linien weiterhin nur 15 Kilometer von der israelischen Grenze in der Beqa-Ebene stationiert waren und von dort auf israelische Truppen und nach Israel hineinschossen, begannen auch in diesem strategisch wichtigen Gebiet Kampfhandlungen, in die die syrischen Truppen hineingezogen wurden. Im Verlauf der schweren Kämpfe, in denen über 80 modernste sowjetische Düsenjäger abgeschossen wurden, während alle israelischen Maschinen unversehrt zurückkehrten, wurde die südliche Beqa-Ebene bis zur Hauptstraße Beirut-Damaskus von den israelischen Truppen erobert.

Am 11. Juni gelang es dem bereits erwähnten amerikanischen Unterhändler Philipp Habib, einen Waffenstillstand zu erreichen. Die Straße Beirut-Damaskus galt als Grenze zwischen den israelischen und syrischen Truppen.

Noch nie hatte die israelische Armee eine arabische Hauptstadt bedroht. Die israelischen Truppen standen weit hinter dem 40 km tiefen Streifen, von dem Scharon und Begin am Anfang der Aktion *Friede für Galiläa* gesprochen hatten. Hatten Linksgruppen vom ersten Tag an gegen diesen Krieg protestiert, so trat jetzt auch die parlamentarische Opposition energisch gegen die Weiterführung des Krieges ein. Vor allem warnten sie die Regierung, Beirut selbst zu erobern. Der *Widerstand gegen den Krieg* nahm breite Fronten an. Besonders heimkehrende Reservisten, die vor Beirut gekämpft hatten, waren Anführer der Antikriegsdemonstrationen, die im ganzen Land, besonders aber in Tel Aviv und Jerusalem stattfanden. Vor dem Sitz des Premierministers in Jerusalem gab es eine Dauerdemonstration während des ganzen Krieges. Noch nie hatte es in einem Krieg solche Ablehnung gegenüber der Kriegsführung der eigenen Regierung gegeben. Sprecher bezeichneten den Krieg als »Scharons Krieg«, für den sie nicht bereit waren, ihr Leben oder das ihrer Söhne zu opfern. Sogar Regierungsmitglieder äußerten sich kritisch über die Art und Weise, wie sie von Scharon informiert oder nicht informiert worden seien. Sie wiesen darauf hin, dass es keinen Kabinettsbeschluss für eine solche Ausweitung des Krieges gegeben hatte.

Der Krieg nahm kein Ende. Mit Ausnahme des Unabhängigkeitskrieges drohte der Libanonkrieg der längste aller israelisch-arabischen Kriege zu werden, länger als alle anderen Kriege zusammen. Die israelische Armee hatte sich *vor den Toren Beiruts* eingegraben. Es kam zu einer wochenlangen Belagerung. Im eingeschlossenen Westbeirut saßen die Kämpfer der PLO, syrische Soldaten und 800.000 libanesische und palästinensische Zivilpersonen, die durch die Abschnürung und Blockade in ernste Schwierigkeiten gerieten. Das Ziel der Israelis war, die PLO zum Abzug aus Beirut und möglichst aus dem ganzen Libanon zu zwingen. Um dieses Ziel besser erreichen zu können, begann Israel am 12. August mit der Beschießung von Beirut, was die Lage der in der Stadt Eingeschlossenen beträchtlich verschlimmerte. Proteste außerhalb und innerhalb Israels häuften sich. Das israelische Fernsehen sendete ein Interview des israelischen Politikers und Journalisten Uri Avneri mit Jasser Arafat, das dieser im belagerten Westbeirut aufgenommen hatte. Der amerikanische Präsident Ronald Reagan forderte Begin auf, den Beschuss der Stadt sofort einzustellen. Am 18. August erreichte der amerikanische Unterhändler Philipp Habib nach zähen Verhandlungen, die auch darum kreisten, welches arabische Land die PLO-Kämpfer aufzunehmen bereit war, eine Abzugsbereitschaft der PLO und der syrischen Armee. Bis zum 4. September wurde die gesamte Streitmacht der PLO, 13.000 Männer unter Waffen und 600 begleitende Frauen und Kinder, einschließlich ihres Anführers Arafat zumeist auf dem Seeweg in ein neues

Exil befördert. Die schweren Waffen konnte die PLO moslemischen Milizen übergeben. Tunesien und Jemen hatten sich schließlich bereit erklärt, die PLO-Kämpfer aufzunehmen. Die in Beirut stationierten syrischen Truppen verließen auf dem Landweg die Stadt in Richtung Damaskus. Den Abzug überwachte eine multinationale Sicherheitstruppe, 800 Amerikaner, ebenso viele Franzosen und 400 Italiener.

Damit schien der Krieg zu Ende. Die Kommandanten der weiter vor Beirut lagernden israelischen Truppen benutzten die Ruhe und Entspannung zu politischen Gesprächen mit der kommenden Führung des Libanon. Von israelischer Seite nahmen an diesen Gesprächen Ariel Scharon und Menachem Begin selber teil. Der designierte Präsident der Republik war der maronitische Christ und Anführer der christlichen Milizen *Baschir Gemayel.* Zu ihm hatte die israelische Führung schon vor Ausbruch der Kämpfe gute Beziehungen unterhalten. Er hatte mit seinen Truppen vom Norden her die Einkreisung von Westbeirut geleitet, er war sozusagen ein Verbündeter der Israelis und bereit, einen Friedensvertrag mit Israel zu schließen. Die Verhandlungen waren schon recht weit gediehen, als Gemayel am 14. September einem Attentat linksgerichteter Kräfte zum Opfer fiel. Der Bruder Baschir Gemayels, *Amin Gemayel*, galt als Syrien-freundlich. Die Israelis befürchteten, ihre Trumpfkarte zu verlieren. Am 15. September besetzten israelische Truppen die Stadt unter dem Vorwand, dass entgegen dem Abkommen noch nicht alle feindlichen Truppen, man sprach von 2000 PLO-Kämpfern, Beirut verlassen hätten. In der Nacht durchkämmten Truppen der christlichen Milizen die Stadtviertel Sabra und Schatilla, die hauptsächlich von palästinensischen Flüchtlingen bewohnt waren, angeblich, um nach den versteckten PLO-Kämpfern zu suchen, in Wirklichkeit aber, um ihren ermordeten Kommandanten und designierten Präsidenten grausam zu rächen. Hunderte von Palästinensern, Frauen, Kinder und Männer kamen dabei ums Leben. Ob israelische Truppen von der Absicht der Phalangisten gewusst haben oder nicht, war anschließend eine in der Welt und in Israel selbst viel diskutierte Frage. Tatsache bleibt, dass die israelischen Behörden durch die Besetzung der Stadt die Verantwortung für die Sicherheit ihrer Bürger hatten.

Sofort nach Bekanntwerden der Massaker ging ein Aufschrei der Empörung durch die gesamte Welt. In Tel Aviv versammelten sich am 25. September nach einem Aufruf der Friedensbewegung *schalom achschav* nach Angaben der Organisatoren 400.000 Demonstranten, ein Zehntel der Gesamtbevölkerung des Staates. Es war die größte Demonstration, die es bisher in der Geschichte des Staates gegeben hatte. Unter den Rednern waren führende Persönlichkeiten der Opposition wie Schimon Peres und Schulamit Alloni. Die Demonstranten forderten den sofortigen Abzug aus Beirut, die Beendigung des Krieges und die Einsetzung einer Untersuchungskommission.

Diesen Forderungen musste sich die Begin-Regierung beugen. Israel zog sich aus Beirut zurück auf eine Linie, die hinter der Linie lag, auf der es sich vor dem Einmarsch nach Beirut befunden hatte. Am 1. Oktober wurde eine Untersuchungskommission eingesetzt, die nach ihrem Vorsitzenden, dem Präsidenten des Obersten Gerichts Jitzchak Kahan, *Kahan-Kommission* genannt wurde. Die Kommission übte in ihren Empfehlungen harte Kritik an der Regierung, die die Ausweitung dieses Krieg nicht zu verhindern verstanden hatte. Sie empfahl die Ablösung des Verteidigungsministers Ariel Scharon und die Nichtverlängerung des Vertrages des Generalstabschefs Raphael Eitan. Die Regierung entließ im Februar Scharon als Verteidigungsminister, behielt ihn aber im Kabinett als Minister ohne Portefeuille. Sein Amt übernahm der frühere israelische Botschafter in den Vereinigten Staaten, Mosche Arens.

Inzwischen waren Anfang September 1982 die arabischen Staatsoberhäupter in der marokkanischen Stadt *Fez* zusammengetreten, um über ein gemeinsames arabisches Vorgehen zu beraten. Ägypten war nicht eingeladen worden, Libyen war nicht erschienen. Alle anderen Staaten einigten sich zum ersten Mal überraschend auf einen Friedensplan, der Israels Existenz zwar nicht direkt anerkannte, aber von einer Garantie für Israel durch den Sicherheitsrat sprach. Zum ersten Mal gab es ein arabisches Dokument, das eine friedliche Lösung andeutete.

Die israelische Friedensbewegung

Der Libanonkrieg war der erste Krieg, der als Krieg gegen die Palästinenser zu bezeichnen ist. Es war auch der erste Krieg Israels, der zumindest in seinem immer komplizierter werdenden Verlauf keinen Konsens mehr im Volk hatte. Statt das Palästinaproblem zu lösen, schuf er ein neues Bündel von Problemen für den bereits mit Problemen genug geplagten Staat, und er schuf neue Feinde, wie die fundamentalistischen Moslems im Süden Libanons und damit auch in der übrigen arabischen und islamischen Welt. So ist es kein Wunder, dass das Friedenslager, das sich im Verlauf des Krieges als außerparlamentarische Opposition bildete, immer stärker wurde, je länger der Konflikt sich hinzog.

Im Laufe des Krieges nahm die Friedensbewegung in der israelischen Gesellschaft einen großen Aufschwung. Neben den bestehenden Friedensgruppen etablierten sich während des Krieges eine Reihe neuer Gruppen und verbündeten sich miteinander zu gemeinsamen Aktionen. Sie blieben auch teilweise über die aktuelle Kriegs- und Nachkriegszeit bestehen und wurden wiederbelebt und aktualisiert in der Zeit der Intifada, des palästinensischen Aufstandes, und seiner teilweise brutalen Unterdrückung durch die israelische Armee.

Die größte Friedensbewegung, die aus dem Kampf um die Durchsetzung des Friedens mit Ägypten stammte, war weiterhin die Sammelbewegung *Schalom Achschav*, »Frieden Jetzt!«. Ihren Höhepunkt erreichte die Bewegung mit dem Libanonkrieg, wo sie zu einer Massenbewegung wurde – bis zur Mobilisierung der erwähnten großen Kundgebung nach dem Massaker in Sabra und Schatilla. Damit allerdings hatte die Schalom-Achschav-Bewegung auch den Wendepunkt überschritten. In den zähen Auseinandersetzungen um einen Abzug aus ganz Libanon meldeten sich auch Rechtsdemonstranten zu Wort und belebten die Straßen, griffen Demonstrationen von Schalom Achschav an, verlachten und verhöhnten die immer kleiner werdenden Demonstrationszüge der überzeugten Linken. Politiker der regierenden Parteien schmähten die Linksdemonstranten, es entstand eine Lynchatmosphäre im Volk, die gefährliche Formen anzunehmen drohte. Sie entlud sich bei einer Demonstration gegen die Regierung nach der Veröffentlichung der Resultate der erwähnten Kahan-Kommission. Ein rechtsverführter Jugendlicher warf aus dem Hinterhalt eine Handgranate in die kleine Menge der Protestierenden, die einen der Demonstrierenden in der ersten Reihe, *Emil Grünzweig*, zerriss und zehn weitere Demonstranten verletzte. Der Schrecken über das Attentat veränderte die Situation. Die Rechtsdemonstranten und die Störkommandos bei Linksdemonstrationen hörten auf, und zu den nächsten Demonstrationen für den Frieden erschienen wieder mehr Menschen.

Neben der großen Bewegung von Schalom Achschav gab es eine Anzahl spezifischer Gruppen, die einem Berufsstand zuzuordnen waren, wie zum Beispiel dem der Rekruten oder Reservisten, oder Gruppen, die sich an bestimmte Volksgruppen, wie orientalische oder religiöse Juden, wandten.

Speziell im Libanonkrieg waren in den großen Städten »Komitees gegen den Krieg in Libanon« entstanden. Es gab eine Gruppe von Studenten der Tel Aviver Universität, die sich *dai*, »Genug!«, nannte, Unterschriften für einen sofortigen Rückzug aus dem Libanon sammelte und Protestbriefe an die Regierenden aufsetzte. Besonders aktiv waren die Soldaten, die den Krieg zu führen hatten. Sie bildeten eine Gruppe, die sich *Chajalim Neged Ha-schtika*, »Soldaten gegen das Schweigen«, nannte. Die größte Gruppe unter den Reserve-Soldaten und Offizieren war die Gruppe *Jesch gvul*, »Es gibt eine Grenze!«. Sie blieb noch viele Jahre nach dem eigentlichen Libanonkrieg aktiv und forderte Soldaten und Offiziere zur speziellen Kriegsdienstverweigerung im Libanon, später auch in den besetzten Gebieten der Westbank, auf. Es hatte bisher in Israel kaum eine Kriegsdienstverweigerung gegeben. Die wenigen echten Kriegsdienstverweigerer aus Gewissensgründen hatte die Armee schonend behandelt, um keine Märtyrer zu schaffen und die Bewegung dadurch zu vergrößern. Auch die Mitglieder von Jesch Gvul waren keine absoluten Kriegsdienstverweigerer, sondern sie lehnten den Dienst an der Waffe in bestimmten Zeiten oder in bestimmten Gebieten ab. Von den über 1000 Mitgliedern saßen zeitweise über 150 Reservisten für kürzere oder längere Zeit aufgrund dieser Weigerung im Gefängnis.

Eine Friedensbewegung, die eine bestimmte Bevölkerungsgruppe im Visier hatte, war *Ha-mizrach El-ha-schalom*, »der Orient für den Frieden«. Sie ist von aus den arabischen Ländern stammenden jüdischen Intellektuellen gegründet worden und macht sich zur Aufgabe, gerade unter den orientalischen Juden zu wirken, die der Likud für seine Demonstrationen und seine Propaganda zu benutzen pflegte und denen man nachsagte, sie seien in besonderer Weise araberfeindlich und deswegen friedensablehnend. Einer ihrer Begründer, der aus Marokko stammende Literaturprofessor an der Hebräischen Universität Jerusalem, Schlomo El-Baz, wies darauf hin, dass diese Menschen in keiner Weise araberfeindlicher seien als die Gesamtbevölkerung, dass die extremen Siedlergruppen oder die extrem rassistische Partei Kach kaum orientalische Juden in ihren Reihen aufwiesen und dass die orientalischen Juden mit ihrer Kultur und Sprache die geeignete Brücke zwischen Israel und der orientalischen Welt seien.

Eine weitere Gruppe in der Bevölkerung, die in besonderer Weise, nicht immer zu Unrecht, als friedensverneinend angesehen wurde, war das nationalreligiöse Lager. An diese Gruppen wandten sich zwei religiös ausgerichtete Friedensgruppen, *Oz We-schalom* und *Netivot Schalom*. Die kleinere Gruppe, Oz we-schalom, »Kraft und Friede«, nach einem Passus im jüdischen Gebetbuch so benannt, war von westlich-intellektuellen, häufig aus Deutschland eingewanderten Juden begründet worden. Oz we-schalom bemüht sich, die ideologische Grundlage für einen von der jüdischen Religion gebotenen und geforderten Frieden zu legen. Das Prinzip der Rettung von Menschenleben sei eines der höchsten jüdischen Ideale und gehe deshalb einer mystischen Heilig-Land-Erlösungstheologie vor. Friede, Gerechtigkeit und Nächstenliebe seien alles Ideale des Judentums und kämen in der Ideologie ihrer religiösen Gegner viel zu kurz. So versuchen die Theologen und Denker von Oz we-schalom ein echtes Gegengewicht zum Gusch Emunim zu bilden. Auf die Messias-Heilig-Land-Theologie der Gusch Emunim Anhänger bezogen sagte Uri Simon, der Sohn des aus Deutschland stammenden Religionspädagogen Ernst Simon, einmal Folgendes: »Gusch Emunim sagt, das ganze Land jetzt, den Frieden werde der Messias bringen; wir sagen, den Frieden jetzt, das ganze verheißene Land wird der Messias bringen.« Die Bewegung Netivot Schalom, »Wege des Friedens«, war viel breiter angelegt und hat ihre Anhänger unter den Talmudhochschulstudenten und ihren Professoren. Nach der Vereinigung beider Gruppen während der Intifada wurde die religiöse Friedensbewegung eine echte Alternative für den religiösen Block und strahlt auf das ganze nationalreligiös eingestellte Lager aus.

Wie die kleinen rechten extremen Gruppen, so waren auch die Friedensbewegungen eine Minderheit im Volk, schwollen an, wenn es die Situation erforderte und nahmen ab, wenn die Regierung Friedenspolitik betrieb. In außergewöhnlichen Zeiten nahmen die extremen Gruppen rechts und links zu. In normalen und ruhigen Zeiten verschwanden sie an die Peripherie. Es gab auch Gelegenheiten, wo nur die eine oder andere Seite an die Öffentlichkeit trat. Das Gros des Volkes gehörte zu keinem dieser Lager. Beide Gruppen versuchten es zu beeinflussen und von der Richtigkeit ihrer Sache zu überzeugen. Das Volk war in der Mitte in zwei fast gleich große Lager gespalten. Gerade dies machte es der israelischen Demokratie in den nächsten Jahren so schwer, klare Ziele zu verfolgen.

Das Ende der Begin-Ära

Premierminister Begins Prestige war durch den Libanonkrieg dermaßen angeschlagen, dass er, obwohl er noch im Amt verblieb, zusehends amtsmüde oder amtsuntauglich wurde. Mitten in der Wahlperiode trat *Begin* vom Posten des Premierministers zurück. Für die Öffentlichkeit kam die Abdankung des großen Mannes, durch dessen Geschick der Likud an die Macht gekommen und der der Sieger der Wahlen von 1981 gewesen war, überraschend. Eingeweihte aber wussten, dass Begin seit dem Tod seiner Frau im Jahr 1982 und der massiven internationalen und inländischen Kritik an seiner Libanonpolitik nicht mehr der Alte war. Begin war zeitlebens ein kränklicher Mann gewesen, aber in den letzten Monaten hatte sich sein körperlicher und geistiger Zustand derart verschlechtert, dass er nur noch mit Tabletten leben konnte und ihm Nahestehende sagten, dass er zeitweilig gar nicht mehr fähig war, die schwierigen Regierungsgeschäfte ordentlich abzuwickeln. Die Kraft Menachem Begins schien an ihr Ende gelangt zu sein. Der aus kleinbürgerlichen Kreisen Polens stammende Begin hatte es verstanden, die Massen der orientalischen Juden mit seiner Rhetorik für sich einzunehmen, wie es der Arbeiter-Partei nicht mehr gelungen war. Die natürlichen charismatischen Gaben, sein trockener Humor, aber auch seine Entschiedenheit in der Durchsetzung dessen, was ihm wichtig erschien, ließ sich nach seinem Abtritt nur schwer ersetzen. Menachem Begins unauflösbares Verdienst war sein Mut zum Friedensschluss mit Ägypten gewesen.

Schon seit langem hatte sich eine Nachfolgerschicht im Hintergrund gebildet, die jetzt die Macht übernehmen wollte. Jeder dieser neuen Parteiführer hatte seine Hausmacht gebildet, die hinter ihm stand. Da war vor allem *Ariel Scharon*, der seine eigene Partei aufgegeben hatte, um die Macht im Likud zu ergreifen. Er war der »starke Mann«, den das Volk begehrte, aber auch der, vor dem viele Angst hatten. Seine Hausmacht war auch nicht besonders groß, da Scharon immer ein Einzelkämpfer gewesen war. Das nächste Lager hatte sich um *David Levi* gebildet, einem aus Marokko stammenden Politiker, der aus einer Entwicklungsstadt, Bet Schean, kam und als Vater von elf Kindern gut als Muster für eine orientalisch-jüdische Familie gelten konnte. Der Likud hatte ihn herausgestellt, um durch ihn die orientalisch-jüdischen Massen zu erreichen, was ihm teilweise auch gelungen war. Seine Hausmacht waren die Abgeordneten und Mitglieder in der Likudführung, die aus dieser Bevölkerungsschicht kamen. Zahlreiche der Likud-regierten Entwicklungsstädte mit ihren Bürgermeistern unterstützen David Levi. Seine Gegner warfen ihm vor, dass er ein zu großer Hitzkopf sei, der viel rede, aber als Orientale nicht in der Lage sei, einen modernen Staat wie Israel zu führen. Am Anfang seiner Karriere kursierten eine Unmenge von David Levi-Witzen, schon sein Name war ein solcher Witz, jeder Zehnte im Staat schien David Levi zu heißen. Zum Schluss gab es noch das Stammlager des Likud, dem wohl auch Begin zuzurechnen gewesen wäre, wenn er nicht immer versucht hätte, sich aus allem Lagerstreit herauszuhalten. Dies war das Lager der alten Revisionistenkämpfer aus Osteuropa, deren Führer

Jitzchak Schamir und *Mosche Arens* waren. Aus diesem Lager wählte der Likud den Nachfolger: Jitzchak Schamir, bisher eine blasse Figur, der Außenminister im letzten Kabinett Begins. Er war in der vorstaatlichen Zeit ein Kampfkamerad Begins gewesen, hatte im Etzel gekämpft und war 1940 zu der noch extremeren Kampfgruppe Lechi oder »Sternbande« übergewechselt, dessen Kommandant er schließlich wurde.

Schamir trat kein leichtes Erbe an. Die Wirtschaft erlebte nach dem Libanonkrieg einen kompletten Stillstand. Der Krieg hatte den Staat täglich 1 Million Dollar gekostet. Einwanderer und Touristen blieben aus. Die Inflation war auf über 200 Prozent geklettert. Auch außenpolitisch war Israel so isoliert wie nie zuvor. Schamir war in seinen Ansichten weit konservativer und viel weniger flexibel als Begin. Er hatte seinerzeit gegen den Friedensvertrag mit Ägypten gestimmt, ebenso wie sein Außenminister Mosche Arens.

Neben dem Libanonkrieg war die vom Likud und von Schamir nicht minder forcierte Siedlungspolitik schuld an dem wirtschaftlichen Stillstand. Die orientalisch-jüdische Bevölkerung in den Entwicklungsstädten sah alle Gelder in die Westbank abwandern, wo eine mehr oder weniger aschkenasische, nicht schlecht begüterte Mittelschicht saß. Dies erregte viel Unruhe im Volk und erweckte ein erstes Aufbegehren auch in der Likudgefolgschaft gegen die Siedlungstätigkeit.

Aber auch die Siedler selbst dankten dem Likud seine Unterstützung nicht. Für sie war der Likud viel zu wenig extrem, viel zu zurückhaltend bei der Annexion der Westbank. Die Siedler wählten nicht mehr den Likud, sondern die Siedlerpartei Techija, die dem Likud im Parlament viel zu schaffen machte. Aber es gab Schlimmeres als die Techija. Zum ersten Mal in der Geschichte des Staates seit seinen ersten Tagen gab es wieder einen *jüdischen Untergrund*; Extremisten, die bereit waren, mit der Waffe in der Hand die sich selbst gesetzten Ziele in die Tat umzusetzen: die arabische Bevölkerung in der Westbank und Israel einzuschüchtern und zum Verlassen des Landes zu bewegen. In einem Attentat auf die markantesten Bürgermeister der Westbank gab es Tote und Verletzte, darunter ein israelischer Sicherheitsbeamter, der versucht hatte, eine Bombe vor dem Haus eines der angegriffenen Bürgermeister zu entschärfen. Bei einem Überfall auf die islamische Hochschule in Hebron kamen drei palästinensische Studenten ums Leben. Noch rechtzeitig wurde eine religiös-fanatische Vierer-Bande entdeckt, die geplant hatte, die heiligen moslemischen Stätten auf dem Tempelplatz in die Luft zu sprengen. Man erinnerte sich an den christlichen Australier, der 1969 versucht hatte, die El Aksa-Moschee abzubrennen, beinahe erfolgreich gewesen war und einen Sturm der Entrüstung in der gesamten moslemischen Welt ausgelöst hatte. Es wurde eine Gruppe verhaftet, die Anschläge auf Moscheen und Kirchen verübt hatte. Ein jüdischer Einwanderer aus den Vereinigten Staaten wurde dingfest gemacht, der zwei Palästinenser im Felsendom auf dem Tempelplatz erschossen hatte, und schließlich wurde ein weiterer Einzeltäter vor Gericht gebracht, der eine Rakete auf einen arabischen Autobus abgeschossen hatte. All dies beunruhigte die israelische Öffentlichkeit und die Regierung und trug zu dem Gefühl der allmählichen Auflösung der ehemals soliden zionistisch-jüdischen Werte im Staat bei.

Im März 1984, eineinhalb Jahre vor den nächsten fälligen *Neuwahlen*, führte die Missstimmung im Volk über die schlechte Wirtschaftslage, die hohe Inflationsrate und die Unfähigkeit der Regierung, diesem allen wirksam zu begegnen, zu Forderungen nach Neuwahlen. Als die Koalition sich auch noch mit der orientalischen Tami-Partei zerstritt, war sie gezwungen, Neuwahlen zuzustimmen, die für den 23. Juli ausgeschrieben wurden. Der Wahlkampf war weit weniger emotional und stürmisch als noch im Jahr 1981. Die Regierungspartei saß vor einem Trümmerhaufen ihrer Politik, die israelische Armee lagerte immer noch im Südlibanon, was dem israelischen Steuerzahler Unsummen abverlangte. Die Soldaten waren in tägliche Feuergefechte mit einem neuen örtlichen Gegner, den fanatischen, fundamentalistischen Kämpfern der Schi'iten, verwickelt, einer Gruppe, die sich *Hisbolla'*, Gottespartei, nannte, ein Gegner, der Israel noch auf Jahre hinaus bedrängen sollte. Rechte und Linke waren mit der Führung unzufrieden. Die führende Partei selbst, der Likud, war in sich zerstritten. Mehrfach schienen die beiden Hauptgruppen innerhalb der Partei, die Cherut und die Liberalen, wieder auseinander zu brechen. Auch innerhalb der Cherut herrschte ein ausgewachsener Stellungskrieg zwischen den Lagern Scharon, Schamir und Levi.

Demgegenüber war das Arbeiter-Partei-Lager von einer bisher nicht erlebten Einigkeit beseelt. Viele Stimmen wurden zwar laut, den beliebten Präsidenten des Staates, Jitzchak Navon, der gerade sein Amt beendet hatte und von dem ebenso zur Arbeiter-Partei gehörenden *Chaim Herzog* abgelöst worden war, an die Spitze der Partei zu stellen. Er begnügte sich aber, zusammen mit den beiden bekannten und langjährigen Spitzenkandidaten der Partei, Jitzchak Rabin und Schimon Peres, eine gemeinsame Führung zu bilden. Auch die beiden alten Rivalen Peres und Rabin stellten ihre Streitigkeiten hintenan. Seit 1977 hatte sich die Arbeiter-Partei als Kandidaten für den Posten des Ministerpräsidenten für Schimon Peres entschieden, nachdem Rabin 1976 aufgrund des Finanzskandals um seine Frau hatte abdanken müssen. Peres schien der verträglichere, sensiblere Kandidat zu sein. Rabin hatte den großen Vorteil für sich, der erfolgreiche Oberkommandant der israelischen Streitkräfte im Sechs-Tage-Krieg gewesen zu sein. Einig ergänzten sie sich ideal.

Kurz vor den Wahlen kam es noch zu der grundsätzlichen Frage, ob *extreme Parteien* zu den Wahlen zugelassen werden dürften. Die linken Parteien forderten das Verbot der rechtsextremen Kach-Partei, die in ihrem Programm die Vertreibung der Araber aus Großisrael propagierte. Die Likudregierung, statt diesen Antrag zu unterstützten, forderte, die arabische progressive »Liste für den Frieden« ebenfalls zu verbieten. Das Ergebnis des Streites war die Zulassung beider.

Vor den Wahlen kam es zum ersten Mal in der Geschichte Israels zu einem Austausch der beiden Hauptgegner, Jitzchak Schamir, dem Kandidaten des Likud, und Schimon Peres, dem der Arbeiter-Partei, im Fernsehen. Beide legten die Standpunkte ihrer Parteien dar. Beide sprachen sich aus für die Bekämpfung der Inflation und der Wirtschaftsnot und beide waren im Prinzip bereit, sich auch aus dem Libanon zurückzuziehen. Schamir allerdings wollte diesen Rückzug mit einem gleichzeitigen Abzug der Syrer und weitgehenden Sicherheitsgarantien gekoppelt sehen, während Peres auf einen mehr oder weniger bedingungslosen Rückzug drängte, der allerdings auch nicht die Sicherheit der Bürger Nordisraels aus den Augen lassen sollte.

Zu ersten Auseinandersetzungen bei der Verteilung der Ministerposten kam es bei den drei *religiösen Parteien*, Nationalreligiösen, Aguda und Schass. Die Schass-Partei, ein Zusammenschluss orientalischer Religiöser unter der geistigen Leitung des ehemaligen sefardisch-orientalischen Oberrabbiners Obadja Josef, war eine azionistisch oder apolitisch eingestellte Partei und damit Konkurrenzpartei zu der Agudat Israel, die bisher alle nicht zionistisch eingestellten orthodoxen Juden vertreten hatte. Ähnlich wie die Aguda war Schass in die Politik eingetreten, um eine bessere Ausgangsbasis bei der Durchsetzung eigener Ziele zu haben, eine größere Selbstständigkeit im Schulsystem zu erreichen, ein eigenes soziales Hilfswerk aufzubauen – und um von der aschkenasischen Bevormundung loszukommen. Sie erhielt auf Anhieb bei ihrem ersten Eintritt in die Politik vier Mandate und war somit genauso stark wie die Mafdal, die Nationalreligiöse Partei und doppelt so stark wie die alte Aguda, die jetzt eine ausschließlich aschkenasische Partei geworden war.

Ihrer eigenen politischen Stärke bewusst forderte die *Schass-Partei* einen Mitanteil an der Regierungsgewalt, der bisher in den Händen der nationalreligiösen Partei und vorübergehend auch von Tami gewesen war. Die Auseinandersetzung spitzte sich besonders um das Amt des Religionsministers zu, der für die Verteilung der Gelder an die religiösen Institute zuständig war. Der Schass-Partei gelang es zwar nicht, dieses Amt zu bekommen; in einem Kompromiss erhielt sie aber das Innenministerium, das in der Geschichte Israels zusammen mit dem Religionsministerium meist vom Mafdal besetzt gewesen war. Der Vorsitzende des Mafdal, Josef Burg, die graue Eminenz, die der Regierung seit der Staatsgründung als Minister angehört hatte, wurde Religionsminister, und Jitzchak Perez von der Schass-Partei Innenminister. Das Auftreten der Schass-Partei verschärfte den Kampf um die Durchsetzung religiöser Rechte in Israel. Unter ihrem Druck nahm die Knesset das Gesetz zum Verbot öffentlicher Veranstaltungen am Schabbatbeginn, Freitagabend, an und das Verbot über den Verkauf von gesäuertem Brot während der acht Passah-Tage. In einer anderen Frage, der Einführung der Sommerzeit, konnten sich die Orthodoxen, die durch die Verschiebung der Zeiten um die Frühgebete bangten, nicht durchsetzen. In einem Kompromiss war die Sommerzeit in Israel aber viel kürzer als in Europa.

Diese Einigung unter den Religiösen kam erst im Dezember 1984 zustande, nachdem über die Hauptpunkte zwischen den beiden großen Blöcken, Arbeiter-Partei und Likud, längst entschieden worden war. Die wichtigsten Ministerien verteilten sich gleichmäßig auf Vertreter der beiden Blöcke, wobei festgesetzt war, dass der Vorsitzende der jeweiligen Partei, die nicht die Regierungsgewalt ausübte, Vizepremier und Außenminister sein sollte. Dieses Amt bekam also Jitzchak Schamir. Außerdem erhielt der Likud das wichtige Ressort Finanzen (Jitzchak Modai). Die Arbeiter-Partei bekam das Verteidigungs- (Jitzchak Rabin) und das Wirtschaftsministerium (Gad Jakobi).

Dass die ultrarechte *Kach-Partei* nicht vor den Wahlen verboten worden war, sollte sich bald als Problem herausstellen und für Unfrieden in der politischen Szene und im Zusammenleben von Juden und Arabern im Staat sorgen. Kurz nach den Wahlen gab Meir Kahane bekannt, dass er in die arabischen Dörfer zu fahren gedenke und dort die Araber zum Verlassen des Landes aufrufen wolle. Sein erster Versuch in dem Großdorf Um el Fachem, das später zur Stadt erklärt wurde mit seinen fast 30.000 Einwohnern, scheiterte kläglich. Er und eine Hand voll Leuten musste durch die Polizei von den Tausenden Gegendemonstranten, Arabern wie Juden, getrennt werden. Die Juden waren schon einen Tag zuvor ins Dorf gekommen und hatten bei den Arabern eine Herberge gefunden, da am Demonstrationstag das Dorf von der Polizei abgeriegelt wurde. Das Dorf lud seine jüdischen Freunde wiederholt an den nächsten Wochenenden ein. Im Endeffekt hatte Kahane wohl das Gegenteil erreicht.

Das Parlament sah sich danach genötigt, eine *lex Kahane* zu schaffen, und hob die Bewegungsfreiheit, die sonst jedem Parlamentsabgeordneten gewährt werden muss, für Kahane auf.

Zwei Hauptprobleme des Staates hatten zu den verfrühten Neuwahlen geführt: die Wirtschaftsverschuldung und damit zusammenhängend die andauernde Besetzung Libanons. Diese beiden Punkte hatten denn auch unmittelbare Priorität in den Regierungsgeschäften.

Die ersten Erfolge erreichte die Regierung auf dem Gebiet der *Wirtschaftspolitik*. Die Inflation hatte inzwischen die 445 Prozent-Marke, auf das Jahr umgerechnet, überschritten. Jeder vergehende Tag ohne die Lösung dieses Problems brachte neues Unheil mit sich. Die Regierung rief den nationalen wirtschaftlichen Notstand aus und verfügte einschneidende Maßnahmen. Eine Liste von Luxusgütern wurde definiert und deren Einfuhr verboten. Peres erreichte bei einem Blitzbesuch in den Vereinigten Staaten größere amerikanische Finanzhilfe und vorgezogene Auszahlung. Die Histadrut, die Gewerkschaft, und die Arbeitgeber ließen sich angesichts der katastrophalen Situation von der Regierung bestimmen, einem dreimonatigen Lohn- und Preisstopp zuzustimmen. Diese und andere Maßnahmen schafften es tatsächlich, die Inflation auf das erträgliche Maß von ca. 20 Prozent herunterzuschrauben, so wie es in den Jahren der Arbeiter-Partei-Herrschaft vor 1977 auch bestanden hatte.

Es zeigte sich aber, dass diese Schritte nicht ausreichten, den wirtschaftlichen Aufschwung anzukurbeln. Durch die drastischen Maßnahmen musste im Gegenteil eine stärkere Arbeitslosenquote in Kauf genommen werden. Viele kleinere Firmen gingen bankrott, aber auch große Staatsunternehmen mussten Entlassungen vornehmen, um auf dem Weltmarkt wettbewerbsfähig zu bleiben. Besonders die Rüstungsindustrie musste infolge der militärischen Beruhigung starke Auftragsrückgänge hinnehmen. Die Amerikaner machten eine Vergrößerung ihrer finanziellen Unterstützung von einschneidenden Sparmaßnahmen der israelischen Regierung abhängig und mischten sich vehement in die israelische Wirtschaftspolitik ein. Manche Prestigeprojekte mussten eingestellt werden. Besonders schwer fiel es gewissen nationalen Kreisen, sich von dem Lavie-Projekt zu trennen, dem Bau eines eigenen Kampfjägers. Mehrere tausend Angestellte der Luftfahrtindustrie wurden dadurch arbeitslos. Anfang 1985 stieg die Inflationsrate wieder an. Die Histadrut stimmte einer Verlängerung von Lohn- und Preisstopp für weitere acht Monate zu. Im September wurde der Schekel, der im Dezember 1980 die alte Währung abgelöst hatte, erneut umgewertet, diesmal drastischer. Ein Neuer Schekel entsprach 1000 alten Schekel. Der Schekel wurde auf einen Wechselkurs von 1.50 Schekel zu einem Dollar eingefroren. Die israelische Währung war seit 1980 gegenüber dem Dollar um 25.000 Prozent abgewertet worden.

Die drastischen Maßnahmen verzeichneten schließlich positive Ergebnisse. Die Inflation sank auf 15 Prozent im Jahr 1987. Das Bruttosozialprodukt pro Kopf der Bevölkerung, das in den letzten Jahren ständig gesunken war, wuchs wieder, 1986 um 0,6 Prozent, 1987 sogar um 3 Prozent. Beide Blöcke in der Regierung, Likud und Arbeiter-Partei, verbuchten diese Erfolge für ihre Seite: der Likud schrieb sie dem eigenen Finanzminister zugute, die Arbeiterpartei ihrem Premierminister.

Auch auf dem zweiten Gebiet, der Lösung des verwickelten *Libanonproblems*, begann die neu gebildete Regierung sofort nach ihrer Einsetzung tätig zu werden. Als Erfolg der Regierung war zu verbuchen, dass es überhaupt zu Verhandlungen kam. Ab November 1984 trafen sich eine israelische und eine libanesische Verhandlungsdelegation im südlibanesischen Nakura, dem israelisch-libanesischen Grenzort an der Mittelmeerküste. Bald aber wurde deutlich, dass die Standpunkte weit voneinander entfernt waren. Die Libanesen forderten den bedingungslosen Abzug der israelischen Truppen aus allen libanesischen Territorien und israelische Reparationszahlungen in Höhe von zehn Milliarden Dollar. Die Israelis verlangten die Übernahme der von ihnen geräumten Gebiete durch UNO-Kontingente, das Verbot der Übernahme dieser Region durch palästinensische oder syrische Truppen und weitere Sicherheitsgarantien. Dies waren im Wesentlichen die Forderungen der Arbeiter-Partei, während das Likudlager an seiner Grundthese festhielt, jeden israelischen Rückzug mit einem Rückzug der Syrer zu koppeln.

Als Peres zu der Überzeugung kam, dass es zu keiner baldigen Verständigung mit dem Libanon kommen werde und die hohen Ausgaben der Besetzung die israelische Wirtschaft völlig lahm legen würden, beschloss er einen israelischen Alleingang, den er gegen den Widerstand seines Likud-Vizepremiers, Jitzchak Schamir, durchzusetzen vermochte. Mit 16 Stimmen, darunter allen Ministern der Arbeiter-Partei, gegen 6 Likudstimmen beschloss das israelische Kabinett am 14. Januar 1985 den einseitigen Rückzug der israelischen Truppen aus dem libanesischen Gebiet. Der Rückzug in drei Phasen begann im Februar 1985 und war im Juli abgeschlossen. Israel behielt sich einen ca. 10 Kilometer breiten Sicherheitsstreifen im Südlibanon vor, der durch die südlibanesische Armee mit israelischer Unterstützung gehalten werden sollte.

Infolge dieses Rückzuges flackerte der alte Bürgerkrieg zwischen Christen, Drusen, Schi'iten und Sunniten und auch zwischen den verschiedenen palästinensischen Fraktionen wieder auf und kam erst zur Ruhe, nachdem der Großteil des Libanon unter syrische Kontrolle kam. Für Israel aber war damit das an Menschenleben und Finanzen teure Libanonunternehmen erst einmal abgeschlossen. Die Arbeiter-Partei hatte damit ihr Wahlversprechen, einen schleunigen Rückzug aus dem Libanon zu bewerkstelligen, eingelöst. Der Libanonkrieg unter dem trügerischen Namen »Operation Frieden für Galiläa« hatte auf israelischer Seite 610 Soldaten das Leben gekostet. 3500 waren verwundet worden. Der Krieg hatte 3,5 Milliarden Dollar verschlungen.

Der Rückzug aus dem Libanon ermöglichte auch eine Aufpolierung des schlechten Images Israels in der Weltöffentlichkeit. Noch in der Phase der Peres-Regierung kam das im Zustandekommen *diplomatischer Beziehungen* mit Ländern zum Ausdruck, die die Beziehungen zu Israel 1967 oder 1973 abgebrochen hatten oder bisher keine Beziehungen unterhalten hatten. Zur zweiten Gruppe gehörte Spanien, das 1986 diplomatische Beziehungen zu Israel anknüpfte. Spanien hatte in der Geschichte des jüdischen Volkes immer eine besondere Rolle eingenommen. Nach der Vertreibung der Juden aus Spanien vor über 500 Jahren, 1492, hatte es einen unausgesprochenen, aber effektiven Bann gegeben, spanischen Boden nicht mehr zu betreten.

Mehrere afrikanische und südamerikanische Staaten folgten: Honduras, Kamerun, die Elfenbeinküste, Togo und Liberia. Auch mit der Sowjetunion kam es zu ersten Kontakten. Mit dem Beginn der Perestroika unter Michail Gorbatschow wurden die absoluten Ausreisebestimmungen für Juden gelockert. 1987 kam es zu einem Besuch einer sowjetischen Konsulardelegation in Israel. Im selben Jahr tauschten auch Polen und Ungarn, noch unter sowjetischer Abhängigkeit, Interessenvertretungen mit Israel aus.

In den Beginn dieser Regierungs-Periode fielen auch eine Reihe von ernsteren *Sicherheitsproblemen*, die die Sicherheitskräfte des Staates, aber auch die Regierung selber, in Verlegenheit, um nicht zu sagen in ernste Verwicklungen brachte. Eines dieser Ereignisse hatte die neue Regierung von der vorhergehenden geerbt. Bei einem Überfall auf einen israelischen Bus am 12. April 1984, bei dem zahlreiche Israelis ums Leben gekommen waren, hatten die zwei palästinensischen Attentäter, wie Fernsehberichte zeigten, überlebt. Anschließend aber waren sie im Gewahrsam des Geheimdienstes auf mysteriöse Weise ums Leben gekommen und wahrscheinlich, wie später verlautete, auf höheren Befehl ermordet worden. Der Verdacht richtete sich in erster Linie gegen den damaligen Ministerpräsidenten Jitzchak Schamir. Aber auch der damalige Oppositionsführer Schimon Peres, soll um die wahren Umstände gewusst und geschwiegen haben. In der israelischen Öffentlichkeit und in den Medien wurde die Affäre monatelang heftig und kontrovers diskutiert. Die neue Regierung der großen Koalition war jedoch – in einer Abstimmung des Kabinetts von 14 gegen 11 – nicht bereit, einer Untersuchungskommission zuzustimmen. Die Affäre erregte noch über ein Jahrzehnt danach die Gemüter, nachdem das israelische Fernsehen die Affäre, die den Namen *Buslinie 300* trug, in einer Fortsetzungsserie zu rekonstruieren versuchte.

Ein weiterer Schlag gegen das Ansehen der Sicherheitskräfte und besonders des Geheimdienstes war die Aufdeckung einer Spionageaffäre gegen die USA, nachdem der amerikanische Jude *Jonathan Pollard* 1985 vom amerikanischen Geheimdienst überführt wurde, jahrelang wichtige militärische Informationen an den israelischen Geheimdienst geliefert zu haben. Pollard wurde in Amerika zu lebenslänglichem Zuchthaus verurteilt; die israelischen Hintermänner oder Auftraggeber ließen sich aber nicht finden, was zu einer ernsten Krise zwischen Israel und seinem größten Verbündeten, den Vereinigten Staaten, führte.

In diesem Zusammenhang ist auch die Vanunu-Affäre 1986/87 zu erwähnen. *Mordechai Vanunu*, ein Angestellter des einzigen israelischen Atom-Versuch-Reaktors bei Dimona in der nördlichen Negevwüste, war mit wichtigen Unterlagen und Photographien, die die Herstellung israelischer Atombomben beweisen sollten, nach

England geflohen und hatte seine »story« der britischen Sunday-Times verkauft. Er wurde auf bisher nicht völlig geklärte Weise vom israelischen Geheimdienst gekidnappt und nach Israel verbracht, wo ihm der Prozess gemacht wurde. Die Entführungsgeschichte, soweit sie in den Boulevardzeitungen breitgetreten wurde, war gespickt mit einer Fülle auch romantischer Details, wie sie jedem guten Spionagefilm Ehre gemacht hätten. Kritische Kreise waren sogar der Meinung, dass Israel die ganze Affäre initiiert habe, um damit durchblicken zu lassen, dass es über Atomwaffen verfüge.

Nach dem Erfolg im Kampf gegen die Inflation und der Räumung des Libanon hatte Peres vor, seine zwei Regierungsjahre mit einem besonderen Höhepunkt abzuschließen, der ihm auch ein Comeback nach Ende der Regierungszeit von Schamir sichern sollte. Dies war nicht mehr und nicht weniger als ein Friedensschluss mit den Palästinensern und den arabischen Nachbarn. Da er sich wie alle seine Vorgänger im Amt vor direkten Verhandlungen mit der PLO fürchtete, verhandelte er mit Jordanien und versuchte Jordanien zu bewegen, Palästinenser in die eigene Friedenskommission aufzunehmen. Ende 1985 reiste Peres nach *Marokko* und versuchte in einer spektakulären Begegnung mit König Hassan diesen als Vermittler für einen nahöstlichen Frieden zu gewinnen, nachdem die Ägypter die kalte Schulter gezeigt hatten. Im September 1986, einen Monat vor dem Termin der Rotation, gelang es Peres endlich, mit Husni Mubarak in Alexandrien zusammenzutreffen. Durch diese Begegnungen mit den arabischen Staatsmännern wurde Peres klar, dass die Araber nur zu einem Treffen auf internationaler Ebene bereit waren. Um dem Frieden eine Chance zu geben, willigte Peres in eine internationale Konferenz ein oder zumindest in eine Konferenz mit einer internationalen Eröffnungsrunde.

Im Oktober 1986 wurde Peres durch Schamir als Premierminister abgelöst. Als Außenminister versuchte Peres, den Gedanken der *Friedenskonferenz* weiterzuführen. Im April 1987 kam es in London zu einem weiteren spektakulären Treffen mit einem arabischen Staatsoberhaupt, mit König Hussein von Jordanien. Sie unterzeichneten ein Abkommen, eine internationale Friedenskonferenz abzuhalten. Peres, der zum ersten Mal in der israelisch-jordanischen Geschichte einen unterschriebenen Vertrag vorweisen konnte, brachte den Vertrag im Kabinett nicht zur Abstimmung, weil er wusste, dass er dafür keine Mehrheit bekommen würde. In der Folgezeit arbeitete Peres weiter an der Durchführung der Friedenskonferenz, während Schamir alles versuchte, eine solche Konferenz zu verhindern unter dem Hinweis, dass das Kabinett Peres nicht mit dieser Aufgabe betraut habe. In den zwei Jahren der Schamirregierung kam der Friedensprozess so um keinen Schritt weiter. Auch die Amerikaner verhielten sich den Plänen von Peres gegenüber neutral, da sie an einer internationalen Konferenz in der Ausgangsphase des Kalten Krieges nicht interessiert waren.

Das fünfte Jahrzehnt

Intifada – der Aufstand der Palästinenser

Einundzwanzig Jahre Besetzung brauchte es, bis das Fanal zum Volksaufstand gegeben wurde. In dieser Zeit hatte es ruhigere und stürmischere Jahre gegeben. Im Ganzen aber hatte sich bei den Israelis der Eindruck durchgesetzt, dass sich die Araber mit der Besetzung abgefunden hätten. Aufgrund der Vollbeschäftigung und der verhältnismäßig gut bezahlten Arbeitsmöglichkeiten in Israel hatten sich tatsächlich viele Westbank-Araber im Laufe der Jahre mit der politischen Lage arrangiert. In Kreisen junger Intellektueller, wie an der einzigen Westbankuniversität, deren Gründung die Jordanier in der Westbank zugelassen hatten, Bir Zeit, schwelte aber die Flamme des Aufruhrs, so dass die Hochschule von den israelischen Behörden immer wieder geschlossen wurde. Die anderen von den Israelis während der Besetzung zugelassenen Universitäten, in Hebron, Nablus oder Gaza, verhielten sich in diesem Kampf ruhiger.

Besonders die andauernde *jüdische Siedlungstätigkeit* in den besetzten Gebieten sorgte für steigende Spannung. Hatte es noch vor der Machtübernahme durch den Likud in den besetzten Gebieten mit Ausnahme des Raumes Jerusalem zusammengenommen nur an die 3000 jüdische Siedler gegeben, und dies vorwiegend in arabisch dünn oder zuvor nicht besiedelten Gebieten, so gab es jetzt, 1987, vor Ausbruch der Intifada bereits 60.000 bis 70.000 jüdische Siedler, gerade auch im Herzen des arabischen Siedlungsbereiches. Wenn auch die Siedler zu jener Zeit nur 8 Prozent der Gesamtbevölkerung in den besetzten Gebieten ausmachten, so verfügten sie doch über 80 Prozent der Wasserquellen dieses Raumes und über einen Großteil der Böden. Im Gazastreifen, einem der am dichtesten besiedelten Plätze der Welt, in dem die jüdische Bevölkerung weniger als zwei Prozent ausmachte, war ein Drittel des Gebietes den Neusiedlern vorbehalten. Mit der Intensivierung der Siedlungstätigkeit nahm auch der *Widerstand* dagegen zu. Hatte es noch Mitte der siebziger Jahre an die 400 bis 500 »feindliche Terrorakte« jährlich gegeben, so waren es Mitte der achtziger Jahre an die 4000. Auch die Angriffe von kleinen palästinensischen Kampfeinheiten aus den benachbarten arabischen Staaten nahmen zu. Neu aber waren sporadische und spontane Überfälle, Messerstechereien, Molotowcocktailangriffe, aber auch Feuerüberfälle in den besetzten Gebieten und im Kernland Israels, die mit keiner der organisierten palästinensischen Gruppen in Zusammenhang gebracht werden konnten. Der Terror individualisierte sich und geriet außer Kontrolle.

Nach der palästinensischen Zählung brach die Intifada, »Erwachen« auf Deutsch, am *9. Dezember 1987* in Gaza los. Auslöser war ein Verkehrsunfall am 8. Dezember gewesen, bei dem ein israelischer Lastwagen mit einem arabischen Taxi auf der Heimfahrt in den Gazastreifen kollidiert war. Vier Palästinenser kamen dabei ums Leben. Die Palästinenser beschuldigten den Lastwagenfahrer, den Verkehrsunfall als Racheakt für einen kurz zuvor in Gaza erfolgten Mord an einem Israeli absichtlich verursacht zu haben, nach einer späteren Polizeiuntersuchung zu Unrecht. Der Vorfall zeigt aber, wie gespannt die Situation war. Bei Demonstrationen am 9. Dezember kam ein Palästinenser ums Leben. Die Unruhen griffen auf die Westbank über. Das israelische Militär reagierte ohne einheitlichen Plan. Es dachte, es handele sich wieder um eine der Unruhen, die mit militärischer Strenge zu bewältigen seien. Verteidigungsminister Rabin war bei Ausbruch der Unruhen auf einer Auslandsreise, sah aber keinen Grund, früher nach Hause zu kommen.

Als dem Aufstand nicht beizukommen war, reagierte das Militär irritiert mit ungewöhnlicher Strenge und immer noch ohne einheitliches Konzept. Die Kommandos wichen voneinander ab und wurden verschieden interpretiert. Das israelische Militär war ausgebildet worden, gegen fremde Heere zu kämpfen, nicht, einen Volksaufstand niederzuschlagen. Die jungen israelischen Soldaten, die kaum älter waren als die gegen sie mit Steinen, Molotowcocktails, Eisenstangen und Bauquadern kämpfenden palästinensischen Jugendlichen, wussten manchmal nicht, wie sie ihr eigenes Leben retten sollten. Der Kampf wurde auf beiden Seiten immer brutaler geführt. In den ersten Monaten der Intifada kamen monatlich Dutzende von Palästinensern ums Leben. Die Revolution wurde dadurch nur angestachelt. Die Ausschreitungen, die in späteren Prozessen gerade gegen Angehörige israelischer Eliteeinheiten geahndet wurden, ereigneten sich besonders in diesen ersten Monaten der Intifada.

Die Intifada hatte viele *Auswirkungen*: auf die *Palästinenser* selbst, auf die Israelis, aber auch auf die PLO-Führung im Ausland, die von den Ereignissen genauso überrascht war wie die Israelis und die Palästinenser im Land. Die im Land kämpfenden Palästinenser wurden allmählich zu einem wichtigeren Faktor als die Auslands-PLO.

Die *israelische Zivilbevölkerung* reagierte durchaus unterschiedlich. Während ein Teil den Palästinensern gegenüber zu mehr Zugeständnissen bis zur Zubilligung eines eigenen Staates bereit war, verhärtete sich ein anderer Teil der palästinensischen Frage gegenüber und kam zu dem Schluss, dass bei schärferem Durchgreifen von Anfang an die Aufstandsbewegung in sich zusammengebrochen wäre. Zu dem letzteren Lager gehörten besonders die jüdischen Siedler in den besetzten Gebieten, die das Ausmaß der Intifada als Erste zu spüren bekamen. Da viele der Meinung waren, das Militär greife nicht genügend hart durch, begannen sie schon in den ersten Monaten zur Selbsthilfe zu greifen und verübten ihrerseits Terrorakte gegen die arabische Bevölkerung, die nach der Meinung vieler Israelis von den israelischen Gerichten nicht immer mit der nötigen Strenge geahndet wurden. Überhaupt ist festzuhalten, dass die israelischen Medien mit größter Kritik und einer unbarmherzigen Berichterstattung gegen Übergriffe in der Bekämpfung der Intifada vorgingen, so dass ein beliebter Autoaufkleber der Rechten die Aufschrift hatte: »Das Volk ist gegen die feindlichen Medien«. Gemeint waren die israelischen Medien.

Je länger aber die Intifada dauerte, umso mehr stumpfte die breite Öffentlichkeit in Israel dem Geschehen gegenüber ab. Im Gegensatz zum Libanonkrieg gab es auch keine Massendemonstrationen gegen Aktionen des israelischen Militärs unter den israelischen Linken. Der Intifada, die bald auch in das israelische Hinterland eindrang und durch Messerstechereien, Autobusattentate und Bombenanschläge unter der jüdischen Zivilbevölkerung Dutzende von Todesopfern forderte, konnte man schlecht entgehen. Sie war allgegenwärtig. Wie die rechten Gruppierungen verzeichnete in dieser Zeit dennoch auch die Friedensbewegung einen Zuwachs. Neue Gruppen entstanden, wie die Bewegung *Das einundzwanzigste Jahr*, die zwar schon einen Monat vor dem Ausbruch der Intifada gegründet worden war, mit ihrem Programm: »21 Jahre Besetzung sind genug« durch die Intifada aber besonderen Auftrieb bekam. Eine Reihe von Frauenfriedensbewegungen entstanden, die bekannteste unter ihnen wurde die Gruppe *Frauen in Schwarz*, die trotz aller Anfeindungen durch Rechtsgruppen jeden Freitag eine Stunde in den Zentren der Großstädte und an großen Kreuzungen von Landstraßen schweigend gegen die Fortsetzung der Besetzung demonstrierten.

Der Dachverband *Schalom Achshav* veranstaltete immer wieder Treffen in verschiedenen arabischen Dörfern und Städten zwischen friedensbereiten Israelis und Palästinensern, die nach einigen Schwierigkeiten, auch Sprachschwierigkeiten, es fertig brachten, gegenseitiges Vertrauen aufzubauen. Es bildeten sich Nachbarschafts- und Patengruppen, wobei sich Israelis und Palästinenser regelmäßig trafen und untereinander austauschten. Manche der »Nachbarschaftsbesuche« – wie Nachbarn, die gute Freunde im Ausland besuchen und nicht wie Besetzer im besetzten Land – wurden vom Militär verhindert, aufgelöst oder verboten. Die Nachbarschaftstreffen machten in der israelischen Presse besonders während eines Steuerboykotts des christlichen Städtchens Bet Sahur bei Bethlehem auf sich aufmerksam, als sich im Winter 1989/90 Hunderte von Israelis mit Palästinensern in den Kirchen von Bet Sahur trafen, bevor es dem Militär gelang, die nicht genehmigten Treffen aufzulösen. Die spektakulärste Friedensaktion fand am 30. Dezember 1989 statt, als Zehntausende Israelis und Palästinenser unter dem Motto, »das Jahr 1990, ein Jahr des Friedens« eine lebende Mauer um die Altstadt von Jerusalem bildeten. Die Demonstration, die streckenweise als »Happening« gefeiert wurde und zum größten Teil ausgesprochen friedlich verlief, wurde gegen Schluss an einigen Stellen von der Polizei gewaltsam gesprengt.

Die stärksten Veränderungen hat die Intifada im palästinensischen Lager hervorgerufen. Eine *neue Führungsschicht* bildete sich heraus. Kinder und Jugendliche übernahmen das Kommando auf der Straße und verloren jede Angst vor den Besetzern, so dass auch die Älteren davon angesteckt wurden. Eine weitere Gruppe wurde durch die Intifada bedeutsam, die bisher in der arabischen Gesellschaft nicht viel Einfluss gehabt hatte, die palästinensischen Frauen. Sie gingen mit ihren Kindern auf die Straße und zeigten sich unerschrocken. Die alte Führungsschicht, die Männer und Familienväter, die bisher für den Unterhalt – meistens durch Arbeit in Israel – gesorgt hatten und deshalb immer zu Kompromissen und einem Sich-Abfinden mit der Lage geneigt hatten, hatte nicht mehr viel zu sagen.

Je länger die Intifada dauerte, umso mehr waren aber auch ihre *Auswüchse* nicht mehr zu verkennen und umso bedrückender wurde die Lage der Palästinenser selbst. Die ständigen Streiks, die selbst auferlegte Verkürzung der Arbeitszeiten im Geschäftsleben, die häufigen Ausgangssperren und Schließungen der grünen Grenze durch die israelischen Behörden führten viele palästinensische Haushalte in den Ruin. Zugesagte Unterstützungsgelder aus dem pro-palästinensischen oder arabischen Ausland wurden nicht gezahlt oder konnten nicht ins Land kommen. Die Intifada selbst veränderte ihr Gesicht. Ermüdungserscheinungen wurden sichtbar. Die Volksbewegung wurde allmählich zu einem Kampf jugendlicher Gruppen von Vermummten, die sich auch untereinander befehdeten und die eigene Bevölkerung teilweise mehr bedrohten als die israelischen Besetzer. Je weniger Palästinenser durch israelisches Militär umkamen, umso mehr wurden von den eigenen Leuten umgebracht, angeblich als Kollaborateure. In Wirklichkeit handelte es sich häufig um private Fehden und kriminelle Taten. Aufrufe der allgemeinen Aufstandsführung gegen diese Entgleisungen blieben ergebnislos. Die Intifada drohte außer Kontrolle zu geraten. Die palästinensische Bevölkerung begann unter ihrem Joch zu stöhnen, konnte die gerufenen Geister aber nicht so leicht loswerden. Immer wieder sorgten israelische unkontrollierte Akte für einen erneuten Ausbruch des Intifada-Fiebers, so wie die Wahnsinnstat eines jungen Israelis, der im Mai 1990 sieben auf den Autobus wartende Araber unweit von Tel Aviv erschoss, oder das Massaker, das israelische Polizisten und Grenzpolizisten in Panik unter Palästinensern auf dem Tempelberg am Laubhüttenfest 1990 verursachten, bei dem 17 Palästinenser ums Leben kamen. Immer, wenn es so aussah, als habe sich die Intifada innerlich erschöpft, brach sie mit neuer Gewalt wieder los. Ende 1991 stand die inoffizielle UNO-Zählung der Palästinenser, die bei Demonstrationen oder Einzelaktionen durch israelische Siedler oder Militärs ums Leben gekommen waren, bei ca. 1.000. Im selben Zeitraum, in den ersten vier Jahren der Intifada, waren mehr als 500 Palästinenser durch Palästinenser ums Leben gekommen.

Der Intifada drohten auch in anderer Weise die Zügel aus den Händen zu gleiten. In der Aufstandsführung hatten sich alle Kräfte vereint, aber schon im März 1988 trennte sich von ihr der islamisch fundamentalistische Flügel, *«Hamas«*, die »Islamische Widerstandsbewegung«. Diese schlug im Lauf der Zeit einen unversöhnlichen Kurs ein, besonders nachdem sich die PLO, die wichtigste Gruppe in der Allgemeinen Aufstandsführung, zu Verhandlungen mit dem Feind und zu einer Anerkennung Israels bereitfand. Sie gab in der Folgezeit eigene Flugblätter heraus, rief eigene Streiktage aus und wurde in manchen Gebieten, so im Gazastreifen, wichtiger als die PLO-gelenkte Aufstandsführung. Für Hamas gab es nur ein politisches Ziel: die Vernichtung Israels und die Aufrichtung eines fundamentalistischen islamischen Staates nach iranischem Vorbild in Palästina.

Die Intifada und ihre Gegenmaßnahmen hatten sich im Laufe der Jahre eingependelt. Sie war zu schwach, als dass sie den israelischen Staat wirklich zum Einlenken bewegen konnte. Sie hatte aber neue Tatsachen geschaffen. Die meisten Israelis, bis auf die Siedler, fuhren nicht mehr in die besetzten Gebiete, und es war klar, es gab kein Zurück mehr zum Status quo vor der Intifada.

Die Schamir-Regierung

Die Vorbereitungen zu den Vierzig-Jahrfeiern des Staates fielen in die Anfangszeit der Intifada. Das fünfte Jahrzehnt brach an, ohne dass sich die Sicherheit nach innen wie nach außen gefestigt hatte. 1988 ging die Regierungsperiode der Rotationskoalition zu Ende. Auch der *Wahlkampf* stand unter dem Einfluss der Intifada. Einen Tag vor der Wahl, am 1. November 88, kamen bei einem Molotowcocktail-Angriff auf einen Bus, der auf der Route Tiberias – Jerusalem durch die Jordanebene unterwegs war, bei Jericho eine ultraorthodoxe Jüdin mit ihren zwei Kindern ums Leben, sowie ein Soldat, der versucht hatte, sie und die Kinder zu retten. Politische Beobachter haben dies für einen gewissen Rechtsruck verantwortlich gemacht, den die Wahlen erbrachten. Der Likud ging aus dieser Wahl mit 40 von 120 Abgeordneten als stärkste Partei hervor, während die Arbeiter-Partei nur 39 Mandate erreichte.

Die eigentlichen Wahlsieger waren aber die religiösen Parteien, besonders die drei nichtzionistischen ultraorthodoxen Parteien, Schass (6 Abgeordnete), Aguda (5) und die neu gebildete Degel ha-Tora (2), das »Fähnlein der Tora«, eine antichassidische Absplitterung der Aguda. Alle orthodoxen Parteien zusammen, einschließlich der zionistischen Nationalreligiösen Partei (5 Mandate), erreichten 18 Abgeordnete, 15 Prozent der Stimmen, so viel wie noch nie zuvor. Die übrigen Sitze im Parlament verteilten sich wie in der israelischen Parlamentsgeschichte schon üblich auf drei Blöcke: rechts vom Likud, links von der Arbeiter-Partei und auf die so genannte azionistische Linke. Zum Rechtsblock gehörten die »Tehia« (3 Abgeordnete), »Zomet« (2) und die »Transfer«-Partei »Moledet« (2). Der Linksblock bestand aus der Bürgerrechtspartei »Raz« (5 Abgeordnete), der »Mapam« (3), die diesmal mit eigener Liste angetreten war, und der Mitte-Partei »Shinui« (2). Die »nichtzionistischen« Linken, fast ausschließlich arabische Listen, bestanden aus den Kommunisten, »Rakach« (4 Abgeordnete), den Progressiven (1) und der Arabischen Liste des ehemaligen Abgeordneten der Arbeiter-Partei Derausche (1).

Der Staatspräsident hatte den Kandidaten des Likud, *Jitzchak Schamir*, als Anführer der stärksten Liste mit der Regierungsbildung beauftragt. Er begann Verhandlungen mit den Religiösen, die sich durch ständig steigende Forderungen wochenlang hinzogen, bis sich herausstellte, dass sie nicht erfüllbar waren, wollte der Likud je wieder gewählt werden. Neben der Verschärfung der bestehenden strengen Schabbatgesetze, einer größeren Unterstützung für die ultraorthodoxen Schulwerke, war besonders die Forderung nach Änderung des Gesetzes »Wer ist Jude« ein Haupthindernis bei der Bildung einer rechts-religiösen Regierung. Die Gesetzesänderung sah vor, dem Paragraphen über die Konvertierung zum Judentum ein Wort in Hebräisch hinzuzufügen, das ins Deutsche übersetzt »entsprechend der Halacha«, »entsprechend dem jüdischen Religionsgesetz«, heißt. Hiermit wären nur die Konvertiten als Juden anerkannt worden, die nach orthodoxem Ritus zum Judentum übergetreten sind, und nicht die zahlreichen Konvertiten der beiden anderen, besonders in Amerika stark vertretenen religiösen Zweige des Judentums, der Konservativen und des Reformjudentums. Diese Gesetzesänderung hätte also den Bruch mit dem Judentum in der Diaspora bedeutet und den Ausstoß von Abertausenden Konvertiten, ihren Kindern und Kindeskindern, wie sie die Mischehensituation in den westlichen Zentren des Judentums mit sich gebracht hat.

Da die religiösen Forderungen nicht zu erfüllen waren und alle Rechtsparteien zusammengenommen für eine Regierungsbildung zu schwach waren, verfiel man schließlich wieder auf das Patent einer großen Koalition, angesichts des schwächer gewordenen linken Flügels aber diesmal ohne Rotation. Schamir wurde wieder Ministerpräsident, Peres diesmal Finanzminister und Rabin blieb Verteidigungsminister. Ein Teil der Religiösen schloss sich der großen Koalition an, um am großen Geldkuchen nicht unbeteiligt zu sein. Der Rest der Religiösen folgte später in die Regierung nach. Da sie aber nicht mehr Zünglein an der Waage waren, konnten sie auch ihre Forderungen nicht verwirklichen. Der rechte und die beiden Linksblöcke bildeten die Opposition. Da sich die Zusammensetzung der Regierung nicht wesentlich geändert hatte, blieb es auch in der Regierungspolitik mehr oder weniger beim Alten. Im Grunde genommen hatte sich die bisherige Pattsituation erhalten, nur war das Friedenslager innerhalb der Regierung noch schwächer geworden, da die Arbeiter-Partei an Einfluss verloren hatte.

Dies geschah zu einem Zeitpunkt, an dem die Suche nach Frieden auch in der Weltöffentlichkeit dringender erschien als je zuvor. Die nun schon über ein Jahr alte Intifada hatte die Unhaltbarkeit des Status quo signalisiert. Darüber hinaus gab es auch in der Palästinenser-Diaspora entscheidende Entwicklungen. Auf der *Palästina-Nationalrat-Versammlung in Algier im November 1988* hatte sich die Palästinensische Befreiungsbewegung zum ersten Mal in ihrer

Geschichte mehrheitlich zu einem gemäßigten Konzept durchgerungen und sich zu einer Anerkennung Israels, wenn auch nur halbherzig, bewegen lassen. Die PLO verzichtete auf ihr Konzept eines profanen Staates in ganz Palästina und erklärte sich mit einem Teilstaat Palästina an der Seite Israels einverstanden. Einundvierzig Jahre nach ihrer Abfassung anerkannte das palästinensische Volk die UNO-Erklärung 181 von 1947, die eine Teilung Palästinas in einen jüdischen und arabischen Staat vorgesehen hatte. Durch weitere Zugeständnisse Arafats, in denen er vor allem auf Terror zu verzichten bereit war, gelang es der PLO, vorübergehend von den USA als Verhandlungspartner anerkannt zu werden.

In dieser Situation wollte auch *Jitzchak Schamir* etwas für ein besseres Abschneiden Israels in der Weltmeinung tun. Er überraschte die Weltöffentlichkeit mit einer eigenen *Friedensinitiative*, indem er im Mai 1989 die Abhaltung freier Wahlen in den von Israel besetzten Gebieten vorschlug, um so einen palästinensischen Partner zu gewinnen, mit dem Israel eine Friedensregelung aushandeln könne. Gespräche mit der PLO waren für ihn ebenso ausgeschlossen, wie sie es zuvor für die Arbeiter-Partei gewesen waren. Die Arbeiter-Partei hatte auf die jordanische Karte gesetzt, das hieß Integration einer palästinensischen Delegation in der jordanischen Abordnung. König Hussein hatte diesen Plan im Sommer 1988 dadurch zum Scheitern gebracht, dass sich Jordanien für die Palästinafrage als unzuständig erklärte. Die Trumpfkarte des Likud waren jetzt direkte Gespräche mit einer frei gewählten palästinensischen Führerschaft, die selbstverständlich nicht die PLO repräsentieren durfte. Ausgangsmodell war für Schamir das Camp-David-Abkommen, das den Palästinensern eine Autonomie einräumte, von Schamir aber seinerzeit als Außenminister der Begin-Regierung abgelehnt worden war.

Wohl zu seiner eigenen Überraschung gingen sowohl die Ägypter als auch die Amerikaner mit ihrem neu gewählten Präsidenten George Bush auf seine Vorschläge ein, erweiterten sie jedoch, Husni Mubarak zu einem 10–Punkte, der amerikanische Außenminister James Baker zu einem 5–Punkte-Plan. In beiden Plänen vermochte aber Schamir seine Friedensvorstellungen nicht mehr wiederzuerkennen. Hauptstreitpunkt dieser Zeit war die Beteiligung von Palästinensern aus Ostjerusalem und Exilpalästinensern an den Friedensverhandlungen. Umstritten war auch, in welchem Rahmen eventuelle Gespräche stattfinden sollten. Während Ägypter und Amerikaner eine gewisse internationale Plattform anstrebten, wollte Schamir nur etwas von direkten Gesprächen, separat mit jeder Seite, wissen.

Auf Grund der unnachgiebigen Haltung Schamirs und verschiedener anderer Probleme, die innerhalb der Koalition zwischen dem Likud und einzelnen religiösen Parteien entstanden waren, kam es zu größeren innenpolitischen Auseinandersetzungen zwischen Schamir und Peres, wobei Peres von der Annahme ausging, dass seine Friedensbereitschaft von einem Teil der Religiösen, besonders von der Schass-Partei und dem jugendlichen Innenminister dieser Partei, Arie Deri, mitgetragen würde. In einem Versuch, die große Koalition aufzulösen und eine kleine Koalition mit den Linksparteien und einem Teil der Religiösen zu bilden, verließ er die große Koalition, ohne dass es ihm aber gelang, die Schass-Partei auf seine Seite zu bringen. Ergebnis dieser Manipulationen war eine kleine Koalition des Likud mit den Rechtsparteien und einem Großteil der Religiösen. Israel hatte damit wie noch nie zuvor in seiner Geschichte eine Rechtsregierung mit allen Extremen, die sich in den Fragen der Friedensbereitschaft als besonders schwerfällig erweisen sollte.

Die äthiopische und die sowjetische Einwanderung

Die revolutionären Vorgänge, die sich gegen Ende der achtziger Jahre in der Sowjetunion abzuzeichnen begannen, hatten auch auf den Nahen Osten und Israel in seiner Mitte entscheidenden Einfluss. Ab 1989 begannen die sich vom Joch der kommunistischen Herrschaft befreienden Ostblockstaaten nach und nach diplomatische Beziehungen zu Israel anzuknüpfen, die sie zusammen mit der Sowjetunion – mit Ausnahme von Rumänien – 1967 abgebrochen hatten. Sogar die DDR versuchte in den letzten Monaten ihrer Eigenexistenz, noch unter Honecker, die Fühler nach Israel auszustrecken, um dadurch in den Genuss der Begünstigten-Klausel im

Handel mit den Vereinigten Staaten zu gelangen. In dem einen Jahr der Übergangszeit zwischen der reform-kommunistischen Regierung bis zur Wiedervereinigung verstärkten sich diese Bemühungen, scheiterten aber endlich am Widerstand der Bundesrepublik, die befürchtete, erneut Wiedergutmachungsleistungen zahlen zu müssen für den Teil Deutschlands, der seinerzeit aus den Wiedergutmachungszahlungen bis zu einer eventuellen Wiedervereinigung ausgespart worden war. Infolge davon begannen auch Staaten in Afrika und der sonstigen Dritten Welt die abgebrochenen diplomatischen sowie Handels- und Kulturbeziehungen zum jüdischen Staat wiederaufzunehmen.

Die stärkste Veränderung, die *Gorbatschows Glasnost und Perestroika* in Israel auslösten, war aber die Anfang 1990 einsetzende Masseneinwanderung aus der Sowjetunion, die immer weniger Beschränkungen unterlag und sich in Ausmaß und Geschwindigkeit mehr oder weniger an den innenpolitischen Entwicklungen in der Sowjetunion orientierte. Mit dem Wegfallen der kommunistischen Oberaufsicht über die Ostblockstaaten und die Sowjetunion selber kamen wieder nationale und religiöse Bewegungen zum Vorschein, die auch ihre antisemitischen Züge zeigten. Da angesichts der Massenflucht der Juden aus der Sowjetunion fast alle Länder den Auswanderern ihre Tore versperrten, blieb den Juden meist nur Israel als Zufluchtsort, in dem sie sich notgedrungen so gut wie möglich einzurichten versuchten.

Die *Auswanderungsbewegung* nahm 1990 von Monat zu Monat zu, begann im Januar mit unter 5.000 Einwanderern und endete im Dezember mit 35.000, und dies angesichts der sich zuspitzenden Situation im Nahen Osten durch die Golfkrise. Waren im Jahr 1989 lediglich 24.000 Juden nach Israel eingewandert, davon 16.000 aus der Sowjetunion, so waren es im Jahr 1990 über 200.000, davon fast 190.000 aus der Sowjetunion. Der Golfkrieg und die Schwierigkeiten Israels, die Masseneinwanderung zu integrieren, schränkten diese Zahlen 1991 leicht ein. Seit Mitte der 90er-Jahre pendelte sich die Zahl der Einwanderer aus den GUS auf 55–65.000 im Jahr ein. Bis zum Jahr 1998 waren ca. 700.000 Juden eingewandert. 200.000 davon waren lediglich nach dem staatlichen Rückkehrergesetz einwanderungsberechtigt, nach dem Religionsgesetz waren sie Nichtjuden. Die russischen Juden wurden die stärkste Volksgruppe in Israel und lösten die ca 550.000 Juden umfassende marokkanische Volksgruppe ab. Der Staat Israel hatte durch die starke russische Einwanderung zum ersten Mal wieder eine aschkenasische Mehrheit.

Ohne Hilfe von außen war eine solche *Masseneinwanderung*, wie sie seit den Zeiten der ersten Staatsjahre nicht mehr dagewesen war, nicht zu bewältigen. Ein besonderes Problem stellt die einseitige Berufsschichtung der Einwanderer aus der Sowjetunion dar. Über die Hälfte der Einwanderer hatte eine akademische Ausbildung absolviert: 5 Prozent waren Künstler, 11 Prozent Ärzte und medizinisches Personal, 37 Prozent Ingenieure und Techniker, 15 Prozent Lehrer. Ende 1990 lag die Zahl der Ärzte in Israel pro Kopf der Bevölkerung doppelt so hoch wie in der Bundesrepublik. Neueinwanderer mussten bereit sein, alle möglichen Beschäftigungen zu akzeptieren, um nicht erwerbslos zu sein. Trotzdem stieg die Arbeitslosigkeit unaufhörlich, besonders unter den Akademikern. Mitte 1991 waren noch 40 Prozent der 1990 Eingewanderten arbeitslos. Die Neueinwanderer machten zu diesem Zeitpunkt 2 Prozent der arbeitenden Bevölkerung aus, aber 15 Prozent der Arbeitslosen. Im Oktober 1991 stieg die Arbeitslosenquote insgesamt zum ersten Mal in der Geschichte des Staates auf über 10 Prozent an.

Die größten Schwierigkeiten stellten sich meist erst nach dem ersten Jahr ein, denn für ein Jahr wurden die Einwanderer vom Staat unterhalten. Entweder konnten sie in den Einwanderungszentren unterkommen, wo sie Hebräisch lernen, berufliche Umschulung erfahren und weitgehend versorgt sind, oder sie bekamen eine monatliche Rente im Rahmen der so genannten »direkten Integration«, mit der sie versuchen mussten auszukommen. In der Regel betrug die jährliche Unterstützung für eine Familie mit zwei Kindern umgerechnet ca. 10.000 Euro.

Zu der Einwanderung aus der Sowjetunion kam im Mai 1991 eine andere Masseneinwanderung aus einem ganz anderen Teil der Welt und einem ganz anderen Kulturkreis. In einer Luftbrücke, dem so genannten *Unternehmen Salomo*, wurden innerhalb von 36 Stunden 15.000 Juden aus dem bürgerkriegsumkämpften *Äthiopien* eingeflogen, ein neuer Rekord in der an Überraschungen reichen Einwanderungsgeschichte des Landes.

Diese Einwanderung war sozusagen die Nachhut der ersten aus diesem Land eingewanderten Juden, die ab Dezember 1984 ins Land gekommen waren. Damals waren in einer gigantischen Luftbrücke in einem lange Zeit geheim gehaltenen Kommandounternehmen an die 25.000 schwarze Juden nach Israel gekommen.

Die äthiopischen Juden, die so genannten Falaschen, sind die Nachfahren eines noch im 16. Jahrhundert großen jüdischen Reiches in Äthiopien, das sich auf die Verbindung von König Salomo mit der Königin von Saba berief. Seit den 70er-Jahren hatten sich die israelischen Regierungen um die Heimführung dieser äthiopischen Brüder und Schwestern bemüht, nachdem der sefardisch-orientalische Oberrabbiner die Falaschen als Juden anerkannt hatte. Damals waren Tausende von Flüchtlingen auf langen und strapaziösen Landrouten von Äthiopien nach dem Sudan umgekommen.

Zusammen mit den Neueinwanderern befand sich jetzt fast die gesamte jüdische äthiopische Gemeinschaft in Israel, ca. 40.000 bis 50.000 Seelen. Lediglich ca. 3.000 Juden verblieben zunächst in Addis Abeba, da über ihr Judentum Zweifel bestanden. Ihre Vorfahren waren wie viele Tausende äthiopische Juden im vorigen Jahrhundert in einer wirtschaftlichen Zwangssituation zum Christentum übergetreten. Ihre Nachkommen, die so genannten Falasch Mura, wollten jetzt zum Judentum zurückkehren. Bis zum Jahr 1998 konnten auch die meisten dieser Menschen und weitere im Land noch zurückgebliebene Juden in Israel einwandern.

Auch diese letzte Einwanderung aus Äthiopien war ein indirektes Ergebnis der schwindenden Macht der Sowjetunion, die sich nicht mehr in der Lage sah, ihrem afrikanischen Verbündeten, dem Äthiopier Mengistu Haile Mariam, gegen seine zahlreichen nationalen wie ideologischen Gegner beizustehen. In die Isolation getrieben, streckte Mengistu erste Fühler in den Westen aus und nahm im November 1989 diplomatische Beziehungen zu Israel auf, wohl auch in der Hoffnung, Militärhilfe von Israel zu erhalten, eine Hoffnung, die die Israelis klugerweise unerfüllt ließen. Für die Freiheit der Juden hatte Israel 35 Millionen Dollar zu zahlen.

Als nun endlich die Mehrheit der äthiopischen Juden ins Land kam, stellte sich heraus, dass die Probleme dadurch nicht geringer wurden. Viele der Juden aus der Einwanderung 1984/85 waren noch nicht integriert, wohnten gegen die Regel immer noch in den Integrationszentren und waren auch in den Arbeitsprozess nicht eingegliedert worden.

Sogar die Anerkennung der äthiopischen Juden als Juden war problematisch. Nur langsam setzte sie sich nach mehreren Demonstrationen beim Oberrabbinat und im Religionsministerium durch. Aber immer noch gab es osteuropäische Kreise, die die Äthiopier nicht als Juden anerkannten und nicht bereit waren, sie in ihren Schulen aufzunehmen, so die große chassidische Bewegung der Chabad. Aber auch das religiöse Establishment forderte »zur Beseitigung jeden Zweifels« vor der Trauung von Äthiopiern ein symbolisches rituelles Bad, das die meisten Äthiopier gezwungenermaßen und nicht ohne Murren akzeptierten. Die Kinder der äthiopischen Einwanderer kamen zumeist in die religiösen Staatsschulen, wo sie das normative religiöse Judentum kennen lernten und übernahmen. Die alten eigenen religiösen Traditionen gerieten in Vergessenheit. Die religiösen Führer, die Kessim, wurden in Israel nicht anerkannt und verloren allmählich ihre Vormachtstellung und ihr Ansehen. Eine junge, profan eingestellte Führungsschicht wuchs heran.

Durch die Zusammenpferchung von Einwanderern aus der Sowjetunion und Äthiopiern in Hotels und anderen Notquartieren kam es zeitweilig zu ernsten Auseinandersetzungen bis hin zu Handgreiflichkeiten, so dass die Integrationsbehörden beschlossen, auf eine gemeinsame Unterbringung zu verzichten.

Neben den großen Einwanderungsmassen aus den GUS und Äthiopien trafen auch kleinere Einwanderungsgruppen aus dem Kriegsgebiet des ehemaligen Jugoslawien in Israel ein sowie aus dem Jemen und aus Syrien, wo die harten Auswanderungsverbote langsam aufgehoben wurden.

Oben: Oslo-Abkommen, 13. September 1993, rechts außen Abu Masen, links Rabin, sitzend Peres, dahinter Clinton und Arafat. Unten: Friedensschluss mit Jordanien: Rabin, Clinton und Hussein.

Der Golfkrieg

All diese Probleme vergaß Israel für einen Augenblick, als es in den zweiten Golfkrieg einbezogen wurde. Für eineinhalb Monate verschwand Israel wie gelähmt in abgedichteten Luftschutzräumen, die hin und wieder von irakischen Raketen zerstört wurden, während andernorts gut gemeinte Friedenskundgebungen für Geduld mit dem Diktator Saddam Hussein eintraten. Die absolute Hilflosigkeit war es denn auch, die diesen Krieg von den übrigen Kriegen unterschied, dem einzigen Krieg, in dem Israel von Anfang bis Ende passiv blieb und in dem die Frontlinie nicht in Feindesland verlief und von Soldaten verteidigt oder vorangetrieben wurde, sondern mitten durch das Herz von Tel Aviv. Anders als sonst war in diesem Krieg die Zivilbevölkerung das Opfer.

Am 14. Januar 1991 hatten sich auf dem Vorplatz der Westmauer des Tempelberges, der so genannten Klagemauer, 60.000 orthodoxe Juden eingefunden, um für den Frieden zu beten. Eine solche Menge hatte die heiligste Stätte des Judentums noch nie zuvor gesehen. In ganz Israel waren Gasmasken an die Bevölkerung ausgeteilt worden, klare Anweisungen waren ergangen, einen Raum in den Wohnungen abzudichten und alles für einen längeren Aufenthalt in diesem Raum vorzubereiten. Die meisten Ausländer verließen bis zum 15. Januar das Land, nachdem ihre Regierungen sie dazu aufgefordert hatten. Der Strom jüdischer Flüchtlinge hielt sich in Grenzen und wurde bald übertroffen von dem Rückstrom aus dem Ausland heimkehrender Israelis, besonders in den ersten Kriegstagen.

Am 18. Januar fielen die ersten *Scud-Raketen* auf Tel Aviv. Bis Ende Februar gingen noch weitere 40 Raketen auf Israel nieder, meistens in der Umgebung Tel Avivs. Der Sachschaden war groß, aber wie durch ein Wunder war die Zahl der Toten und Verletzten gering. Durch direkten Raketeneinschlag kam ein Mensch ums Leben, mehrere starben an Herzschlag und durch falsche Anwendung der Sicherheitsmaßnahmen. Bis zum Ende des Krieges fiel keine Rakete mit einem chemischen Sprengkopf.

Die Raketendrohungen führten zu einer Lähmung des öffentlichen und geschäftlichen Lebens, besonders zu Beginn des Krieges. In der ersten Zeit verkehrten mit Einbruch der Dunkelheit nicht einmal Autobusse. Die meisten Cafés, Vergnügungsstätten und dergleichen waren geschlossen, die Schulen hatten nach den ersten Raketeneinschlägen ebenfalls ihre Tore verriegelt. Viele Eltern, besonders von Kleinkindern, waren ans Haus gefesselt. Es war eine Kriegserfahrung, wie sie Israel zuvor noch nicht erlebt hatte.

Zahlreiche Bürger verließen den Großraum Tel Aviv und zogen vorübergehend nach Jerusalem, nach Eilat oder zu jüdischen Verwandten in die besetzten Gebiete. Araber in den israelischen Gebieten zeigten sich solidarisch mit ihren jüdischen Mitbürgern und nahmen einen Teil der Flüchtlinge und Ausgebombten auf. Arabische Freiwillige halfen beim Wiederaufbau oder spendeten Blut. Im Gegensatz dazu solidarisierten sich viele Palästinenser in den besetzten Gebieten mit Saddam Hussein und bejubelten die Raketenangriffe auf Tel Aviv. Der »Tanz auf den Dächern«, wie die israelische Presse die palästinensische Schadenfreude bezeichnete, wurde erst dann etwas schwächer, als wohl durch Zielungenauigkeit einige Raketen in den besetzten Gebieten niedergingen, ohne allerdings irgendwelchen Schaden anzurichten.

Die Sympathiekundgebungen der Palästinenser hinderten die *israelische Friedensbewegung* nicht daran, auch während des Krieges weiter an einem friedlichen Ausgleich mit den Palästinensern festzuhalten. Auf mehreren Friedenskundgebungen kam dies zum Ausdruck. Recht auf Selbstbestimmung sei das natürliche Recht eines jeden Volkes und könne nicht vom Wohlverhalten des Volkes abhängig gemacht werden, sagte Jael Dajan auf einer der Friedenskundgebungen im Februar in Tel Aviv. Im Gegensatz zu den Friedenskundgebungen im Ausland forderten die israelischen Friedenssucher aber die bedingungslose Vernichtung Saddam Husseins und die Zerstörung des irakischen Kriegspotenzials. Alle Friedenskundgebungen waren zugleich auch Protestkundgebungen gegen die in den Augen der israelischen Partner »naiven« Friedensdemonstrationen im Ausland, die die Situation Israels und die Bedrohung, in der es sich befand, nicht verstanden.

Das für viele überraschend plötzliche Kriegsende fiel in Israel mit dem *Purimfest* zusammen. Religiöse Kreise, die durch den ganzen Krieg hindurch von Wundern und wundersamen Bewahrungen geredet hatten, sahen auch hierin ein Zeichen Gottes. Noch etwas benommen und unsicher feierte Israel die Befreiung und vertauschte mit Freuden die Gasmasken mit den Purimmasken. Wie ein Spuk war der Krieg plötzlich vorbei. Auch die meisten Verstimmungen, besonders zwischen Deutschland, das das Gas an den Irak geliefert hatte, und Israel, das traumatische Erinnerungen mit deutschem Gas verband, nahmen mit größerem Abstand zu den Ereignissen ab.

Der Beginn der Friedenssuche

Nach dem Krieg, so hatten die Amerikaner versprochen, sollte im Nahen Osten eine *neue Weltordnung* entstehen, zumindest eine Friedenslösung gefunden werden, die derartige Bedrohungen für die nächste Zeit ausschließen sollte. Gedacht war an die Abhaltung einer *internationalen Gipfelkonferenz* der Großmächte mit allen beteiligten Akteuren des nahöstlichen Spielfeldes. Diese Konferenz sollte in einem neutralen Land, in Spanien, stattfinden.

Bei den Vorbereitungen zu den Friedensgesprächen, die den amerikanischen Außenminister James Baker mehrfach in den Nahen Osten führten, stellten sich Palästinenser wie Israelis gleichermaßen schwerfällig. Baker hatte den Eindruck, dass der israelische Wohnungsbauminister Ariel Scharon jedesmal bei seinem Kommen, sozusagen als Begrüßungsgeste, eine neue Siedlung in den besetzten Gebieten anlegte. Dies war nach einer langen Periode des Siedlungsstopps, zu dem sich die Regierung auf amerikanischen Druck hin durchgerungen hatte, umso auffallender. Die Zahl der Siedler war inzwischen über die 100.000–Marke angestiegen, besonders durch Verstärkung der bereits bestehenden Siedlungen. Die Pläne von Scharon sahen für die nächsten Jahre eine Verdoppelung dieser Zahl vor. Streitpunkt mit den Amerikanern war zeitweise auch die Frage, ob die neuen Wohngebiete Jerusalems in den besetzten Gebieten als besetzte Gebiete zu rechnen seien. Hier wohnten inzwischen über 100.000 Juden. Die Frage war darauf zugespitzt, ob ein Siedlungsverbot für sowjetische Einwanderer, das die Amerikaner für die Zahlung von Darlehen verlangten, auch für Ostjerusalem gelte. In der Verweigerung von Darlehen kam es zu vorübergehenden Spannungen zwischen der amerikanischen und der israelischen Regierung.

Hatten sich in der Vergangenheit sowohl Jordanien als auch der Libanon zu Friedensgesprächen mit Israel bereit gefunden, so erreichten es die Amerikaner zum ersten Mal in der Geschichte des Nahost-Konflikts, auch die Syrer zu Verhandlungen zu bewegen. Dies bedeutete für die Israelis, auch über die Golanhöhen verhandlungsbereit zu sein, die Israel im Gegensatz zu den anderen besetzten Gebieten 1981 annektiert hatte.

Am längsten dauerte die Diskussion um Für und Wider einer Beteiligung von Palästinensern an einer Friedenskonferenz. Die Israelis machten deutlich, dass sie nicht bereit seien, mit der PLO-Führung zu verhandeln. Auch Verhandlungen mit einer gesonderten Palästinadelegation lehnten sie ab. Nur im Rahmen einer gemeinsamen palästinensisch-jordanischen Delegation waren Palästinenser den Israelis annehmbar. Trotz dieser schwierigen Ausgangssituation akzeptierten die Palästinenser auf der Nationalratssitzung in Algier Ende September 1991 die amerikanisch-israelischen Bedingungen, besonders auf Druck führender Verhandlungspartner aus der Westbank. Jordanien hatte damit wieder eine stärkere Verantwortung für die Palästinenser übernommen.

Nachdem alle Seiten nach achtmonatigen Verhandlungen positive Signale gegeben hatten, gab sich James Baker auf der gemeinsamen Pressekonferenz mit seinem sowjetischen Kollegen Boris Pankin am 18. Oktober 1991 in Jerusalem, auf der er die Erneuerung der sowjetisch-israelischen diplomatischen Beziehungen und die Einberufung der Friedenskonferenz zwischen Israel, den arabischen Staaten und den Palästinensern ankündigte, hoffnungsvoll, wenn er auch gleichzeitig einräumte, dass ein langer und dorniger Weg auf der Friedenssuche bevorstehe.

Am *30. Oktober* trat die mit großer Spannung erwartete *Friedenskonferenz* unter amerikanischem und russischem Vorsitz in *Madrid* zusammen. Die Staatsoberhäupter und Außenminister aller Nahost-Länder nahmen daran teil. Russland und Amerika sprachen von der Notwendigkeit territorialer Zugeständnisse von Seiten Israels. Schamir, der sich lange gesträubt hatte, überhaupt nach Madrid zu fahren, erklärte sich nur bereit, direkte Verhandlungen ohne Intervention der Großmächte mit Jordanien und Syrien zu führen, ein Angebot, was von beiden Ländern abgelehnt wurde. Die

Reden Syriens und Jordaniens waren recht frostig. Schamir bezeichnete die Rede des syrischen Außenministers als »Goebbels-Rede«. Zuvor hatte der Syrer Schamir einen »Terroristen« genannt. Immerhin hatten es die Großmächte durch das bloße Stattfinden der Konferenz erreicht, Bewegung in die festgefahrene Situation zu bringen, die für den Moment zwar keine Veränderung bewerkstelligen konnte, für die folgenden Friedensfühler unter der Rabin-Regierung aber von Bedeutung war. Schamir gab später nach seiner Abwahl zu, niemals ernsthaft zu Zugeständnissen bereit gewesen zu sein. Er habe mit seiner Beteiligung nur Zeit gewinnen wollen.

Ende Dezember 1991 machten sich erste Anzeichen für den Zusammenbruch der Regierung Schamir bemerkbar. Brüche in der Koalition machten sich Januar 1992 bemerkbar, als die Rechtsparteien Moledet und Techija aus der Regierung austraten, weil Schamir ihrer Meinung nach den Palästinensern zu viele Zugeständnisse zu machen bereit war, die auf eine erweiterte Form der Autonomie des Camp-David-Abkommens von 1978 hinauszulaufen schienen. Die wirtschaftliche Situation verschlechterte sich durch die anhaltende Siedlungspolitik, die Unfähigkeit der Regierung, die russische Masseneinwanderung einzugliedern und amerikanische Finanzhilfe zu erreichen. Zunehmender arabischer Terror im Herzen israelischer Städte führte zu einer Verunsicherung der jüdischen Bevölkerung und schlug zum ersten Mal zugunsten der Linken aus. Rabin traute man in Sicherheitsfragen mehr zu als Schamir. In der Regierung rechnete man sich aus, dass sich dieser Zustand noch bis zum Wahltermin im November 1992 verschlechtern würde und war deshalb bereit, ein Angebot der Arbeiter-Partei zu akzeptieren, die Wahlen auf den Juni 1992 vorzuverlegen.

Wende oder Intermezzo

Nach Bekanntgabe des neuen Wahltermins im März 1992 setzte der Wahlkampf mit voller Kraft ein. Der alte »Maarach« hatte sich nach dem endgültigen Ausscheiden der Mapam wieder in »Partei der Arbeit« umbenannt. In »Primaries« nach amerikanischem Vorbild, innerparteilichen Vorwahlen, setzte sich diesmal *Jitzchak Rabin* gegenüber Schimon Peres durch. Rabin versprach als erfolgreicher Feldherr des Sechstagekrieges am ehesten, das Schamir-Regime schlagen zu können. Er galt als friedensbereit, war aber in den Augen der meisten Israelis stark genug, um nicht elementarste Sicherheitsinteressen aufzugeben. Nach dem Wahlsieg von Rabin innerhalb der Partei arbeiteten Peres und Rabin einträchtig zusammen, in der richtigen Einsicht, dass nur auf diese Weise der Sieg zu erreichen sei. Der Wahlkampf der Arbeiter-Partei konzentrierte sich auf die wirtschaftlichen Niederlagen der Schamir-Regierung, das Fehlschlagen der Integrierung der Masseneinwanderung und den Stillstand im Friedensprozess nach der Madrider Konferenz. Um einen Anfang zu machen, propagierte die Arbeiter-Partei in ihren Fernsehwerbespots den israelischen Abzug aus dem Gazastreifen, dessen beengte Lebensverhältnisse mit immer häufiger werdenden Terroranschlägen auf israelisches Gebiet für viele Israelis längst ein Albtraum geworden waren.

Bemerkenswert für den späteren Wahlausgang war der Zusammenschluss aller drei links von der Arbeiter-Partei angesiedelten kleinen Parteien kurz vor den Wahlen. Das neue Wahlbündnis nannte sich *Meretz*, »Mut« oder »Kraft«, und war eine Abkürzung aus den beiden Hauptparteien, Mapam, unter Jair Tsaban, und Raz, die Bürgerrechtsliste unter Schulamit Alloni. Dritte Partei war die aus der großen Revolte 1977 übrig gebliebene Partei der Mitte, Schinui, unter Amnon Rubinstein. Zusammengenommen handelte es sich um 10 Abgeordnete. Dieser Linkszusammenschluss hatte besonders auf die Jugend eine große Anziehungskraft.

Im *Likud* besiegte Schamir David Levi. Die harten Auseinandersetzungen zwischen den beiden und ihren Anhängern hielten aber auch nach der Entscheidung an. Levi drohte mehrfach, den Likud zu verlassen und mit einer eigenen Liste bei den Wahlen anzutreten. Dies trug nicht sehr zur Stärkung des Likud kurz vor dem Wahltermin bei. Außer einem guten Slogan (Likud gadol neged kol ha-smol – Ein großer Block gegen die ganze Linke) hatte der Likud nichts Substanzielles anzubieten, versicherte, den Frieden zu verfolgen, ohne irgendwelche nationalen Trümpfe dafür aufgeben zu müssen.

Gazastreifen 1999: Flughafen und Landstraße entlang einer jüdischen Siedlung.

Zum ersten Mal nach 1977 ging die *Arbeiter-Partei* als eindeutiger *Wahlsieger* hervor. Mit 34 Prozent oder 44 Mandaten schlug sie den Likud, der lediglich 24,5 Prozent oder 32 Knessetabgeordnete erreichen konnte. Die drittstärkste Partei wurde das Linksbündnis Meretz mit 9,4 Prozent oder 12 Mandaten. Damit war der Zusammenschluss um zwei Mandate stärker geworden, als es die Einzelparteien in der ausgehenden Knesset gewesen waren. Viertstärkste wurde die Zomet-Partei von Raphael Eitan, die sich gegen jede Landaufgabe wehrte. Eitan konnte seinen Machtzuwachs vervierfachen und bekam 8 Mandate, er hatte kaum so viele geeignete Kandidaten.

Die drei ins Parlament einziehenden religiösen Parteien hatten leichte Stimmeneinbußen hinzunehmen. Mafdal und Schass erzielten jeweils 6 Mandate, die Vereinigte Tora-Liste 4. Rechtsaußen zog die Transfer-Partei von Zeevi mit 3 Abgeordneten ins Parlament ein, während die Siedlerpartei Techija nach großem Stimmenverlust an der 1,5 Prozent-Klausel scheiterte. Den Abschluss bildeten zwei arabische Parteien, die kommunistisch bestimmte Chadasch mit 3 Mandaten und die Arabisch-Demokratische Liste mit zwei. Alle anderen der 25 zur Wahl angetretenen Parteien scheiterten an der 1,5 Prozent-Klausel.

Mit entscheidend für den Wahlausgang war die Stimmenabgabe der 270.000 Einwanderer aus den *GUS*, die zum ersten Mal in ihrem Leben an einer demokratischen Wahl teilnahmen und 8 Prozent der israelischen Wählerschaft darstellten. Sie fühlten sich von der Schamir-Regierung verraten. Alles Geld sei in die Siedlungspolitik, nicht aber in ihre Integration geflossen. Aus ehemals kommunistisch regierten Ländern kommend wählten trotzdem 47 Prozent der Neuimmigranten die Arbeiter-Partei, 11 Prozent den Linksblock Meretz und nur 18 Prozent Likud. Die Religiösen waren die Hauptverlierer bei den Neueinwanderern, nur 4,3 Prozent entfielen auf alle religiösen Parteien zusammen. Eine eigene Einwanderungsliste hatte nur 0,4 Prozent erzielen können.

Wenn man in den Medien im Rückblick auf den Wahlausgang 1977 und beeinflusst von dem großen Umschwung im kommunistischen Raum nach 1989 von einer *Wende* redete, so erwies sich das nach der, wenn auch knappen, Wahlniederlage der Linken von 1996 als übertrieben. In einigen Punkten bedeutete das Wahlergebnis von 1992 aber wirklich eine Wende. Zum ersten Mal in der Geschichte Israels waren die religiösen Parteien nicht mehr das Zünglein an der Waage. Dies galt besonders für die nationalreligiöse Partei (Mafdal), die bis auf zwei kurze Unterbrechungen seit der Staatsgründung immer in der Regierung vertreten gewesen war. Der Likud hätte auch mit der Unterstützung der Religiösen und der Rechtspartei Moledet keine regierungsfähige Mehrheit gegen die linken und arabischen Parteien aufstellen können. Das eigentliche Zünglein an der Waage waren diesmal die 5 Abgeordneten der beiden arabischen Listen. Mit ihrer stillschweigenden Unterstützung hätte aber die Arbeiter-Partei zusammen mit Meretz wenigstens eine Minderheitsregierung bilden können, wozu sie im späteren Verlauf auch gezwungen wurde. Da dies aber keine gute Ausgangsbasis für eine aktive Politik war, versuchten Arbeiter-Partei und Meretz weitere Koalitionspartner zu bekommen. Am wenigsten festgelegt in den politischen Geschäften waren die Orientalisch-Religiösen, die Schass-Partei. Sie waren denn auch bereit, in die Regierung einzutreten, besonders um ihre Vormachtstellung gegenüber den anderen beiden religiösen Parteien durchzusetzen. Sie erhielten das wichtige Amt des Innenministers für ihren jugendlichen und tatkräftigsten Mann, Arie Deri, während Jitzchak Rabin sich das Religionsministerium selber noch vorbehielt, um es sich nicht vollständig mit der nationalreligiösen Partei, Mafdal, zu verderben. Am 13. Juli 1992 sprach das israelische Parlament der neuen Regierung unter Jitzchak Rabin mit 67 Stimmen das Vertrauen aus, allen Stimmen der drei Regierungsparteien, Arbeiter-Partei, Meretz und Schass, zusätzlich der Stimmen der beiden arabischen Listen.

Die *Regierungspolitik*, die Jitzchak Rabin vorstellte, unterschied sich wesentlich von der vorhergehenden Regierung. Rabin verfügte einen Siedlungsstopp, der sich später in der Praxis allerdings nur auf das Verbot der Gründung neuer Siedlungen beschränkte, nicht aber den Ausbau bestehender Siedlungen betraf. Rabin versprach eine Verbesserung der Beziehungen zum größten Verbündeten Israels, den Vereinigten Staaten von Amerika, und substanzielle Fortschritte in der Friedenspolitik.

Der Siedlungsstopp und die anfängliche Stilllegung aller Bauprojekte in den besetzten Gebieten führte zu einer sofortigen Entspannung in den *Beziehungen zu den USA* und zu anderen Verbündeten Israels. Auch der Friedensprozess erhielt durch den Regierungswechsel neuen Wind. Die neue Regierung war gegenüber den palästinensischen Forderungen nach Beteiligung auch von Exilpalästinensern an den *Friedensgesprächen* viel flexibler, wenn es auch die Arbeiter-Partei zu diesem Zeitpunkt noch nicht vermochte, die PLO, und besonders ihre Führung in Tunis, als Gesprächspartner anzuerkennen. Immerhin wurde das Gesetz, das Kontakte mit der PLO verbot, aufgehoben. Der israelischen Verhandlungsdelegation war es durchaus klar, dass alle palästinensischen Verhandlungspartner Vertreter der PLO waren und nichts genehmigen würden, was vorher nicht in Tunis abgesegnet war. Trotzdem hielt auch die Rabin-Regierung die Fiktion einer gemeinsamen jordanisch-palästinensischen Kommission aufrecht, obwohl in der Tat längst separat verhandelt wurde.

Die Probleme Israels mit den *Palästinensern* auf der einen Seite und mit *Jordanien* auf der anderen waren denn auch grundverschieden. Mit Jordanien gab es keine ernsten Schwierigkeiten. So kamen die Verhandlungen mit Jordanien am schnellsten voran. Jordanien hatte einige Landforderungen an Israel im Verlauf der internationalen Grenze in der Arava-Ebene, die noch nie richtig markiert worden war und von der Jordanien behauptete, israelische Bauern bestellten dort einige Böden, die eigentlich zu Jordanien gehörten. Auch im mäandrierenden Jordanverlauf zwischen dem See Genezareth und dem Toten Meer gab es kleinere Grenzstreitigkeiten, wobei sich die Israelis großzügig zeigten und den meisten Forderungen Jordaniens nachgaben, um mit dem Nachbarn, der die längste Grenze zum Judenstaat hatte, zu einem schnellen Friedensabschluss zu kommen, dem zweiten, nach Ägypten, mit einem arabischen Staat. Im Oktober 1992 kamen Jordanien und Israel zu einem »Abkommen über das weitere Vorgehen«, wobei als Ziel der zukünftigen Verhandlungen ein voller Friedensvertrag ins Auge gefasst wurde.

An einen wirklichen Durchbruch auf irgendeiner Seite war aber in der zweiten Hälfte des Jahres 1992 nicht zu rechnen, da alle Welt den Ausgang der Wahlen in den Vereinigten Staaten abwartete, die im November Clinton gewann.

Das Bündnis Linke-Schass war auf Dauer nicht zu retten. Nach einem Bestechungs- und Veruntreuungsskandal, der besonders Arie Deri betraf und ihn für die nächsten Jahre der aktiven Politik entzog, trat im Oktober 1993, wenige Wochen nach den Osloer Verträgen, die Schass-Partei wieder aus der Regierung aus. Die Arbeiter-Partei und Meretz regierten danach bis zum Ende der Wahlperiode im Sommer 1996 als Minderheits-Kabinett.

Ein Neubeginn – Die Verträge von Oslo

Die Konferenz von Madrid im Oktober 1991 hatte unter der palästinensischen Bevölkerung eine wahre Euphorie ausgelöst. Die Tage der Intifada schienen endgültig vorbei zu sein. Jugendliche begrüßten israelische Soldaten statt mit Steinen mit Olivenzweigen als Hoffnungszeichen für einen kommenden Frieden. Diese Euphorie des ersten Wonnemonats war bald verflogen und hatte nach dem Stillstand der Gespräche noch unter der Schamir-Regierung einer Nüchternheit und Enttäuschung Platz gemacht, die teilweise in Verzweiflung umschlug. War der palästinensische Terror durch den allgemeinen Umschwung in der Bevölkerung zeitweise in den Hintergrund getreten, so brach er jetzt wieder in voller Stärke aus, mit ihm die Gegenmaßnahmen des israelischen Militärs. Dies änderte sich auch nicht mit dem Regierungswechsel in Israel, schon längst hatte sich die alte Widerstandsfront gegen jeden Ausgleich mit dem Judenstaat wieder gefestigt. Die beiden Widerstandsgruppen *Hamas* und *Islamischer Dschihad* fassten stärker Fuß in der Bevölkerung, besonders im Gazastreifen. 56 Prozent der Männer und 64 Prozent der Frauen der besetzten Gebiete sprachen sich Ende 1992 nach einer Umfrage für die Errichtung eines islamischen Staates nach iranischem Muster aus, so wie ihn die Hamas durchsetzen wollte. Die Maximalforderungen, die jede Seite in dem Verhandlungspoker erhob, ließen keinen schnellen Fortschritt auf Richtung Frieden auch unter den gemäßigteren Bevölkerungsgruppen aufkommen. Die strengen Absperrungen zwischen Israel und den besetzten Gebieten nach jedem Terrorakt ließen die Arbeitslosigkeit ansteigen. Noch immer lebte ein Großteil der palästinensischen Bevölkerung, besonders im Gazastreifen, von der Arbeit in Israel. Die wirtschaftliche Not nahm in den ersten Monaten der Rabin-Regierung unter der Bevölkerung zu.

Zu einer zeitweiligen Unterbrechung der Friedensgespräche kam es schließlich Ende 1992 nach einem Kraftakt der Rabin-Regierung, der in seiner Schärfe sogar der früheren Schamir-Regierung alle Ehre gemacht hätte, Israels Ansehen im Ausland erheblich schadete und auch vehemente Opposition im eigenen linken Lager hervorrief. Die israelische Regierung verfügte nach der Entführung und späteren Ermordung eines israelischen Polizisten durch eine Hamas-Gruppe eine *Massendeportation* der Hamas-Führung in den Libanon. Alle vermeintlichen Führer, deren man sich bemächtigen konnte, wurden verhaftet und 450 Personen, einschließlich derer, die schon länger in israelischer Haft saßen, deportierte man in den Südlibanon und ließ sie jenseits der Sicherheitszone frei. Der Libanon verweigerte den Deportierten die Einreise. Unter starkem Medieninteresse richteten sie sich in dem kalten Winterwetter bei Regen und Schnee im Niemandsland ein.

Unter dem inneren und internationalen Druck sah sich die Rabin-Regierung genötigt, ihren harten Kurs aufzugeben. Nachdem es zuerst geheißen hatte, die Deportation sei für eine Periode von zwei Jahren vorgesehen, erklärte sich die Regierung im März bereit, einem Teil der Deportierten die sofortige Rückkehr zu gestatten und dem Rest nach einem Jahr. Wenn auch aus Solidarität niemand der Verbannten zuerst bereit war, alleine ohne den Rest zurückzukehren, so ermöglichte das israelische Nachgeben doch eine Wiederaufnahme der Gespräche mit den Palästinensern. Es stellte sich aber heraus, dass auf die Dauer ohne die Anerkennung der PLO durch Israel ein wirklicher Durchbruch nicht erreicht werden konnte.

In Teilen der Arbeiter-Partei hatte sich schon längere Zeit die Einsicht verstärkt, dass im Grunde die PLO die gemäßigtere Partei unter den Palästinensern sei und dass man durch die Nichtanerkennung der PLO und Arafats als dem Vorsitzenden nur das radikale Gegenlager stärke. So nahm im Frühling 1993 eine kleine Gruppe von israelischen Intellektuellen und einigen fortschrittlichen Funktionären der Arbeiter-Partei durch Vermittlung norwegischer Kreise *Geheimverhandlungen mit Vertretern der PLO* auf. An der Spitze der israelischen Delegation stand der stellvertretende Außenminister und die rechte Hand von Schimon Peres, *Jossi Beilin*, auf palästinensischer Seite war es die rechte Hand des PLO-Vorsitzenden Jasser Arafat, *Abu Masen*, alias Mahmoud Abbas.

Von Januar bis August 1993 trafen sich die verschiedenen Delegationen fünfzehnmal in Oslo. Erstaunlicherweise sickerte darüber nichts an die Öffentlichkeit, so dass, als im August und September erste Ergebnisse bekannt wurden, sowohl das israelisch-palästinensische Publikum als auch das internationale völlig überrascht wurde. In die Anfänge der Verhandlungen waren die Amerikaner nicht involviert. Erst nach fortschreitenden und erfolgversprechenden Sitzungen wurden sie informiert. Auch die entsprechenden Staatsspitzen der verhandelnden Seiten, Schimon Peres und Jitzchak Rabin auf der einen Seite, Jasser Arafat auf der anderen, wurden erst in den Endstadien der Gespräche einbezogen und gaben Anfang September ihr Placet.

Am 12. August stimmte das israelische Kabinett direkten Verhandlungen mit der PLO zu. Am 30. August informierte Jitzchak Rabin das Kabinett über die laufenden Verhandlungen und den nahen Abschluss eines Abkommens über eine palästinensische Selbstverwaltung in Jericho und Gaza. Mit zwei Enthaltungen stimmte das Kabinett zu. Am 4. September gab das Zentralkomitee der PLO in Tunis ihr grundsätzliches Einverständnis. Am 9. September erfolgte ein Briefaustausch zwischen Arafat und Rabin.

Am *13. September 1993* kam es dann zu dem historischen Händedruck auf der Wiese vor dem Weißen Haus in Washington unter amerikanischer Schutzherrschaft zwischen dem freundlich lächelnden Vorsitzenden der PLO, Jasser Arafat, und dem damals noch etwas griesgrämig und nicht völlig überzeugt dreinschauenden israelischen Ministerpräsidenten, Jitzchak Rabin. Die *Osloer Verträge* unterzeichneten von israelischer Seite Schimon Peres und von palästinensischer Abu Masen. Der wichtigste Schritt auf dem Weg zum Frieden zwischen den bisher am meisten verfeindeten Völkern im Nahen Osten, Israelis und Palästinensern, war gemacht. Allerdings war es von Anfang an klar, dass dies nur ein erster Anfang sein konnte, ein Rahmen weiterer Schritte und Verhandlungen, eine Absichtserklärung, den gegenseitigen Konflikt statt wie bisher mit Gewalt in Zukunft nur mit friedlichen Mitteln zu lösen.

Da es klar war, dass der uralte Konflikt nicht über Nacht von der Erdoberfläche verschwinden würde, war in den Osloer Verträgen ein langwieriger Stufenplan ausgearbeitet worden, der über 6 Jahre gehen sollte.

Die Begeisterung in der israelischen Bevölkerung über die endlich erreichte Vorgehensweise im Verhältnis zu den Palästinensern war verhalten und glich nicht der Euphorie in Israel nach dem Sadat-Besuch in Israel und dem Friedensvertrag mit Ägypten. Der neue Oppositionschef, Benjamin Netanjahu, erklärte das Abkommen als »Brückenkopf zur Zerstörung Israels«. Es gelang der Opposition aber nicht, in zahlreichen Demonstrationen eine Mehrheit im Volk gegen das Abkommen zu erlangen. Der größere Teil der Bevölkerung war für das Abkommen, nach Zeitungsumfragen waren es über 60 Prozent. Im palästinensischen Bereich war die Zustimmung sogar noch größer und betrug fast 70 Prozent. Auf einer großen Demonstration in Tel Aviv zur Unterstützung des Abkommens, organisiert von der Friedensbewegung »Schalom Achshav«, versammelten sich unter dem Motto »Frieden mit der PLO jetzt« über 100.000 Menschen. Im Parlament fand sich am 23. September eine knappe Mehrheit, nämlich nur die der regierenden Linken und der arabischen Parteien für das Abkommen, 61 Stimmen. Acht Parlamentarier enthielten sich der Stimme, drei aus der Likudpartei und fünf Abgeordnete der Schass-Partei, die sich in der sich anbahnenden Regierungskrise um ihren Abgeordneten Arie Deri bereits auf dem Weg nach draußen befand. Die restlichen 50 Abgeordneten stimmten gegen das Abkommen. Damit war deutlich, dass das Osloer Abkommen im Parlament keinen Konsens fand und auch nicht im Volk, obwohl hier die Unterstützung dafür viel breiter war und auch Reihen der Opposition umfasste.

Bei der Abstimmung im palästinensischen Lager am 12. Oktober erschienen die Hauptgegner des Abkommens, mehrere links von der Fatach, der Hauptgruppe in der PLO und der Partei Arafats, stehende Parteiungen, nicht zur Abstimmung. Das Abkommen wurde deshalb mit großer Mehrheit, 63 gegen 8 Stimmen und 11 Enthaltungen, angenommen.

Bald zeigte sich, dass der *Zeitplan* des Osloer Abkommens nicht eingehalten werden konnte. Die Verhandlungen in Kairo und im ägyptischen Grenzort Taba über die Einzelheiten des Rückzugs, über die genauen Grenzen der palästinensischen Selbstverwaltung, über die Sicherheit der jüdischen Siedlungen in den palästinensischen Gebieten, über die Anzahl der freizulassenden palästinensischen Gefangenen, über die Landverbindung zwischen Gaza und Jericho, gestalteten sich äußerst zäh. Die Opposition gegen das Abkommen machte der Regierung immer größere Schwierigkeiten. Die Gewalttat eines israelischen Radikalen, des Arztes Baruch Goldstein, in Hebron am 25. Februar 1994, der 29 Moslems beim Gebet in der Moschee Machpela erschoss, bis er selbst überwältigt und erschlagen werden konnte, verzögerte die Verhandlungen noch mehr, vermochte aber nicht ihr Ziel zu erreichen, die Verhandlungen gänzlich zum Abbruch zu bringen. Die offen für den Mörder eintretenden Gruppen *Kach* und *Kahane Chai* wurden für illegal erklärt. Einer in der Öffentlichkeit häufig gestellten Forderung, die 400 jüdischen Siedler aus dem Herzen der arabischen Stadt Hebron abzuziehen, zur Not mit Gewalt, gab Rabin nicht statt, weil nach dem Osloer Abkommen bis zur endgültigen Regelung keine jüdischen Siedlungen im palästinensischen Gebiet angetastet werden sollten und Rabin kein Exempel statuieren wollte. Nach dem Attentat wurde eine internationale Beobachtergruppe in Hebron stationiert.

Mit mehrmonatiger Verspätung, am 4. Mai 1994, unterzeichneten Jitzchak Rabin und Jasser Arafat auf einer Zeremonie in Kairo endlich das Abkommen über den Abzug der israelischen Truppen aus Gaza und Jericho, das beinahe noch durch die Weigerung Arafats, bestimmte Karten abzuzeichnen, geplatzt wäre, ein Schauspiel, das sich vor den Augen der Fernsehzuschauer in aller Welt abspielte.

Am 1. Juli 1994 verlegte *Jasser Arafat*, der Vorsitzende der PLO und der neuen kleinen palästinensischen Selbstverwaltung, an dessen viele Auftritte im Fernsehen sich die israelische Öffentlichkeit langsam gewöhnt hatte, seinen Regierungssitz von Tunis nach Gaza, stürmisch begrüßt von der palästinensischen Bevölkerung. Der erste Schritt für eine palästinensische Selbstverwaltung hatte konkrete Form angenommen. Die Wahl Gazas, das bei weitem am stärksten bevölkerte Stück palästinensischen Bodens, wo der neue Herrscher auch die stärkste Opposition gegen das Abkommen von kleineren Gruppierungen links von der PLO und von moslemischen Fanatikern in der Hamas-Bewegung und im islamischen Dschihad zu erwarten hatte, erwies sich als politisch kluge Entscheidung und bewies den Willen Arafats und seiner Begleiter, das Hauptschlachtfeld nicht der Opposition im eigenen Lande zu überlassen.

Überall, wo israelische Soldaten ihre Stellungen geräumt hatten, zum Teil unter dem Freudenjubel und manchmal Steinhagel palästinensischer Jugendlicher, übernahmen palästinensische Kampfeinheiten, die unter anderem in Jordanien ausgebildet waren, die israelischen Stellungen. Sie vermochten es bald, besonders in den Städten, Ordnung und Sicherheit herzustellen, auch in den Gebieten mit einer vorwiegend fundamentalistischen islamischen Bevölkerung. Den *Terror* völlig unterdrücken konnten sie allerdings nicht, ja, es stellte sich heraus, dass die Zeit nach den Osloer Verträgen Epochen zunehmenden Terrors in auf- und abschwellenden Wellen zu verzeichnen hatte. Gerade dies verzögerte die Verhandlungen über die weiteren Schritte entsprechend der Osloer Verträge, die teilweise vollständig zum Stillstand kamen.

Die israelische Maßnahme gegen Terroranschläge war in der Regel die sofortige und manchmal lang anhaltende Absperrung der palästinensischen Gebiete, eine Maßnahme, die der israelischen Wirtschaft, vor allem aber der palästinensischen schadete. Tausende arabische Pendler verloren auf diese Weise monatelang ihre Einnahmequelle, bis der nackte Hunger zahlreiche Haushalte in der Westbank und vor allem im Gazastreifen regierte. Dies trieb wiederum zahlreiche verzweifelte, besonders junge Palästinenser in die Arme der radikalen Widerstandsbewegungen. Mit den harten Absperrungsmaßnahmen wollte die Regierung zeigen, dass sie etwas gegen den Terror unternahm, aber auch trotz Absperrung gelang es immer wieder palästinensischen Selbstmordkommandos, nach Israel einzudringen.

Jeder Terrorschlag, der das Land nach dem Abzug der israelischen Truppen aus Gaza und Jericho traf, schwächte das Ansehen Rabins unter der israelischen Bevölkerung. Die Demonstrationen gegen Rabin und die Regierung nahmen zu und wurden rabiater und gewalttätig. Plakate erschienen, die Rabin mit der Kefija, der arabischen Kopfbedeckung, wie sie Arafat zu tragen pflegte, mit Aufschriften wie »Lügner« oder »Verräter« zeigten, unbeanstandet von den Oppositionsparteien.

Wenn unter all diesen Demonstrationen das Ansehen der Regierung und Rabins in Israel sank, so hatte der Friedensprozess trotz aller Schwierigkeiten und Verzögerungen seit September 1993 das Ansehen Israels und seines Regierungschefs im Ausland gefördert und schwächte sich auch aufgrund der innerisraelischen Schwierigkeiten nicht ab. Der Höhepunkt dieser Entwicklung war die Verleihung des *Friedensnobelpreises* an das Triumvirat Peres, Rabin, Arafat im Oktober 1994, auf der Höhe der Terrortätigkeit in Israel. Israelische Demonstranten waren es dann auch, die die Feierlichkeiten in Oslo mit lautstarken Demonstrationen störten.

Der Beginn des Friedensprozesses mit den Palästinensern zeigte auch auf einer anderen Ebene seinen positiven Einfluss. Die Friedensgespräche mit den anderen arabischen Nachbarn Israels, mit *Syrien* und vor allem *Jordanien*, bekamen nach Oslo einen neuen Schwung und waren zumindest mit Jordanien erfolgreich. Im September 1993 unterzeichneten Israel und Jordanien eine »gemeinsame Tagesordnung« über die fortzuführenden Schritte. Im August 1994 endlich konnte unter dem gemeinsamen Händedruck von König Hussein, Ministerpräsident Rabin und dem amerikanischen Präsidenten Clinton in Washington das Abkommen über das Ende der militärischen Auseinandersetzung zwischen beiden Staaten unterzeichnet werden. Kurz danach wurde ein erster Grenzübergang zwischen beiden Staaten nördlich von Aqaba und Eilat eröffnet. Der bisherige Grenzübergang bei Jericho über die Allenby- und Adam-Brücke war streng genommen nur ein Flussübergang zwischen der ehemals von Jordanien regierten Westbank und dem Mutterland gewesen. Trotz der schweren Terrorakte, die im Oktober in Israel stattfanden, wurde wenige Tage nach dem Attentat in der Dizengoffstraße endlich am *26. Oktober 1994* der *Friedensvertrag zwischen Israel und Jordanien*, dem zweiten arabischen Staat, in einer festlichen Zeremonie unterzeichnet. Zahlreiche Staatsmänner aus aller Welt, angeführt wieder vom amerikanischen Präsidenten Bill Clinton, nahmen in der Arava-Wüste, unweit vom neuen Grenzübergang beider Staaten, teil. 105 Parlamentarier unterstützten den Vertrag im israelischen Parlament, mehr als den Friedensvertrag seinerzeit mit Ägypten. Nur 3 Abgeordnete stimmten dagegen, 6 enthielten sich der Stimme.

Nach dem Friedensschluss mit dem östlichen Nachbarn versuchte die Regierung, auf dem Verhandlungsterrain mit den Palästinensern voranzukommen. Bei aller Ernüchterung sah die regierende Linke keine Möglichkeit zu einem Weg zurück. Gestärkt durch die internationale Anerkennung und durch den Friedensvertrag mit einem weiteren arabischen Staat, durch Sympathiekundgebungen anderer arabischer Staaten wie Tunesien, Marokko oder den Golfstaaten, kamen die Verhandlungen auch mit den Palästinensern wieder in Gang. Nach einem mühsamen Weg kam es im September 1995 endlich in Kairo zu einem neuen Durchbruch und der anschließenden Unterzeichnung des so genannten *Oslo II-Abkommens* in Washington. Oslo II wurde mit noch größerer internationaler Beteiligung als Oslo I unterzeichnet. Neben Clinton, Arafat, Rabin und Peres waren König Hussein, Staatschef Mubarak und Außenminister zahlreicher anderer Länder erschienen.

Nach dem Vertrag Oslo II sollte das israelische Militär alle palästinensischen Städte in nächster Zeit räumen mit Ausnahme der Stadt Hebron, deren Räumung erst in einem späteren Stadium folgen sollte bis zur Klärung des Sicherheitsproblems der 400 jüdischen Siedler im Herzen Hebrons. Diese städtischen Gebiete sollten unter die vollständige Verwaltung und die polizeiliche Obhut der palästinensischen Selbstverwaltung gelangen. Sie erhielten wie die schon früher der palästinensischen Selbstverwaltung übergebenen Gebiete Gaza und Jericho die Statusbezeichnung A. Neben diesen Gebieten sollten weitere Gebiete unter die zivile Verwaltung der palästinensischen Selbstverwaltung gestellt werden, militärisch aber unter israelischer Kontrolle verbleiben. Das waren die Gebiete der Zone B. Die restlichen besetzten Gebiete, der Großteil der Westbank, erhielt den Status C und stand militärisch wie zivil-verwaltungsmäßig unter ausschließlich israelischer Kontrolle. In drei weiteren noch zu vereinbarenden Phasen sollte sich das israelische Militär bis zum Beginn der Verhandlungen über den endgültigen

Status der palästinensischen Gebiete, Ostjerusalem und der jüdischen Siedlungen immer weiter aus den Zonen B und C zurückziehen auf Gebiete, deren Grenzziehung in gegenseitigen Verhandlungen noch festgelegt werden sollte. Nach dem israelischen Rückzug aus den Städten sollten allgemeine und freie Wahlen unter internationaler Beobachtung zum palästinensischen Rat stattfinden, der aus 82 Abgeordneten bestehen und die Verwaltung der palästinensischen Gebiete übernehmen sollte. Oslo II wurde im israelischen Parlament mit derselben knappen Stimmenmehrheit wie Oslo I angenommen, mit 61 Stimmen, im Gegensatz zu Oslo I aber vom gesamten Rest des Hauses, mit 59 Stimmen, abgelehnt.

Die Ermordung Rabins

Oslo II wurde von den jüdischen Siedlern unter Schirmherrschaft der Oppositionsspitze des Likud mit aller Stärke und Brutalität auf den Straßen Israels bekämpft. Kurz nach der Unterzeichnung fand eine der gewalttätigsten *Demonstrationen* in der Geschichte Israels auf dem Zionsplatz in Jerusalem statt. Demonstranten trugen Plakate mit dem Bild Rabins in SS-Uniform mit sich. Hauptredner Benjamin Netanjahu gab später bekannt, er habe solche Plakate nicht gesehen, sonst hätte er ihre Entfernung gefordert. »Gemäßigtere« Redner wie David Levi wurden von der aufgebrachten Menge am Reden gehindert.

In den folgenden Wochen versuchten Rechtsgruppierungen wie *die Frauen in Grün* oder *Zo Artzenu*, »Dies ist unser Land«, im ganzen Land den Verkehr auf den Straßen zum Erliegen zu bringen. Eine Aktion, die Stromversorgung Israels durch gleichzeitiges Anstellen und Ausstellen sämtlicher zur Verfügung stehender elektrischer Geräte zum Erliegen zu bringen, scheiterte allerdings kläglich. Zu offensichtlich war, dass die Schar der Demonstranten lautstark, aber verhältnismäßig klein war. Es war immer nur der harte Kern der Siedler, der an verschiedensten Orten auftrat und demonstrierte.

Der politische Ton hatte inzwischen längst das erlaubte Maß an Meinungsäußerung in einer Demokratie überschritten. Wenige Tage vor dem verhängnisvollen 4. November, dem Tag der Ermordung Rabins, hatte der Chef des Geheimdienstes Vertreter aller Parteien zu einer Unterredung gebeten und sie aufgefordert, den Ton zu mildern, sonst könne es noch passieren, dass ein Verrückter aufstünde, eine Waffe nehme und der verbale Terror zum Mord führe. Die Rechtsparteien lehnten den Vorschlag empört ab und bezeichneten das Vorgehen des Geheimdienstchefs als unerlaubte Einmischung in die Politik zur Stützung der Regierung. Namhafte Zeitungen warnten ebenso. Die Demonstrationen und Hassparolen, Straßenbehinderungen und täglichen Umzüge der Siedler, zu denen die Kinder schulfrei erhielten, rissen nicht ab. Angesichts dieses lautstarken Gebarens beschlossen Kreise der Regierung und der verschiedensten Friedensbewegungen, ihrerseits auf die Straße zu gehen und zu einer Demonstration für den Frieden aufzurufen. Die Demonstration auf dem »Platz der Könige Israels« vor dem Tel Aviver Rathaus am Ausgang des Schabbats, dem *4. November*, sollte dann eine der größten Demonstrationen in Israels Geschichte werden, vergleichbar mit der Demonstration nach dem Massaker von Sabra und Schatilla auf der Höhe des Libanonkrieges. Organisator der Veranstaltung war der Tel Aviver Bürgermeister Schlomo Lahat, im Volksmund Tschitsch genannt, eigentlich ein Likud-Mann, aber einer jener Abtrünnigen, denen der Frieden wichtiger war als die Partei. Die Demonstration von über 100.000 Menschen, weit mehr als die Oppositions-Demonstrationen jemals auf die Straße hatte bringen können, endete mit dem »Lied des Friedens«, das Rabin neben einer Sängerin und Peres stehend in seiner musikalisch unbeholfenen Weise mitzusingen versuchte. Wenige Minuten danach, beim Hinuntersteigen zu dem wartenden Auto, durchbohrten drei Kugeln, zwei davon aufgesägte Geschosse, den Ministerpräsidenten tödlich.

Der Mörder, *Jigal Amir*, ein jemenitischer Jude, nationalreligiös, war Jurastudent an der religiösen Bar-Ilan-Universität. Mit einer kleinen Gruppe von Verschworenen hatte er bereits mehrfach Rabin aufgelauert, war aber nicht zum Zuge gekommen. In dem Verfahren gegen ihn zeigte er sich ohne Reue. Ziel sei es gewesen, den Friedensprozess zu vernichten. Amir wurde zu lebenslänglich und sechs Jahren verurteilt, zwei seiner Mithelfer, der eine sein Bruder, und später noch eine Freundin, wurden zu längeren Freiheitsstrafen verurteilt.

Der Aufschrei in der israelischen Öffentlichkeit nach dem Mord an Rabin war gewaltig. Hunderttausende zogen an dem vor dem israelischen Parlament für einen Tag und eine Nacht aufgebahrten Leichnam Rabins vorbei und zollten dem zu seinen Lebzeiten so umstrittenen Ministerpräsidenten die letzte Ehre. Zur Beerdigung kamen Clinton, Hussein, Mubarak und Staatsoberhäupter und Vertreter der meisten Länder der Welt. Arafat wurde die Teilnahme aus Sicherheitsgründen von Israel untersagt. Er machte bei einem geheim gehaltenen Beileidsbesuch in Tel Aviv Lea Rabin, der Frau des ermordeten Ministerpräsidenten, seine Aufwartung. Trauernde, besonders Jugendliche, verließen tagelang nicht den Mordplatz, den Platz vor dem Tel Aviver Rathaus, der bald in Jitzchak Rabin-Platz umgenannt wurde. Auf dem Platz sitzende Jugendliche, umgeben von Feldern Abertausender brennender Kerzen, trauernd oder still miteinander diskutierend, mit Aufschriften und Gedenktafeln vor einer von Graffitis übersäten Rathauswand, war das Bild, das das israelische Fernsehen und das der Welt beherrschte. Auch religiöse Jugendliche, auch Sympathisanten der Rechten, fanden sich unter den Trauernden und bezichtigten sich, nicht früher dem Treiben des Fanatismus Einhalt geboten zu haben. An der Bar-Ilan-Universität, der Universität des Mörders, gab es Kundgebungen gegen die Gewalt und Brutalität in der Politik, zahlreiche Kreise bemühten sich um eine Aussöhnung von Religiösen und Säkularen. Viele Autos in Israel trugen Aufkleber mit den Worten Clintons, die dieser bei der Beerdigung in Hebräisch vorgetragen hatte: Schalom Chaver, Auf Wiedersehen, Freund. Die Opposition des Friedensprozesses wagte sich einen ganzen Monat nicht auf die Straße, erst dann waren zaghaft die alten Parolen, aber ohne die groben Verhetzungen, wieder zu hören.

Sieben Tage nach dem Mord, dem Ende der ersten Trauerzeit nach dem jüdischen Zeremoniell, übernahm *Schimon Peres*, der Vertreter des Ministerpräsidenten und Außenminister, die Regierungsgeschäfte. 62 Parlamentarier stimmten für ihn, nur sechs gegen ihn, die Übrigen, 38, darunter alle Likud-Abgeordneten, enthielten sich der Stimme. Die neue Regierung in einer fast unveränderten Zusammenstellung machte sich sofort daran, die bereits unter Rabin begonnenen Schritte zur Ausführung der Oslo II-Bestimmungen fortzusetzen und die Westbankstädte zu räumen mit Ausnahme Hebrons.

Nach dem Mord war der Stimmenvorteil für den Kandidaten der Arbeiter-Partei nach ersten Meinungsumfragen gegenüber dem Oppositionschef gewaltig. Zahlreiche Parteigänger der Regierung rieten Peres, auf Grund dieser Tatsache und mit der Begründung des Mordes die Wahlen, die für November 1996 vorgesehen waren, vorzuziehen. In Absprache mit der Opposition wurde der 29. Mai vorgesehen.

Nach dem Rückzug der Israelis aus den Westbankstädten fanden am 20. Januar 1996 gemäß dem Oslo II-Abkommen *allgemeine Wahlen* in der Westbank, in Gaza und auch in Ostjerusalem zum *palästinensischen Parlament* statt. Die Wahlbeteiligung betrug 88 Prozent, wobei Jasser Arafat wiederum mit 88 Prozent gewählt wurde und Arafats Anhänger mit 75 Prozent.

Ende Februar, Anfang März gelang es der Hamas, in vier spektakulären *Selbstmordkommandos* in Jerusalem, Tel Aviv und Aschkelon in weniger als zwei Wochen über 50 Israelis umzubringen und Hunderte zu verletzen. Einen Terror solchen Ausmaßes in so kurzer Zeit hatte es in den letzten Jahren in Israel nicht gegeben. Die Regierung ergriff einschneidende Maßnahmen. Jede Autobusstation in den Großstädten wurde wochenlang permanent von Soldaten bewacht, immer in Zweiergruppen. Die Opposition beschuldigte Peres und seine Regierung, wegen ihrer nachsichtigen Haltung gegenüber Arafat an den Attentaten schuld zu sein. In den Wahl-Werbespots der Likud-Partei nahmen die immer wieder gezeigten Gräuelbilder der Attentate einen Hauptplatz ein. Die Regierung geriet in eine äußerst prekäre Situation, aus der ihr auch eine eiligst in Scharm el-Scheich, im Sinai, zusammengerufene Konferenz »zur Rettung des Friedens« mit Clinton, Arafat, Peres, Hussein, Mubarak und Außenministern der meisten arabischen Staaten, darunter Saudi-Arabiens, nicht herauszuhelfen vermochte.

Waren alle diese Maßnahmen auf palästinensischer und internationaler Ebene dazu angetan, der bedrängten Arbeiter-Partei in ihrem Kampf mit der Opposition über die nächsten Wahlen hinwegzuhelfen, so schmiedete die Arbeiter-Partei selber an dem Sargnagel ihrer Wahlniederlage. Im Libanon hatte sich nach den gescheiterten Syriengesprächen die Front beträchtlich erhitzt. Erbitterte Gefechte mit Hisbolla-Kriegern forderten im *Libanon* zahlreiche Opfer unter den israelischen Soldaten. Die israelischen Siedlungen im Norden standen unter einem Dauerhagel von Kartjuschageschossen. Wohl um dem Volk zu zeigen, dass gegen alle Propaganda der Opposition die Sicherheit der Bürger bei ihr an erster Stelle stehe, beschloss die Regierung, diesmal hart durchzugreifen und eröffnete im April einen Feldzug gegen die Hisbolla im Südlibanon mit dem lyrischen Namen *Bittere Trauben*, der sich über mehrere Wochen hinzog und wenig erreichte. Nur mit Mühe war der Kartjuscha-Beschuss zu unterbinden. In Aktionen durch israelische Truppen kamen beim Beschuss einer Hamasstellung, die sich in einem Flüchtlingslager bei einem UNO-Lager neben dem Dorf Kana eingerichtet hatte, 100 unschuldige libanesische Zivilisten ums Leben, eine Mutter und ihre sechs Kinder bei einem Beschuss in Sidon, weitere Tote gab es bei dem Beschuss einer Ambulanz, die nach israelischen Geheimdienstinformationen Waffen beförderte. All das rief in der ganzen Welt großes Entsetzen hervor, aber auch in der israelischen Bevölkerung und besonders bei den israelischen Arabern. Die arabischen Parteien riefen daraufhin dazu auf, weiße Stimmzettel bei den Wahlen abzugeben und keinen der beiden Kandidaten für das Ministerpräsidentenamt zu wählen. Die 180.000 weißen Zettel gaben dann später den Ausschlag dafür, dass Benjamin Netanjahu mit 30.000 Stimmen Mehrheit vor Schimon Peres Wahlsieger wurde.

Zum ersten Mal sollte ein neues Wahlrecht mit der *Direktwahl* des Ministerpräsidenten zum Zuge kommen. Der Kandidat, der 50 Prozent erreichte, war gewählt. Netanjahu befürchtete, dass Peres dieses Ziel schon in der ersten Runde erreichen könne, wenn es mehr als einen Gegenkandidaten gab. Von den Rechten hatten sich Raphael Eitan von der Tsomet-Partei sowie David Levi aufstellen lassen, der sich vom Likud getrennt und eine eigene Partei, Gescher, »Brücke«, gebildet hatte. Mit beiden verhandelte Netanjahu und sicherte ihnen und ihren Parteigenossen bessere Plätze in seiner Liste auf Kosten der eigentlichen Likud-Mitglieder zu. Damit gelang es ihm, als einziger Kandidat der Rechten zu bestehen.

Die *Wahlparolen* des Likud kreisten um drei Themen: Peres überlässt Arafat die Sicherheit Israels, Peres teilt Jerusalem und Netanjahu bürgt für einen sicheren Frieden. Die Opposition hatte die Gegnerschaft gegen die Osloer Verträge aufgegeben, nachdem Meinungsforscher festgestellt hatten, dass das Volk in einer großen Mehrheit für Frieden ist und gegen eine Rückkehr zur Intifada – trotz aller Terrortätigkeit. Die Parolen des Likud wiederholten bekannte Wahlschlager der Arbeiter-Partei. Erschien ein Plakat mit dem Inhalt »Mit Peres für den Frieden« konterte der Likud mit »Mit Netanjahu für Frieden und Sicherheit«. Der Likud bekam massive Unterstützung durch religiöse Gruppen. Die einflussreiche chassidische Habad-Bewegung hängte an alle Straßenkreuzungen Banner mit der Parole »Netanjahu ist gut für die Juden« auf. Tatsächlich war der Wahlkampf ein Kampf um die Stimmen der Religiösen und um die der Araber. Beide konnten den Ausschlag geben. Dass es Netanjahu gelang, die religiösen Stimmen zu erhalten, und Peres nicht vermochte, die arabischen Stimmen auf sich zu vereinen, entschied den Wahlsieg zugunsten Netanjahus.

Das neue Gesetz der *Direktwahl des Ministerpräsidenten* sollte den Status des Ministerpräsidenten gegenüber den kleinen Parteien, die nicht mehr als Zünglein an der Waage dienen sollten, stärken. Das genaue Gegenteil trat ein. Die großen Parteien verloren zugunsten der kleinen. Indem sich der Wähler frei für den Ministerpräsidenten seiner Wahl entscheiden konnte, sah er sich nicht gezwungen, dessen Partei mitzuwählen. Die Arbeiter-Partei schrumpfte von 44 auf 34 Abgeordnete, blieb aber dennoch die stärkste Partei, denn der Likud-Block, einschließlich der verbündeten Gescher und Zomet sank von 40 auf 32 Mandate, 22 davon eigentliche Likud-Mitglieder. Die großen Gewinner waren die Religiösen, 10 Abgeordnete fielen auf die Schass-Partei, 9 auf die Nationalreligiösen, 4 auf die Aguda. Überraschend war der Wahlsieg, dazu in dieser Höhe, zweier Neulinge, der russischen Einwanderungspartei »Israel be-Alija« mit 7 Abgeordneten und der wegen der Golan-Frage vornehmlich von der Arbeiter-Partei abgespaltenen Partei »Ha-derech ha-schlischi«, »Der dritte Weg«, mit vier Abgeordneten. Nach dem alten Wahlsystem wäre die Arbeiter-Partei vom Staatspräsidenten als größte Partei aufgefordert worden, die Regierung zu bilden. Zum ersten Mal war es diesmal ein Kandidat der nicht-größten Partei, *Benjamin Netanjahu*, der Kandidat der Rechten.

Zurück zum politischen Stillstand

Die Netanjahu-Regierung

Das neue Wahlrecht in Israel hatte einen Mann an die Macht gebracht, den man weder in seinen politischen Absichten noch in seinen politischen Fähigkeiten kannte. *Netanjahu* versuchte in allem, was er tat, immer zuerst den Weg des starken Mannes, und wenn der nicht durchzusetzen war oder er dadurch in Schwierigkeiten geriet, rettete er seine Haut mit Zugeständnissen an alle Seiten, ohne aber wirklich viel herzugeben. Problemlos opferte er dafür die Interessen seiner eigenen Partei, des Likud.

Netanjahu geriet dadurch immer wieder in Schwierigkeiten, die ihm schließlich das Genick brachen. Zum größten Teil war er aber selber der Auslöser seines Missgeschicks. Die drei Jahre seiner Regierungsperiode waren durch eine Reihe von Skandalen gekennzeichnet. Am Anfang stand die so genannte »Tunnelöffnung«. Bei dem Tunnel handelte es sich um ein unterirdisches System von Gängen und Sälen in der Nähe des Tempelplatzes, das aus hasmonäischer Zeit stammte und über 2000 Jahre alt war. Seit langem war dieser so genannte Hasmonäertunnel offen und von unzähligen Besuchern durchquert worden. Er führte auch entgegen arabischer Behauptungen nicht unter dem Tempelplatz hindurch, sondern an ihm vorbei. Was Netanjahu anordnete, war der Durchbruch einer 30 cm starken Mauer in der Via Dolorosa, die einen Ausgang aus dem Tunnel schuf und die Besucher nicht zwang, wie bisher den ganzen engen und schwierig zu passierenden Tunnel zurückzugehen.

Der palästinensische Aufstand, der der Tunnelöffnung folgte, zeigte, wie empfindlich alles ist, was mit den heiligen Stätten zu tun hat. Für die Palästinenser und alle Araber war dadurch der Status quo in Jerusalem verletzt, dazu noch an einer sehr prekären Stelle, in unmittelbarer Nähe des größten moslemischen Heiligtums in Jerusalem und dem drittheiligsten in der moslemischen Welt, dem Tempelplatz. Bei den folgenden Unruhen kamen innerhalb von 24 Stunden 15 israelische Soldaten und über 100 Palästinenser ums Leben.

Ein weiterer Skandal war die so genannte *Bar-On-Affäre*, in der Netanjahu einen Parteigenossen, einen bis dahin recht unbekannten und mittelmäßigen Rechtsanwalt in einem Schnellverfahren zum Rechtsberater der Regierung machen wollte, um endlich Ruhe vor den Interventionen dieses regierungskritischen Amtes zu haben. Kurz darauf sorgte Netanjahu durch die Ankündigung, eine neue jüdische Siedlung im südlichen Teil Jerusalems, auf einem Berg mit dem hebräischen Namen *Har Homa* errichten zu wollen, für neue Aufregung. Es in dieser schwierigen Phase des Friedensprozesses durchsetzen zu wollen, war zumindest außenpolitisch ungeschickt. Im September desselben Jahres gelang es dann Netanjahu, das gute Einvernehmen mit Jordanien zu trüben, indem er nicht vor dem Versuch zurückschreckte, auf jordanischem Boden den Anführer der Hamas-Bewegung in diesem Land, Khaled Maschal, durch Agenten mit gefälschten kanadischen Pässen zu liquidieren. Das Attentat missglückte, die Agenten wurden gefasst. Als Preis dafür war Netanjahu gezwungen, Israels wichtigsten Gefangenen, den Begründer und Anführer der Hamas-Bewegung, Scheikh Achmed Jassin, aus der Haft zu entlassen und nach Jordanien und später in den Gazastreifen ausreisen zu lassen.

Der wahre Test der angekündigten Friedensentschlossenheit Netanjahus war die anstehende Räumung der letzten Palästinenserstadt, Hebrons, eine Verpflichtung, die die Arbeiter-Partei-Regierung nach dem Terminkalender von Oslo II längst hätte erfüllen müssen, was sie aber so kurz vor der Wahl nicht gewagt hatte. Netanjahu versuchte so lange wie möglich einer Begegnung mit dem alten Erzfeind der Rechten, Jasser Arafat, auszuweichen. Erst als Israels Präsident, Eser Weizman, sich anschickte, Arafat ostentativ zu begegnen, bequemte sich Netanjahu zu einem Treffen mit dem alten Gegner, das am 4. September 1996 stattfand, sehr zum Unwillen vieler seiner eigenen Gefolgsleute.

Nachdem aber Netanjahu den *Ausbau der jüdischen Siedlungen* in der Westbank angekündigt hatte, brachen die Gespräche mit den Palästinensern wieder ab. Das israelische Militär saß immer noch in der Stadt Hebron. Der amerikanische Präsident Clinton versuchte, den festgefahrenen Friedenskurs durch eine neue Gipfelkonferenz wieder in Gang zu bringen, die am 1. Oktober in Washington zusammentrat und zu der Netanjahu, Arafat und König Hussein erschienen, nicht aber Ägyptens Staatschef Mubarak, weil ihm niemand den Erfolg einer solchen Konferenz verbürgen konnte.

Immerhin unterzeichnete jetzt Netanjahu auf massiven amerikanischen Druck hin Mitte Januar 1997 das Abkommen zum *Abzug der israelischen Truppen aus Hebron.* Für das Abkommen stimmten im israelischen Parlament 87 Parlamentarier, darunter alle Abgeordneten der Opposition. 17 Mitglieder der Koalitionsparteien, stimmten dagegen und 15 entzogen sich durch Fernbleiben der Abstimmung. Ein Minister, Benjamin Begin, der Sohn von Menachem Begin, verließ aus Protest gegen den Rückzug die Regierung. Nach der Unterzeichnung kamen Arafat und Netanjahu überein, die erste Rückzugsphase von den Oslo II-Verträgen unmittelbar auf die Räumung Hebrons folgen zu lassen. Der Abzug aus Hebron mit Ausnahme der jüdischen Enklave um das Patriarchengrab ging trotz angekündigter Siedlerproteste einigermaßen friedlich vonstatten und erzeugte vorübergehend bei den Palästinensern eine Hochstimmung wie zu Anfang des Friedensprozesses. Groß war die Enttäuschung, als die Palästinenser merkten, dass die gesamte nächste Rückzugsphase des israelischen Militärs nach israelischen Vorstellungen lediglich 2 Prozent ausmachen sollte. Danach kamen die Verhandlungen wieder zu einen absoluten Stillstand.

Netanjahu befand sich zwischen Hammer und Amboss. Auf der einen Seite drohte ihm das rechte Lager, ihn zu stürzen, sollte er zu irgendwelchen Zugeständnissen an die Palästinenser bereit sein. Auf der anderen Seite setzten ihn friedensbereitere Kreise im eigenen Kabinett unter Druck, ihn zu verlassen, wenn es nicht endlich zu einem Fortschritt im Friedensprozess käme. Vermutlich aus dieser Zwickmühlensituation heraus entschloss sich Netanjahu endlich, dem amerikanischen Druck nachzugeben und an einer weiteren internationalen Friedenskonferenz teilzunehmen, die im Oktober 1998 in *Wye Plantation* in den USA zusammentrat. Nach zähen Verhandlungen, zu deren Abschluss auch der schon vom Tod gezeichnete jordanische Monarch, Hussein, erschien, unterschrieb endlich Netanjahu die Verträge von Wye, die einen weiteren Rückzug Israels aus den besetzten Gebieten in den nächsten Monaten vorsahen. Am Ende dieser Prozesse wären die Palästinenser im Besitz von 40 Prozent der Westbank und des Gazastreifens gewesen, wobei einige dieser Gebiete (Zone B) noch unter israelischer Sicherheitskontrolle verbleiben sollten.

Ob Netanjahu wirklich vorgehabt hat, die Verträge in die Tat umzusetzen, läßt sich schwer sagen. Er gab jedenfalls nur einige wenige Gebiete um die Stadt Jenin an die Palästinenser zurück und fror dann den Prozess ein mit dem Hinweis, die Palästinenser erfüllten ihren Teil des Abkommens nicht.

Die Unterschrift allein genügte dem rechten Block im Lager Netanjahus bereits, die Gefolgschaft zu kündigen. Sie gründeten unter der Führerschaft von Benjamin Zeev Begin, dem Sohn von Menachem Begin, eine Rechtsaußen-Partei der Siedler mit dem Namen *Ihud Leumi*, »Nationale Sammlung«. Netanjahu war am Ende seines Weges angekommen. Ein Antrag auf vorzeitige Neuwahlen im Januar 1999 bekam die Mehrheit. Ihm stimmte groteskerweise sogar Netanjahu zu. Neuwahlen in einer angemessenen Frist waren ihm lieber als ein Misstrauensantrag.

Die Barak-Regierung

Die Wahl am 17. Mai gewann Ehud Barak mit großer Mehrheit, mit 56 gegenüber 44 Prozent. Netanjahu trat als Likud-Parteichef zurück und übergab den Vorsitz an einen seiner wenigen Getreuen bis zur letzten Stunde, Ariel Scharon, der im weiteren politischen Geschehen sein erbitterter Gegner werden sollte. Die meisten Kabinettsmitglieder beschuldigten Netanjahu, nur seine eigenen Interessen verfolgt und die Partei zugrunde gerichtet zu haben. Das Wahlergebnis mit 14 Prozent oder 19 Sitzen (1996: 33 Sitze) bescherte jedenfalls der Partei einen Tiefstand in der Popularität.

Der neue Ministerpräsident Israels wurde Ehud Barak. Er wurde in einem Kibbuz geboren, in dem seine Eltern noch heute leben. Wie andere Ministerpräsidenten Israels hat er sich durch seine militärische Karriere, Generalstabschef der israelischen Armee, ausgezeichnet und einen Namen gemacht. In der Skala zwischen Falken und Tauben wurde der bei der Wahl 57–Jährige eher als Falke eingestuft.

Eine Erschwerung für die Regierung Barak war die Tatsache, dass auch die Arbeiter-Partei beziehungsweise *Israel Echad* Wahleinbußen hatte hinnehmen müssen. Sie verlor 8 Sitze und kam auf 26 Sitze oder 20 Prozent. Dies war sicher vor allem das Ergebnis des neuen Wahlgesetzes zur Direktwahl des Ministerpräsidenten. Es führte zur Stärkung und zur Mehrung der kleinen Parteien und zum Verschwinden von Großparteien. 15 Parteien zogen in das neue Parlament ein, 11 waren es in der ausgehenden Knesset gewesen.

Drei Überraschungen bescherten die Wahlen von 1999: das Ansteigen der religiösen orientalischen Schass-Partei von 10 auf 17 Sitze oder 13 Prozent, der Wahlsieg eines Enfant terrible der israelischen Gesellschaft, des Journalisten Tommy Lapid, mit 6 Abgeordneten und das Verschwinden oder die Dezimierung der Rechts-Mitte-Parteien oder rechts vom Likud stehenden Siedlerparteien. Der Sieg der Schass-Partei war ein besonderes Problem der israelischen Demokratie, nachdem ihr Oberhaupt, Arie Deri, kurz zuvor zu viereinhalb Jahren Zuchthaus wegen Unterschlagung und anderer Delikte verurteilt worden war und die Partei eine offene Kampagne gegen die israelischen Gerichte und das ganze demokratische System geführt hatte. Schass war eine Protestbewegung der orientalischen Juden, nicht nur der Religiösen geworden, die die israelische Führung anklagten, sie zu verfolgen und zu diskriminieren. Aus demselben Nährboden, nur mit umgekehrten Vorzeichen, ist der Erfolg des Einzelkämpfers und Fernsehstars Lapid zu erklären, dessen einziges Wahlprogramm aus antireligiösen Aufrufen bestand und der seinen Wählern die Bildung einer Regierung ohne Religiöse versprach. Besonders entsetzt war das nationale Lager über das Schwinden ideologischer Werte bei den Wählern und die offenkundige Unpopularität der Siedlungen in der breiten Öffentlichkeit. Die zuvor noch mit vier Abgeordneten vertretene Golan-Partei »Der Dritte Weg« verschwand vollends, ebenso die Tsomet-Partei des ehemaligen Generalstabschefs Raful, die 1992 noch 8 Sitze errungen hatte und 1996 mit dem Likud zu einem Wahlbündnis verschmolzen war. Die 8 Abgeordneten der »Nationalen Sammlung« von Benjamin Begin schmolzen auf 4 Abgeordnete in der neuen Knesset zusammen, und die Nationalreligiöse Partei, die sich im Wahlkampf vorwiegend mit dem Siedlungswerk identifiziert hatte, verlor 4 Abgeordnete und schrumpfte auf 5 zusammen. Es gab keine überzeugende und vom Wählerwillen getragene Lobby mehr im neuen Parlament für die jüdischen Siedler in den besetzten Gebieten. Benjamin Begin, der Vorsitzende der Nationalen Sammlung, persönlich einer der integresten Abgeordneten des israelischen Parteilebens, nahm darauf seinen Abschied aus der Politik.

Noch etwas Besonderes ist aus dieser Wahl zu berichten. 15 Frauen zogen in die neue Knesset mit insgesamt 120 Abgeordneten ein. Das ist zwar ein bescheidener Faktor von unter 13 Prozent, aber in der Geschichte Israels war es ein Rekord. Unter ihnen war die erste Araberin, die Moslemin Husseina Jabara aus Taibe und zehnte auf der Liste von Meretz. Bei den arabischen Listen gab es keine arabische Frau. Meretz war die frauenfreundlichste Partei, von ihren 10 Abgeordneten waren 4 Frauen. Unter den insgesamt 27 Abgeordneten der religiösen Partein befand sich keine einzige.

Die Barak-Regierung hatte vor den Wahlen zwei Ziele als ihr Arbeitsfeld genannt: Der Ausgleich mit den Arabern, Syrien und Palästinensern, und eine gesellschaftliche Reform in Israel. Barak hielt ein Abkommen mit *Syrien* für leichter zu erreichen als mit den Palästinensern. Bei einem Abkommen mit Syrien wäre auch ein Einverständnis mit Syriens Vasallenstaat Libanon erreicht, wo die israelische Armee nach dem Abzug von 1985 den Grenzstreifen zu Israel weiter unter Kontrolle hielt und von der schiitischen Widerstandsbewegung Hisbolla hart bedrängt wurde. Die ca. 1000 Soldaten, die hier ein Eindringen der Terroristen nach Israel verhindern sollten und darin auch erfolgreich, waren immer mehr selber unter Beschuss der fanatischen Moslemkämpfer geraten und hatten große Opfer hinnehmen müssen.

Am 15. Dezember 1999 trafen Ehud Barak und der syrische Außenminister Faruk as-Shara unter amerikanischer Schirmherrschaft in Washington zusammen. Es kam aber zu keinen direkten Verhandlungen, sondern nur zu indirekten über die verschiedenen amerikanischen Mittelsmänner. Die Verhandlungen scheiterten schließlich, genauso wie ein Treffen zwischen den beiden Präsidenten, Assad und Clinton, am 26. März 2000, weil Syrien sich nicht mit einem Rückzug der Israelis auf die internationale Grenze zufrieden geben wollte, sondern zusätzliche Gebiete forderte, die es zwischenzeitlich besetzt gehalten hatte, so das gesamte Ostufer des Sees Genezareth mit Zugang zum See selbst, der nach der internationalen Grenze zwischen Mandatspalästina und Syrien ganz zu Palästina gehört hatte. Mit dem Scheitern der Verhandlungen mit Syrien war auch der Traum zu Ende, mit Libanon zu einer Einigung zu kommen.

Barak beschloss daraufhin, den Abzug aus dem Libanon auf eigene Faust vorzunehmen ohne irgendwelche Garantien von der anderen Seite zu erhalten, dass die Grenze in Zukunft ruhig bleiben werde. Der Abzug am 24. Mai 2000 verlief erfolgreich und forderte kein einziges Todesopfer, er ging allerdings derart schnell und überraschend zu Ende, dass ein Teil der Wagen der Südlibanesischen Armee, die jahrelang an der Seite Israels gekämpft hatte, zurückgelassen werden mussten. Einige Tausend Soldaten dieser Armee kamen mit ihren Familienangehörigen und schnell zusammengerauftem Besitz nach Israel und fanden hier Asyl. Ein Teil dieser Familien ging in der Folgezeit wieder in seine Heimat zurück.

Nachdem die Verhandlungen an der syrischen Front gescheitert waren, wandte sich Barak notgedrungen der weit komplizierteren palästinensischen Front zu. Im Mai 2000 kam es zu Vorgesprächen zwischen einer israelischen und palästinensischen Delegation in Stockholm. Der amerikanische Präsident Bill Clinton lud im Sommer beide Parteien nach Camp David ein, denselben Ort, in der der historische Frieden zwischen Ägypten und Israel erreicht worden war. Die Konferenz, die vom 11. bis zum 25. Juli dauerte, erhielt deswegen den hoffnungsvollen Namen *Camp David II*. Barak hatte vor der Abreise seiner Bevölkerung zugesagt, dass er auf keinen Fall zu den Grenzen von 1967 zurückzukehren gedenke. Ebenso sicherte er zu, Jerusalem nicht zu teilen und unter israelischer Souveränität zu belassen, die Hauptsiedlungsblöcke bei Israel zu halten und in der Flüchtlingsfrage nicht nachzugeben. Trotzdem verließen am Vorabend seiner Abreise alle religiösen Parteien die Koalition, so dass ein Barak in Amerika eintraf, der nicht mehr über eine Mehrheit im eigenen Haus verfügte. Umso mehr war er auf einen Erfolg angewiesen.

Warum diese mit so viel Spannung erwartete Konferenz scheiterte, ist umstritten. Israelische und palästinensische Aussagen widersprechen sich. Wenn man alle Berichte zusammennimmt, ergibt sich daraus ungefähr folgendes Bild. Die Israelis kamen nach Camp David mit einer Landkarte, die sie bereits in Stockholm den Palästinensern präsentiert hatten, die 88 Prozent der Westbank dem zu bildenden palästinensischen Staat überließ und 12 Prozent Israel vorbehielt, und zwar die Siedlungsblöcke Etzion im Süden Jerusalems, den Jerusalemer Raum und die Stadt Ariel im Norden, sowie einen schmalen Streifen am Jordan, um eine gemeinsame Grenze zwischen Palästina und Jordanien zu verhindern. An dieser Landkarte hielten die Israelis bis Taba offiziell fest, obwohl sie deutlich machten, dass sie darüber zu verhandeln bereit wären, falls die Palästinenser ihrerseits Zugeständnisse machten. Schon in den Vorgesprächen war deutlich geworden, dass die Palästinenser unbedingt auf einer Grenze mit Jordanien bestanden. An territorialen Zugeständnissen ließen in den Vorverhandlungen einzelne Palästinenser durchblicken, dass sie höchstens zum Verzicht auf 2 bis 4 Prozent der Westbank bereit waren, wofür sie Kompensationen durch israelisches Stammland forderten. Der offizielle palästinensische Standpunkt, von dem bis Taba nicht abgegangen wurde, war 100 Prozent der Westbank. Lediglich in Jerusalem war man bereit, das jüdische Viertel der Altstadt den Israelis zu überlassen.

Aber es ging nicht nur um Prozente und um einen ungeteilten Palästinenserstaat. Weitere Hauptdiskussionspunkte, an denen die Konferenz schließlich scheiterte, waren die Jerusalemfrage und das *Flüchtlingsproblem*. In den Vorverhandlungen vor Camp David sah es so aus, als ob man sich über die Flüchtlingsfrage einigen könnte. In Israel herrschte von rechts bis links der Konsensus, dass, wenn überhaupt, nur ein zahlenmäßig beschränktes Kontingent von Flüchtlingen im jüdischen Staat aufgenommen werden könnte, von vielleicht zehn- bis fünfzigtausend Menschen im Rahmen einer Familienzusammenführung. Die Palästinenser machten klar, dass es ihnen ums Prinzip gehe und nicht darum, dass die Hauptmasse der Flüchtlinge, inzwischen mehrere Millionen Menschen, ausgerechnet, nachdem ein palästinensischer Staat gegründet worden sei, in den jüdischen übersiedeln sollten. Die Amerikaner ließen durchblicken, dass sie bereit seien, 20 Milliarden Dollar zur Integrierung der Flüchtlinge in den Ländern, in denen sie sich gegenwärtig aufhielten, im zu gründenden palästinensischen Staat oder in Drittländern, die zur Aufnahme von Flüchtlingen bereit wären, zur Verfügung zu stellen. Hier verhärtete sich aber im Laufe der Verhandlungen der palästinensische Standpunkt bis zur absoluten Unnachgiebigkeit.

Über die *Jerusalem-Frage* war vor Camp David nicht gesprochen worden. Israel ging davon aus, dass ganz Jerusalem ungeteilt unter israelische Souveränität bleiben sollte, wie es Barak versprochen hatte. Die Palästinenser forderten auch in Jerusalem die Grenzen von 1967 und ganz Ostjerusalem als Hauptstadt Palästinas. Da jede Vorstellung jeweils für die andere Seite unannehmbar war, versuchte Clinton die Kluft mit einem eigenen Vorschlag zu überbrücken. Zwei Viertel der Altstadt sollten unter jüdische Souveränität, das jüdische und das armenische Viertel, und zwei unter palästinensische Souveränität, das moslemische und das christliche Viertel, kommen. Israel sollte die Souveränität über den Tempelplatz, die Palästinenser eine Treuhandschaft darüber erhalten. Die Palästinenser lehnten ab. Damit war die Konferenz endgültig gescheitert. Alle Versuche von israelischer Seite, in letzter Minute die Jerusalem- und Flüchtlingsfrage zu verschieben und wenigstens zu einem Teilabkommen in den Punkten, in denen man sich geeinigt hatte, zu gelangen, wurden von palästinensischer Seite zurückgewiesen. Der damalige israelische Außenminister, Shlomo Ben Ami, neben Barak der wichtigste israelische Unterhändler in Camp David und Taba, sagte in einem Interview in der Zeitung Haaretz ein Jahr später, Arafat habe ihm auf sein Angebot, die Jerusalemfrage für zwei Jahre zu verschieben, zwei Finger entgegengestreckt und gesagt, nicht einmal zwei Stunden.

Im Nachhinein scheint der Schritt Baraks, das Terrain der Zwischenlösungen zu verlassen und auf eine endgültige abschließende Lösung zuzugehen, auf die zumindest beide Völker nicht vorbereitet waren und, hätte sie erreicht werden können, von beiden Völkern vielleicht abgelehnt worden wäre, einer der Gründe für das Scheitern der Konferenz gewesen zu sein. Ein hundertjähriger Konflikt kann nicht in einem Zeitraum von wenigen Jahren gelöst werden. Die Unnachgiebigkeit Arafats und der Palästinenser und die Nichtbereitschaft, trotzdem weiter zu verhandeln, hat einen weiteren guten Teil dazu beigetragen. Das Scheitern der Konferenz stärkte bei vielen Israelis die Überzeugung, dass es überhaupt unmöglich sein würde, zu einer friedlichen Lösung mit den Palästinensern zu kommen.

Aber auch nach Camp David gingen Zweier- und Dreierverhandlungen weiter. Ein Teil der Gespräche fanden im August und September in King David Hotel in Jerusalem statt. Es kam aber zu keinerlei Fortschritten. Auch der Versuch Ehud Baraks, ein engeres persönliches Verhältnis zu Jasser Arafat anzuknüpfen, scheiterte. Barak, ein nicht gerade gesellschaftsfreudiger Mensch, war immer wieder vorgeworfen worden, keinen menschlichen Kontakt zu Arafat gefunden zu haben wie seine Vorgänger Schimon Peres und Jitzchak Rabin. So lud Barak Arafat in seine Villa in Kochav Jair, unweit von Kalkilije, aber im israelischen Gebiet, zu einem geselligen Abendessen ein. Vergebens, drei Tage danach brach die zweite Intifada aus.

Da Barak auch mit den Palästinensern keinen Erfolg hatte, wandte er sich in der Zwischenzeit seinem zweiten Wahlversprechen zu, der Veränderung der israelischen Gesellschaft und einer gerechteren Verteilung der Lasten. Jetzt, ohne Religiöse in der Regierung, hoffte er, die Sympathien der Säkularen im Staat zu erhalten und schickte sich an, eine *»religiöse Revolution«* vom Zaune zu brechen. Barak propagierte eine größere Trennung von Staat und Religion, die Abschaffung des Religionsministeriums mit seinen Privilegien, er erwog die Einführung eines zivilen Standesamtes und forderte, die ultraorthodoxe Jugend, die sich bisher am Wehrdienst nicht beteiligt hatte, wenigstens zu einem Ersatzdienst heranzuziehen.

Die bald die gesamte Öffentlichkeit in ihren Bann ziehende zweite Intifada ließ diese Reformvorstellungen, wie vernünftig und populär sie auch waren, in den Hintergrund treten. Wenig später wurde das ganze Programm begraben, als es Barak gelang, eine Deckung seiner Politik von außen durch die Schass-Partei für eine Periode von einem Monat zu erreichen. Dieser Zickzackkurs verstimmte wiederum das gerade neu gewonnene säkulare Lager.

Ob es Arafat oder die Führung der palästinensischen Autonomie war, die die *zweite Intifada* angeordnet hatten oder nicht, ist nicht entschieden. Jedenfalls haben sie sich ihr nicht in den Weg gestellt.

Es hatte zuvor Drohungen von palästinensischer Seite gegeben, dass, wenn bis Mitte September kein Abkommen erreicht sei, der trügerische Frieden, der seit dem Oslo Abkommen die Wirklichkeit bestimmte, ein Ende haben könnte. Äußerer Anlass war der spektakuläre Besuch des damaligen Oppositionsführers, Ariel Scharon, unter großer Polizeibegleitung am 28. September 2000 auf dem Tempelplatz. Für Scharon war das auch ein Schachzug gegen seinen Konkurrenten im Likudlager, Benjamin Netanjahu, der ihm zu dieser Zeit in der Volksgunst weit überlegen war. Scharon hatte angekündigt, er wolle mit seinem Besuch an der heiligsten Stelle des Judentums demonstrieren, dass der Tempelplatz, über den von der Regierung mit den Palästinensern so viel verhandelt wurde, unter israelischer Kontrolle sei und bleiben müsse. Von Scharons Seite aus war sein Vorgehen ein kluger Zug gegen die Regierung, dessen Folgen ihn schließlich an die Macht brachten und die Herrschaft der Arbeiter-Partei für unabsehbare Zeit beendigte. In Regierungskreisen hatte man mehrfach zuvor auf Barak Druck ausgeübt, einen solch provozierenden Besuch zu verbieten. Barak aber hatte wohl Angst, dass dies gegen ihn und seine schon genug angeschlagene Regierung ausschlagen würde. Ein Tag nach dem Besuch brach der palästinensische Aufstand los.

Die zweite Intifada nahm im Gegensatz zur ersten ein religiöses Gewand an. Sie erhielt nicht von ungefähr den Namen *Al-Aksa-Intifada*. Die Al-Aksa-Moschee auf dem Jerusalemer Tempelplatz ist die drittheiligste Stätte des Islam. Der Name war ein Appell an die arabische, ja die gesamte islamische Welt, Palästina in seinen Kampf gegen die Ungläubigen, die Hand an das Heiligste des Islam zu legen im Stande waren, zu unterstützen. Dieses religiöse Gewand führte auch dazu, dass sich im Anfangsstadium der Intifada die israelischen Araber an dem Aufstand beteiligten. Immer hatten die israelischen Araber ihre Brüder in Palästina moralisch und auch materiell in ihrem Kampf um einen eigenen Staat unterstützt. Mehr als eine solche moralische Unterstützung hatte es aber in der ersten Intifada nicht gegeben, weil die erste Intifada ein politischer Kampf gegen die Besetzung war. Jetzt aber schienen die heiligsten Güter der arabischen Nation in Gefahr. In den ersten Oktobertagen kamen 13 israelische Araber ums Leben, wie später eine israelische Untersuchungskommission festhielt, tragisch und unnötig infolge übersteigerter und irregeleiteter israelischer Polizeigewalt.

In Israel selbst gelang es, die Wellen des Aufruhrs zu glätten, in den palästinensischen Gebieten aber ging der Kampf weiter. Er sollte in den nächsten Jahren über 800 Todesopfer unter der israelischen Bevölkerung fordern und dreimal so viel unter der palästinensischen. Die zuzeiten täglichen Auseinandersetzungen erlebten ihren ersten Höhepunkt, als life vor den Bildschirmen der gesamten Welt der 12–jährige Mohammed el Durra in den Armen seines Vaters von angeblich israelischen Geschossen getroffen starb, und wenig später sich zwei Reservesoldaten auf ihrem Weg zu ihrer Einheit nach Ramalla verirrten und auf grausame Weise von den Bewohnern der Stadt gelyncht und umgebracht wurden.

Im Gegensatz zur ersten Intifada war die Al Aksa Intifada kein Kampf Steine und Molotow-Cocktails werfender Kinder und demonstrierender Frauen, sondern bald ein wohl geordneter regelrechter bewaffneter Guerilla-Krieg, in dem es auf palästinensischer Seite darauf ankam, welche Untergrundbewegung die größten Erfolge gegen den israelischen Feind, im besetzten Palästina oder im israelischen Kernland, aufzuweisen hat. Neben den alten palästinensischen Oppositionsgruppen Hamas, Dschihad und den verschiedenen in der Palästinaleitung nicht beteiligten linken Splittergruppen bildeten sich bald auch paramilitärische Verbände heraus, die aus den Reihen der offiziellen palästinensischen Polizei und der Partei Arafats entstanden, die Tansim und die Al-Aksa-Martyrer-Brigaden.

Um ein völliges Scheitern der in den bisherigen Verhandlungen erreichten Ergebnisse – und die hat es bei allem Streit gegeben – zu verhindern, versuchte die amerikanische Regierung auf einer ad hoc einberufenen Gipfelkonferenz mit internationaler Unterstützung und der Hilfe der arabischen Nachbarn Jordanien und Ägypten vom 16.–18. Oktober 2000 im ägyptischen *Scharm as-Scheich*, noch einmal die Verhandlungspartner zusammenzubringen. Eine internationale Untersuchungskommission unter dem Vorsitz des ehemaligen amerikanischen Senators Georges Mitchell wurde eingesetzt, die die Ursachen des erneuten Ausbruchs der Gewalt feststellen und Wege nach einer Wiederaufnahme der Gespräche finden sollte.

Im Dezember veröffentlichte der amerikanische Präsident die so genannten *Eck-Punkte* als Kompromissvorschlag zwischen der palästinensischen und israelischen Haltung. Danach sollten 97 Prozent der Westbank an die Palästinenser fallen, der Rest sollte durch eine Landverbindung zwischen dem Gazastreifen und der Westbank ausgeglichen werden, die ganz unter palästinensischer Hoheit stehen sollte. In der Jerusalemfrage entschied der Präsident, was jüdisch besiedelt ist, solle jüdisch verwaltet werden, während die arabischen Gebiete Jerusalems an den palästinensischen Staat übergehen sollten. Der Tempelberg solle ganz unter palästinensische Souveränität fallen, während die Westmauer des Tempelberges, die so genannte Klagemauer, und das jüdische Viertel der Altstadt zum israelischen Staat geschlagen werden sollten. Die Flüchtlinge sollten das Recht haben, in das »historische Palästina« heimzukehren als »Rückkehr in ihr Heimatland«, wobei Clinton an den neu zu bildenden Staat Palästina dachte. Der palästinensische Staat sollte entmilitarisiert, oder wie die Palästinenser es bezeichneten, »nicht militarisiert« sein. Die Israelis aber sollten für eine Periode von drei bis zehn Jahren drei Stationen mit Frühwarnsystemen im palästinensischen Staat unterhalten dürfen, die von israelischen und palästinensischen Mannschaften betrieben werden sollten. An der jordanischen Grenze sollte eine internationale Friedenstruppe darüber wachen, dass keine Waffen illegal in den palästinensischen Staat gelangten. Palästinenser und Israelis sollten innerhalb von vier Tagen ihre Zustimmung oder Ablehnung bekannt geben.

Die Barak-Regierung tat dies mit gewissen Vorbehalten, worauf die Schass-Partei ihre gerade gegebene Unterstützung zurückzog und Barak gezwungen war, als Ministerpräsident zurückzutreten und sich in Neuwahlen bestätigen zu lassen, da er auch mit stillschweigender Unterstützung durch die arabischen Parteien nicht mehr über eine Mehrheit im Parlament verfügen konnte.

Die *Neuwahlen* waren für den 6. Februar 2001 angesagt. Zum ersten Mal waren es Neuwahlen nur für den Posten des Ministerpräsidenten. Als Gegenkandidat Baraks trat plötzlich Benjamin Netanjahu an, der sich bisher ganz aus der Politik zurückgezogen hatte, im Volk aber weiterhin oder wieder sehr beliebt war. Was ihm aber das Genick brach und schließlich Ariel Scharon an die Macht brachte, war seine Forderung nach Neuwahlen überhaupt. Der Likud war 1999 sehr schwach aus den Wahlen hervorgegangen, mit 19 Abgeordneten, die Arbeiter-Partei war weit stärker, mit 26 Abgeordneten. Die drittstärkste Partei, die orientalisch-orthodoxe Schass, war nur um 2 Abgeordnete schwächer als der Likud. Netanjahu wollte souverän regieren, er war nicht geneigt, sich von den Forderungen anderer abhängig zu machen. Er sah seine Stunde und die des Likud gekommen. Seine Forderung nach generellen Wahlen war bedingungslos. Die Schass-Partei dachte aber nicht, Netanjahu den Gefallen zu tun. Sie war so stark im Parlament wie noch nie zuvor und fürchtete, jetzt Stimmen zu verlieren. So blieb Ariel Scharon der Kandidat des Likud und Herausforderer Baraks.

In der verbleibenden Zeit bis zum 6. Februar versuchte Barak mit amerikanischer Hilfe doch noch zu einem Ausgleich mit den Palästinensern zu kommen. Der Zeitdruck war ein förderlicher wie hinderlicher Faktor in diesen Bemühungen. Barak, dessen Popularität durch die unbarmherzig weitergehenden Anschläge der palästinensischen Terrorgruppen immer mehr angeschlagen war, hoffte mit einem Abkommen in der Hand und der Ankündigung eines Endes der Intifada oder sogar eines Friedens die Wahlen vielleicht doch noch gewinnen zu können. Auch die zehnjährige Amtszeit Bill Clintons, die nach der amerikanischen Verfassung nicht überschritten werden konnte, lief aus, so dass sich auch die Palästinenser fragen mussten, ob sie unter anderer Konstellation noch Chancen hatten, das bisher Angebotene zu bekommen. Eine Zustimmung zu den Eckpunkten Clintons erfolgte in der vorgeschriebenen Frist nicht, und auch danach gab es mehr Vorbehalte als Zustimmungen zu den Vorschlägen Clintons.

Trotzdem einigte man sich, zu einer weiteren Konferenz im ägyptischen Grenzort *Taba* zusammenzukommen, um über die Eckpunkte zu reden und nach Wegen einer Überbrückung der noch bestehenden Unterschiede zu suchen. Die Konferenz dauerte eine Woche, vom 21.–27. Januar und wurde knapp zwei Wochen vor den israelischen Wahlen abgebrochen. Zwar hieß es im Schluss-Kommuniqué, dass sich Palästinenser und Israelis noch nie so nahe gekommen seien, aber Arafat war nicht bereit, durch irgendeine Geste des Entgegenkommens, geschweige ein Nachgeben auch nur die kleinste Schützenhilfe dem bedrängten Barak zu gewähren. Im Gegenteil. Die Palästinenser forderten eine Zulassung von 150.000 Flüchtlingen jährlich über eine Zeitspanne von 10 Jahren. Israel bot die Zahl 40.000 als endgültige Zahl an. In der Jerusalemfrage war Israel bereit, auf die Souveränität des Tempelberges zu verzichten, forderte aber von den Palästinensern, dort keine Ausgrabungen vorzunehmen wegen der besonderen Beziehungen der Juden zu diesem Ort. Die Palästinenser sagten zwar zu, keine Ausgrabungen vorzunehmen, lehnten aber die Begründung und jeden Bezug des jüdischen Volkes zum Tempelberg ab. Auch über die Größe des palästinensischen Staates kam es zu keiner Einigung. Die als Austausch angebotenen Gebiete östlich des Gazastreifens sagten den Palästinensern nicht zu, sie schlugen anstelle dessen Gebiete an der engsten Stelle Israels westlich von Kalkilie vor, einschließlich des Wohnorts Baraks, Kochav Jair. Es ist kaum vorzustellen, dass diese Vorschläge ernst gemeint waren, sondern wohl nur dazu angetan, den Gegner zu demütigen und zu beleidigen.

Die Scharon-Regierung

Der Weg Baraks war zu Ende. Die Wahlbeteiligung mit 62 Prozent war die niedrigste in der Geschichte Israels. Von der arabischen Bevölkerung Israels gingen nur 25 Prozent zur Urne. Diesmal hätte aber auch eine volle Unterstützung der Araber Barak nicht retten können. Mit deutlichem Abstand, 62,5 Prozent, ging Ariel Scharon am 6. Februar 2001 als Sieger aus den Wahlen hervor. Inzwischen gab es auch in Amerika einen neuen Präsidenten. George W. Bush war denn auch einer der Ersten, der dem neuen israelischen Ministerpräsidenten gratulierte und ihm Glück wünschte. Arafats Segen kam etwas später, gekoppelt mit der Bitte, dort weiter zu verhandeln, wo man in Taba aufgehört hatte. War das Ironie oder Zynismus, oder hatte Arafat nicht verstanden, dass in Israel der Wind umgeschlagen war? Als einer seiner letzten Amtshandlungen entband Barak seinen Nachfolger von allen Verpflichtungen, die er gegenüber den Palästinensern bereit gewesen war einzugehen.

Scharon versprach, für einen Frieden mit den Palästinensern einzutreten. Er weigerte sich zwar, mit Arafat zusammenzutreffen, wie das seine Vorgänger, einschließlich Benjamin Netanjahu, getan hatten, sandte aber mehrmals im Laufe der nächsten Zeit seinen Sohn Omri als Unterhändler zu Arafat. Bush schickte seinen neuen Außenminister, Colin Powell, in die Region, um zu signalisieren, dass Amerika weiterhin an einem Frieden zwischen Israelis und Palästinensern und überhaupt in der Region interessiert sei. Er machte aber gleichzeitig deutlich, dass Amerika sich nicht so direkt in die Verhandlungen einschalten werde, wie es Präsident Clinton getan hatte. Palästinenser und Israelis sollten jetzt erst einmal selber sehen, wie sie sich friedlich einigen könnten.

Bei den Koalitionsverhandlungen gelang es Scharon, die Arbeiter-Partei als Partner zu betören. Zeitweise sah es sogar aus, als sei Barak selber bereit, Verteidigungsminister unter Scharon zu werden. In Quereleien mit der eigenen Partei nahm er dann aber seinen Abschied von der Politik und legte auch den Parteivorsitz nieder, was die Arbeiter-Partei in den Beginn einer permanenten Krise führte. Schimon Peres, Altersgenosse des 72–jährigen Scharon, wurde temporärer Parteivorsitzender und Außenminister von Scharon. Benjamin Ben Elieser, der später nach einem langen Kampf mit einem anderen Abgeordneten und Parlamentssprecher, Abraham Burg, Peres im Amt des Vorsitzenden ablöste, wurde Verteidigungsminister. Weitere Partner der Regierung wurden die Schass-Partei, deren Haupt, Eli Jischai, – Arie Deri saß immer noch im Gefängnis – Innenminister wurde, und die beiden russischen Parteien, von denen die eine, Avigdor Liebermanns Israel Beiteinu, eine Partei außen-rechts war. Es fehlten in der Regierung die anderen religiösen Parteien, die linke Meretz, die Araber und die Bürgerlich-Mitte-Antireligiöse Partei Schinui, die die Opposition darstellten.

Mit dieser Regierung, die von leichtlinks bis außenrechts alles enthielt, war es schwer, den Friedenskurs der alten Regierung weiter zu verfolgen. Dies war anscheinend – von Scharon zumindest – auch nicht beabsichtigt. Scharon erklärte, und die Arbeiter-Partei folgte ihm darin, dass er unter Terror nicht zu Verhandlungen bereit sei. Da sich immer jemand bereit fand, eine Bombe zu werfen, wenn nur die kleinsten Friedensfühler ausgestreckt wurden, siegte bald der Terror über die Verhandlungen. In der Arbeitspartei kam es aufgrund des unnachgiebigen Kurses der Regierung zu Streitigkeiten und der Ruf, die Regierung zu verlassen, wurde immer stärker.

Die arabische Welt war bereit abzuwarten, ob aus der neuen Regierung nicht doch etwas Gutes kommen könnte. So gab es Vorschläge von bisher ganz unbekannter Seite für den Frieden. Im Februar lancierte der saudi-arabische Kronprinz Abdallah einen Friedensvorschlag, der Israel einen dauerhaften Frieden und volle gutnachbarschaftliche Beziehungen zusicherte, wenn es bereit sei, sich aus den palästinensischen Gebieten auf die Grenze von 1967 zurückzuziehen. Kleine Grenzberichtigungen wurden Israel zugestanden. Über die Flüchtlingsfrage war in dem Papier nichts enthalten. Immerhin hatte es einen solchen Vorschlag von unbeteiligter arabischer Seite noch nicht gegeben. Saudi-Arabien befand sich offiziell noch im Kriegszustand mit Israel. Auf der arabischen Gipfelkonferenz in Beirut im März des Jahres stimmten die arabischen Staaten dem saudi-arabischen Vorschlag zu. Dies zeigt, dass die arabische Welt den Nahostkonflikt auf die Dauer für gefährlich hielt und Sorge hatte, dass die Gärungen und Unruhen auf die Nachbarstaaten überschwappen und die ganze Region gefährden könnten.

In Israel hingegen ging der Terror weiter. Am 1. Juni 2001 sprengte sich ein junger Araber in einer Warteschlange vor einer Disko in Tel Aviv in die Luft. 21 gleichaltrige Israelis, fast alles Einwanderer aus den GUS Staaten, wurden mit in den Tod gerissen. Am 9.8. starben in der Pizzeria Sbarro in Jerusalem 14 Israelis, meist Kinder und Frauen. Am 17.10. gelang es einer Gang der Popularen Front den Minister der extrem-rechten »Nationalen Union« in Scharons Regierung, Rehaveam Zeevi, umzubringen. Am 2.12. starben in einem Autobus in Haifa 15 Fahrgäste. Im Februar und März 2002 kamen in verschiedenen Hinterhälten mehr als ein Dutzend israelische Soldaten ums Leben. Israel antwortete mit der gezielten Liquidierung von Anführern der Terrorgruppen, zum Teil durch Raketen aus der Luft, wobei auch zahlreiche unschuldige Palästinenser umkamen. Außerdem bombardierten die Israelis fast alle Polizeiunterkünfte der palästinensischen Autonomie, die hin und wieder Ausgangspunkte von Angriffen auf Israel gewesen waren. Von Zeit zu Zeit rückten israelische Truppen in palästinensische Städte und Flüchtlingslager ein und zogen sich erst nach amerikanischen Protesten wieder zurück, um beim nächsten Attentat wieder einzuziehen. Sie hielten die Städte umzingelt und erschwerten den Verkehr innerhalb der palästinensischen Autonomie. Im Laufe der Zeit wurde die gesamte palästinensische Infra-Struktur zerstört.

Der Zustand war unhaltbar und so schickten die Amerikaner mehrere Fachleute ins Krisengebiet, die mit Plänen aufwarteten, die alle an die Vorschläge Clintons vom Dezember 2000 erinnerten, aber zuerst nur das Ziel verfolgten, einen Waffenstillstand gegen einen jüdischen Siedlungsstopp und die Wiederaufnahme von Verhandlungen zu erreichen. Im Mai 2001 wurde der Mitchell-Bericht veröffentlicht, der den Ausbruch der Intifada zwar nicht mit dem Scharon-Besuch auf dem Tempelplatz in Verbindung brachte, aber beide Seiten des Terrors beziehungsweise unangemessener Gegengewalt bezichtigte. Er schlug vor, nach einer Phase der Beruhigung, zum Zustand vor der Intifada zurückzukehren und die Verhandlungen wieder aufzunehmen. Scharon machte dies von einer Terrorpause von 7 Tagen abhängig, die sich aber nicht ergab, so dass aus den Plänen nichts wurde.

Mit ähnlichen Vorschlägen kam Mitte Juni der CIA-Direktor, *George Tenet*, ins Land, dem es gelang, für kurze Zeit eine Waffenruhe zu erreichen. Mit dem Terroranschlag am 11. September 2001 in New York und Washington wurde der Ton der Amerikaner zu den verschiedenen israelischen Maßnahmen gegen den palästinensischen Terror zurückhaltender und die Abschnürung der Westbankstädte durch die israelische Armee radikaler. Die Amerikaner waren inzwischen mit dem Krieg in Afghanistan beschäftigt, so dass der Nahe Osten mit sich alleine fertig werden musste. Die Israelis hatten inzwischen das Hauptquartier Arafats selbst, wo sich eine größere Gruppe von Terroristen, die auf der Suchliste der Israelis standen, verborgen hielten, bombardiert und Arafat praktisch unter Hausarrest gestellt. Gegenüber den Amerikanern verpflichtete sich Scharon, Arafat selbst nicht anzutasten. Arafat war seitdem persona non grata für weitere Verhandlungen zwischen Israelis und Palästinensern.

Am 15. März 2002 kam ein neuer amerikanischer Unterhändler nach Israel und Palästina, General *Anthony Zinni*, der ein neues Waffenstillstandsabkommen aushandelte. Israel begann mit einem Truppenabzug aus den palästinensischen Städten. Ein Tag danach, dem Passah-Abend, sprengte sich in einem Hotel in Netanja ein palästinensischer Attentäter in die Luft und riss über 20 feiernde Juden, meist ältere Leute, mit in den Tod, wobei sich die Zahl der Toten in der Folgezeit auf 30 vermehrte. Scharon und das Militär waren diesmal davon überzeugt, dass nur eine weitergreifende Aktion den Terror verhindern könne. Am nächsten Tag begann die *Aktion »Schutzwall«*, die größte israelische Militäraktion seit dem Libanonkrieg 1982. Fast alle Städte der Westbank wurden wieder besetzt. Die israelischen Truppen besetzten auch das Jeniner Flüchtlingslager, aus dem der Attentäter von Netanja gekommen war. Hier verwickelten sich israelische Truppen und palästinensische Milizen in harte Gefechte, bei denen über 20 israelische Soldaten und 55 Palästinenser den Tod fanden. Gerüchte, dass es sich in Jenin um ein Massaker mit Hunderten von Toten gehandelt habe, stellten sich bald danach als palästinensische Propaganda-Märchen heraus. Trotzdem gehörten die Kämpfe in Jenin und Nablus zu den härtesten Auseinandersetzungen zwischen Palästinensern und Israelis in der Al Aksa Intifada. Während der Kämpfe in Jenin und Nablus spielte sich im südlichen Bethlehem ein anderes Drama ab, das 40 Tage dauerte und in dem sich 200 palästinensische Kämpfer in der Geburtskirche verschanzt hatten. Nach internationalen Verhandlungen erhielt der harte Kern der Kämpfer den freien Abzug nach Gaza und ins Ausland.

Mit der Beendigung der Kampagne trat eine gewisse Ruhepause in der Terrorwelle ein, aber wie zu erwarten war keine militärische Aktion in der Lage, den Terrorwillen von Selbstmordakteuren auf die Dauer zu unterbinden. Wenn auch die meisten Terroristen auf dem Wege abgefangen wurden, so kamen einzelne immer wieder durch. Spektakulär war das Attentat auf dem Campus der Hebräischen Universität Anfang August, in dem meist ausländische Studenten ums Leben kamen. Die Städte der Westbank blieben zum größten Teil besetzt, zumindest umzingelt. Das Leben der Palästinenser wurde immer elender. Über die Hälfte der Bewohner waren inzwischen arbeitslos. Die Grenzen für die palästinensischen Arbeiter, die in Israel beschäftigt gewesen waren, blieben geschlossen. Ihre Arbeitsplätze wurden immer mehr durch Gastarbeiter aus Drittländern eingenommen, legalen wie illegalen. Auch die israelische Wirtschaft erlebte ihren niedrigsten Stand seit 1953. Die Wirtschaftsverluste durch die Intifada betrugen im Jahr 2002 umgerechnet über drei Milliarden Euro. Die Löhne und der Lebensstandard sanken um durchschnittlich 7 Prozent, die Arbeitslosenquote stieg auf über 10 Prozent.

Sowohl die israelische wie die palästinensische Mehrheit waren kriegsmüde und für einen Ausgleich, aber niemand wusste ein Rezept gegen die militanten Minderheiten im eigenen Lager und wie man aus dem Teufelskreis hätte ausbrechen können. Die überwiegende Mehrheit der Israelis sah eine Lösung gegen den Terror in einer absoluten Abkapselung von den Palästinensern, den Bau eines Sicherheitszaunes, der das Eindringen von Terroristen verhindern sollte. Dieser Bau wurde nun in Angriff genommen, von der regierenden Likudregierung etwas halbherzig, da man keine zukünftigen Grenzen gegenüber einem Palästinastaat, den der Likud auf einem Parteitag gegen den Willen Scharons abgelehnt hatte, schaffen wollte.

Durch die anhaltende Teilbesetzung der palästinensischen Gebiete hielt sich der Terror in Grenzen, war aber doch derart, dass es unmöglich war, damit zu leben. Der harte Umgang mit der palästinensischen Bevölkerung rief auch in Israel Proteste hervor und die Rufe in der Arbeiter-Partei, sich an dieser Art Besetzung nicht weiter zu beteiligen, wurden immer lauter. Ende 2002 trat die Arbeiter-Partei aus der Regierung aus und nötigte Scharon, vorgezogene Wahlen anzusetzen.

In der Arbeiter-Partei konnte sich ein neues Gesicht an die Spitze der Partei stellen, *Amram Mitzna*, Exgeneral und langjähriger Bürgermeister des roten Haifa. Mitzna gehörte zu den absoluten Tauben in der Arbeiter-Partei und ging mit seinen Vorstellungen über einen Frieden mit den Palästinensern weit über das in seiner eigenen Partei Akzeptierte hinaus. Er forderte einen einseitigen Rückzug aus der Westbank, die Räumung einiger jüdischer Siedlungen schon im Anfangsstadium, so im Gazastreifen, und die sofortige und bedingunsgslose Wiederaufnahme der Friedensgespräche mit den Palästinensern, »auch unter Terror«. Diese kompromisslose Haltung wurde nicht nur von der Gegenseite, sondern auch von seinen Gegnern in der eigenen Partei, besonders dem ausgeschiedenen Verteidigungsminister Ben Elieser, ausgenutzt, der ihm in den Wahlen um den Parteivorsitz unterlegen gewesen war, aber über eine große Hausmacht in der Partei verfügte und weiterhin unablässig gegen Mitzna integrierte, was dem Ansehen der Partei nicht zuträglich war.

Im Likud konnte sich Scharon gegenüber Netanjahu durchsetzen. Scharon hatte in den zwei Jahren seiner Regierungszeit nichts erreicht, weder den versprochenen Frieden noch Sicherheit, aber das Volk lastete ihm das nicht persönlich an. Er war die Großvatergestalt, von der man hoffte, dass er sie aus der gegenwärtigen Misere herausbringen konnte. Der Likud mit Scharon hatte bei den Wahlen am 28. Januar 2003 den größten Erfolg seiner Geschichte. Die Likudpartei, vereinigt mit der Russenpartei Israel be-Alija, erhielt 40 Sitze im 120–köpfigen Parlament, die mit der religiösen Friedens-Partei Meimad vereinigte Arbeiter-Partei weniger als die Hälfte, 19 Sitze. Ansonsten verlor die orthodoxe Schass-Partei wie erwartet stark, 11 Sitze gegen zuvor 17. Ein weiterer Wahlsieger war die antireligiöse bürgerliche Partei Schinui mit 15 Sitzen gegen 6 zuvor.

Scharon musste seine Wahl treffen, mit wem er zu regieren gedachte. Er wollte die Arbeiter-Partei und die Mitte-Partei Schinui in der Koalition haben, nicht das Rechts-Außen-Parteibündnis »Nationale Einheit«, die über 7 Abgeordnete verfügte, und nicht die Religiösen, die zusammen 22 Abgeordnete stellten. Scharon sah sich unter amerikanischem Druck und wusste, dass er mit einer Rein-Rechts-Regierung den amerikanischen Forderungen nicht standhalten konnte. Die Arbeiter-Partei blieb aber unter ihrer neuen Führung unnachgiebig. Es galt, sie von neuem wieder aufzubauen und sie nicht als Hilfspartei für die Politik Scharons weiter verschleißen zu lassen. So blieb Scharon nur eine Mitte-Rechts-Regierung von Likud, Schinui, Nationalreligiöser Partei und Nationaler Einheit übrig, allerdings mit einer stabilen Mehrheit von 75 Abgeordneten. Diese Regierung musste sich nun an die Arbeit machen. Das war in erster

Linie der abgebrochene Friedensprozess mit den Palästinensern. Dafür war die Regierung eine außerordentlich ungünstige politische Konstellation.

Bush hatte in einer pragmatischen Rede im Juni 2002 einen neuen Friedensplan für den Nahen Osten verkündigt, der die Schaffung eines palästinensischen Staates in provisorischen Grenzen vorsah. Er hatte die Palästinenser zu Reformen aufgefordert und zu einer neuen Führungsschaft ohne Arafat an der Spitze. Von Israel hatte er die Einfrierung jeglicher Siedlungstätigkeit verlangt. Innerhalb von drei Jahren sollten über die endgültigen Bedingungen einer dauerhaften Friedenslösung beraten werden. Dieser Plan wurde von dem so genannten Vierergremium, bestehend aus den Vereinigten Staaten, Russland, der Europäischen Union und den Vereinigten Nationen als *»Fahrplan«* für den Frieden im Nahen Osten übernommen. Der Irakkrieg, der am 20. März 2003 ausbrach und dieses Mal Israel verschonte, ließ auch das Problem Israel und die Palästinenser für gewisse Zeit abseits vom Weltinteresse liegen. Aber noch vor Beendigung des Krieges ließ der amerikanische Präsident verlauten, dass in der neuen Weltordnung im Nahen Osten auch das Israel-Palästina-Problem Vorrangigkeit haben werde. Eine amerikanische Reisetätigkeit setzte ein, die ihren Höhepunkt in der *Akaba-Konferenz* Anfang Juni 2003 erreichte. Hier trafen sich unter der Schirmherrschaft des jordanischen Königs Abdalla II der amerikanische Präsident Bush, der israelische Ministerpräsident Scharon und der März 2003 gewählte neue palästinensische Ministerpräsident Abu Masen, einer der Bauleute der Osloverträge auf palästinensischer Seite. Arafat war nicht eingeladen. Die Konferenz, die nur einen Tag dauerte, sah vor, dass Palästinenser und Israelis den »Fahrplan«, den beide Staaten, Israel unter Vorbehalten, akzeptiert hatten, in die Tat umsetzen sollten. Die Palästinenser sollten die Terrororganisationen entwaffnen und aufheben, die Israelis damit beginnen, die illegalen ca. 100 Siedlungsaußenposten abzubauen. Beide Seiten erfüllten ihre Aufgabe im weiteren Verlauf nicht. Einige wenige Außenposten wurden teilweise gewaltsam geräumt, in einem Katz- und Maus-Spiel zwischen Armee und Siedlerjugend, den sogenannten Hügelkindern, aber bald wieder besetzt.

Ein Terroranschlag kurz darauf in Jerusalem mit zahlreichen Toten brachte ein weiteres Vorangehen mit den Plänen zum Stocken. Fieberhaftes Bemühen der amerikanischen Vermittler erreichten zwar eine begrenzte Stillhalte-Erklärung der palästinensischen Terrorgruppen, erneute Anschläge und eine harte israelische Reaktion darauf ließ aber bald den alten Quasi-Kriegszustand wieder eintreten. Abu Masen sah sich nicht in der Lage, die Terrororganisationen zu entwaffnen, wie es das Akaba-Abkommen vorgeschrieben hatte. Und wenn er zaghafte Versuche in diese Richtung unternahm, wurde er von Arafat daran gehindert, der weiter alle Zügel in der Hand hielt und keine Anstalten machte, die Macht abzugeben. Israelische Drohungen, ihn zu vertreiben oder zu liquidieren, machten ihn vorübergehend wieder zur beliebtesten Figur innerhalb der palästinensischen Bevölkerung. Israel versuchte auf eigene Weise, die Anführer von Hamas und Jihad, meist mit Raketen aus der Luft, zu liquidieren. Abu Masen trat zurück.

Nach neuen Anschlägen im Spätsommer in Jerusalem und Haifa setzte Arafat eine neue Notstandregierung unter der Führung eines seiner Freunde, Ahmed Qurei, alias Abu Ala, ein, der sich aber nur zu einer begrenzten Zeitspanne verpflichtete, falls Arafat weiterhin nicht bereit sein sollte, seiner Regierung größere Kompetenzen einzuräumen. Gerüchte über eine ernsthaftere Erkrankung Arafats lösten einen Wettstreit von potentiellen Nachfolgern im palästinensischen Lager aus und schürten Hoffnungen bei Israelis auf einen möglichen Umschwung. Die Zusammensetzung der Scharon-Regierung machte es aber deutlich, dass auch bei einer gemäßigteren palästinensischen Regierung ein Friedensdurchbruch zur Zeit nicht in Sicht war. Auf der anderen Seite war die Arbeiter-Partei zerstrittener denn je. Mitzna war aufgrund innerparteilicher Intrigen zurückgetreten und Peres, der in dieser Zeit seinen 80. Geburtstag feierte, war wieder als Vorsitzender eingesprungen.

Die erneute Terrortätigkeit verstärkte auch den Ruf, mit dem Sicherheitszaun zwischen Israel und den palästinensischen Gebieten endlich schneller vorwärtszukommen. Trotz aller Kritik aus dem Ausland, auch aus Amerika, gab es in dieser Frage einen Konsensus innerhalb der israelischen Bevölkerung. Während über die Notwendigkeit des Sicherheitszaunes von links bis rechts Einigkeit herrschte, gingen die Meinungen darüber aber auseinander, wo der Zaun verlaufen sollte. Die Linke forderte eine gerade Linie, mehr oder weniger auf der grünen Linie, der alten Grenze von 1967. Die Rechte versuchte, alle wichtigen Siedlungen im besetzten Gebiet mit einzuschließen, wobei sich die Länge des Zaunes fast verdoppelte und eine wirre Zickzacklinie entstand, die brutal arabisches Gebiet durchschnitt und im Letzten auch weniger effektiv war.

Innenpolitisch löste ein Aufruf einiger Luftwaffenangehörigen zur Befehlsverweigerung bei Liquidationen aus der Luft, bei denen auch Zivilisten in Mitleidenschaft gezogen werden könnten, eine heftige Debatte für und wider in der israelischen Öffentlichkeit aus sowie eine starke Gegenreaktion in der israelischen Regierung. Dasselbe Schicksal erlebte eine private Friedensinitiative der Architekten des Oslo-Abkommens, Jossi Beilin und Jasser Abed Rabo, mit markanten Vertretern der israelischen Oppositionsparteien, der Arbeiter-Partei – unter ihnen der ehemalige Parteivorsitzende Mitzna – und Meretz. Die sogenannte Genfer Iniative war mit Schweizer Hilfe zweieinhalb Jahre vorbereitet worden und knüpfte an die Eckpunkte Clintons und Verhandlungsergebnisse von Taba im Frühjahr 2001 an. Die Palästinenser verzichteten auf die generelle Rückkehr der Flüchtlinge nach Israel, und erhielten dafür die Herrschaft über den Tempelberg unter internationaler Beobachtung. Wenn diese Iniative auch keinerlei verbindlichen Charakter hatte, da weder die beteiligten Israelis noch die Palästinenser im Auftrag ihrer Regierung handelten, so nährte sie doch Friedenshoffnungen in der völlig verfahrenen Situation und erregten eine Debatte in der Opposition, die zu ihrer Stärkung beitragen konnte.

Zunehmende Armut und erneut aufflammende Arbeitskämpfe und Streiks Ende des Jahres 2003 lähmten die stagnierende Wirtschaft Israels noch weiter, so dass neben der Hoffnungslosigkeit auf politischem Gebiet und der ständigen und anhaltenden Bedrohung durch den Terror auch die Einschränkungen auf privater Ebene einen Tiefpunkt im Stimmungsthermometer der allgemeinen Öffentlichkeit erzeugten.

Epilog

Nach Abschluss dieses geschichtlichen Überblicks wird deutlich, dass Israel im sechsten Jahrzehnt seiner Existenz weit davon entfernt ist, alle Probleme, die ihm zum Teil mit in die Wiege gelegt worden waren, gelöst zu haben: der Gegensatz zwischen den Bevölkerungsgruppen, zwischen säkularen und religiösen Juden, zwischen den verschiedenen religiösen Gruppierungen im Judentum, zwischen orientalen und westlichen Juden, zwischen Israel und der jüdischen Diaspora, zwischen Juden und Arabern im Judenstaat, zwischen sich diskriminiert fühlenden Orientalen und russischen Neueinwanderern. Einige dieser Probleme haben sich eher noch verschärft.

Vor allem ist das Hauptziel des Staates, die Erreichung des Friedens, noch nicht Wirklichkeit geworden. Erst wenn Israel inmitten seiner Nachbarn so friedlich leben kann wie Holland inmitten Europas oder die Schweiz in den Alpen ist das messianische Friedensreich, der Traum auch der säkularen Zionisten, erfüllt. Inzwischen ist Israel weiterhin der Hafen für verfolgte Juden in aller Welt. Die Vergangenheit, die die Notwendigkeit zu einem jüdischen Staat hervorgerufen hat, ist weiterhin lebendig. Dies ist das jüdisch-israelische Trauma, mit dem die Staatsgeschichte anfängt und aufhört.

Dies kommt auch in der Antwortrede des damaligen Staatschefs, Ehud Barak, in Jad Waschem in Jerusalem vor Papst Johannes Paul II. im März 2000 bei dessen historischem Besuch zum Ausdruck. Es ist die Antwort, die auch noch in fünfzig Jahren ihre Gültigkeit haben wird, die Räson des Staates und seine Berechtigung:

> Die Errichtung des Staates Israel gegen alle Widerstände und die Sammlung der Verstreuten hat die Ehre des jüdischen Volkes wieder hergestellt und die Herrschaft über sein Schicksal. Dies ist die endgültige und bleibende Antwort auf Auschwitz. Wir sind nach Hause zurückgekehrt und kein Jude wird mehr hilflos sein oder des letzten Fetzens seiner menschlichen Würde beraubt werden. Hier ist die Wiege unserer Kultur. Wir haben unser Haus wieder aufgebaut.

Zeittafel

1948	14. Mai: Proklamation des Staates Israel und Abzug der britischen Truppen
	15. Mai: Kriegserklärung Transjordaniens, Ägyptens, Syriens, des Irak und des Libanon an Israel und Einfall der feindlichen Truppen
	11. Juni: Erster Waffenstillstand
	9. Juli: Beginn erneuter Feindseligkeiten durch die Araber
	18. Juli: Zweiter Waffenstillstand
1949	24. Februar: Waffenstillstandsabkommen mit Ägypten
	23. März: Waffenstillstandsabkommen mit dem Libanon
	3. April: Waffenstillstandsabkommen mit Jordanien
	11. Mai: Aufnahme Israels in die UNO
	20. Juli: Waffenstillstandsabkommen mit Syrien
1952	10. September: Reparationsabkommen mit der Bundesrepublik
1956	29. Oktober: Beginn der Sinai-Aktion
1965	Diplomatische Beziehungen zur Bundesrepublik
1967	5. Juni: Ausbruch des Sechs-Tage-Krieges
	22. November: Resolution des Sicherheitsrates der UNO Nr. 242
1969	Golda Meir wird Ministerpräsidentin
1970	Feuereinstellungsabkommen am Suezkanal
	Vertreibung der PLO aus Jordanien
	Tod Nassers
1971	Demonstrationen der »Schwarzen Panther«
	Beginn der Einwanderung der sowjetischen Juden
1972	Terroranschläge in Lod und in München bei den Olympischen Spielen
	Ausweisung der sowjetischen Militärberater aus Ägypten
1973	6. Oktober: Ausbruch des Jom-Kippur-Krieges
1974	Entflechtungsabkommen mit Ägypten und Syrien
	Jitzchak Rabin wird Ministerpräsident
	Arafats Rede vor der UNO
1977	17. Mai: Menachem Begin wird Ministerpräsident
	19. November: Friedensbesuch Sadats in Jerusalem
1978	März: Israelische Invasion im Südlibanon
	17. September: Camp-David-Abkommen
1979	26. März: Unterzeichnung des Friedensvertrages mit Ägypten
1979–1982	Rückzug Israels aus dem Sinai
1982	6. Juni: Ausbruch des Libanon-Krieges
	September: Arabisches Gipfeltreffen in Fez
1984	Schimon Peres wird Ministerpräsident
	Dezember: Erste Einwanderungswelle äthiopischer Juden
1985	Israelische Räumung des Libanon
	Juli: Ende der hohen Inflationsrate
1986	Jitzchak Schamir wird Ministerpräsident
1987	9. Dezember: Ausbruch des palästinensischen Aufstandes
1988	1. November: Likud-Wahlsieg
	15. November: Zweistaatenplan der PLO
1989	Mai: Friedensplan von Jitzchak Schamir
1990	Beginn der Masseneinwanderung aus der Sowjetunion

1991	Zweiter Golfkrieg
	Zweite Einwanderungswelle äthiopischer Juden
	Wiederherstellung diplomatischer Beziehungen mit der Sowjetunion
	30. Oktober: Friedenskonferenz von Madrid
1992	Juni: Jitzchak Rabin wird Ministerpräsident
1993	13. September: Unterzeichnung des Rahmenabkommens von Oslo mit den Palästinensern
1994	25. Februar: Attentat auf Moslems in Hebron durch Baruch Goldstein
	1. Juli: Arafat schlägt Regierungssitz in Gaza auf
	September: Unterzeichnung von Oslo II in Washington
1995	4. November: Ermordung Jitzchak Rabins
1996	Mai: Benjamin Netanjahu wird Ministerpräsident
	September: Palästinensischer Aufstand nach Tunnelöffnung
1997	Januar: Räumung von Hebron
1998	Oktober: Friedens-Gespräche in Wye Plantation
1999	Mai: Ehud Barak wird Ministerpräsident
2000	März: Papstbesuch in Israel
	Mai: Rückzug aus dem Libanon beendet
	Juli: Friedensgespräche in Camp David
	September: Ausbruch der Al-Aksa Intifada
	Oktober: Gipfeltreffen in Scharm Es-Scheikh
2001	Januar: Friedensgespräche in Taba
	Februar: Ariel Scharon Ministerpräsident
2002	Februar: Saudi-Arabischer Friedensplan
	März: Beginn der Militäroperation »Schutzwall«
2003	Januar: Ariel Scharon wiedergewählt
	Juni: Konferenz von Akaba

Namen- und Parteienregister

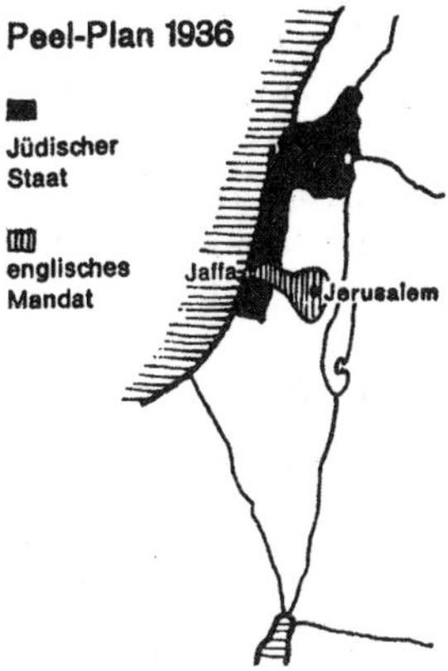
Peel-Plan 1936
Jüdischer Staat
englisches Mandat
Jaffa
Jerusalem

Teilungsplan der Uno für Palästina 1947
Jüdischer Staat
Libanon
Syrien
Jerusalem
Transjordanien
Ägypten
Saudi-Arabien

Palästina 1949
Israel
Jerusalem

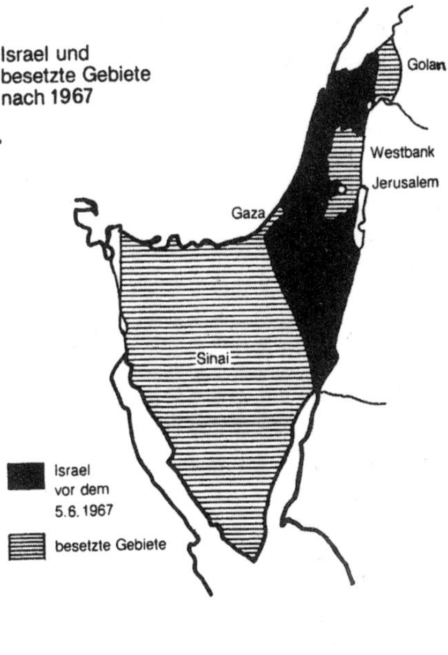
Israel und besetzte Gebiete nach 1967
Golan
Westbank
Jerusalem
Gaza
Sinai
Israel vor dem 5.6.1967
besetzte Gebiete

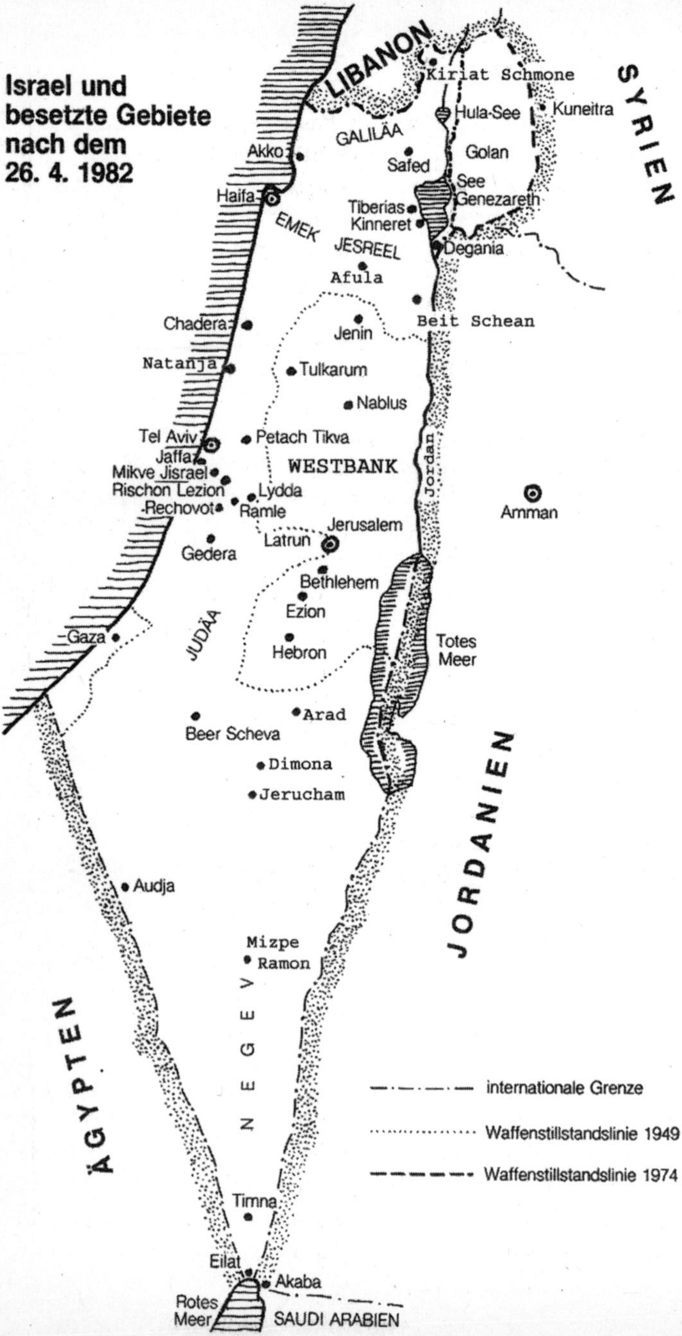
Israel und
besetzte Gebiete
nach dem
26. 4. 1982
LIBANON
Kiriat Schmone
SYRIEN
Hula-See
Kuneitra
GALILÄA
Akko
Safed
Golan
See
Genezareth
Haifa
Tiberias
Kinneret
EMEK
JESREEL
Degania
Afula
Beit Schean
Chadera
Jenin
Natanja
Tulkarum
Nablus
Tel Aviv
Petach Tikva
Jaffa
Jordan
WESTBANK
Mikve Jisrael
Rischon Lezion
Lydda
Rechovot
Ramle
Amman
Jerusalem
Latrun
Gedera
Bethlehem
Ezion
Gaza
JUDÄA
Hebron
Totes
Meer
Arad
Beer Scheva
JORDANIEN
Dimona
Jerucham
Audja
Mizpe
Ramon
NEGEV
ÄGYPTEN
internationale Grenze
Waffenstillstandslinie 1949
Waffenstillstandslinie 1974
Timna
Eilat
Akaba
Rotes
Meer
SAUDI ARABIEN